U0015967

思想
REFLEXION 38

「米兔」在中國

編輯委員會
總 編 輯：錢永祥
編輯委員：王智明、白永瑞、汪宏倫、林載爵
　　　　　周保松、陳正國、陳宜中、陳冠中
聯絡信箱：reflexion.linking@gmail.com
網址：www.linkingbooks.com.tw/reflexion/

目次

現代主體的再生：
改革開放四十年中國社會變遷的一個審視視角

張 倫··1

在筆者看來，對當下及未來中國的政治、社會、文化演變最具意義的現象就是「主體的再生」。

傳統的「創造性轉化」：
從余英時〈天人合一的新轉向〉說起

丘慧芬··39

余英時的研究最終突顯的是：孔子開啟的個人「精神覺醒」運動，其實和「軸心時代」其他不同的文明突破都同樣肯定了每個生命本身都是自由、平等，且有其不可化約的價值與尊嚴。

受壓迫者的在場：「民眾劇場」作為革命預演的歷史

王墨林··87

「民眾劇場」長年在台灣的發展，不過只是讓民眾通過劇場的心靈洗滌之後，重返慣性的日常生活，仍然無力在對社會壓抑的反抗上，呈現出應該呈現出來的民眾主體。

從五四再出發：八〇年代劉曉波的思想起點

崔衛平··113

一般人們知道劉曉波與六四的關係，但很少知道劉曉波與五四有著同樣深刻的關係。

再次為歷史學辯護：面對東亞的互相嫌惡感及帝國論述

白永瑞··135

對中國的嫌惡感，以及在韓國、日本和台灣因此而發生有關（作為帝國的）中國的論戰的脈絡、過程和差異，是我想討論的重點。

思想訪談

思想與治學的取向和方法：林毓生先生訪談

范廣欣 · 161

真正的原創貢獻都與個人基本關懷有關係。如果一個學者或思想家，沒有個人關懷，「為學問而學問」，他的學問很難變成深刻、原創的系統。

「米兔」在中國

該相信誰？：性侵指控與後真相時代

郭力特 · 183

如果說北美的#MeToo已趨一個「後真相時代」的話，中國內地可能仍處於一個「前真相時代」。前者是公共言說氾濫所造成的選擇困難，後者則是信息不透明和知情權壟斷所導致的信任危機。

中國metoo對法律的挑戰

馬姝 · 193

中國metoo雖跟隨著世界metoo的步伐，但也不乏自身特點；它除了再次提醒我們既有法律體系的粗疏，司法救濟管道的不暢，也對法律提出了新的挑戰。

進入第三個十年的旅程：中國大陸反性騷擾歷程回顧

馮媛 · 203

2018年全球#Me Too潮漲潮落之際，中國的反性騷擾運動屢仆屢起。回首二十多年來的歷程，能看到一個個里程碑式的事件，記錄著性別平等的進展和曲折。

從對#MeToo在中國的三波批評看公共文化的生成

陳純 · 231

我們也可以考察#MeToo在中國所遭受的批評，來觀測一些公共觀念如何從公共討論中湧現並接受#MeToo的衝擊。

「我也是」：作為集體行動的公共輿論運動

林垚 · 253

MeToo運動作為跨國社會動員，通過鼓勵性侵擾受害者做出自身經歷的公開證言，形成反性侵擾的公共輿論壓力，從而達到對個案的追責，對性侵擾受害者的賦能，和對性侵擾的制度及文化的促變。

思想評論

東亞作為主體：進入白永瑞的思考

劉世鼎 · 327

歐美資本主義現代性仍舊是理解東亞一個重要的參照系，一個已經深入到東亞骨髓的東西。

「樞紐」何以恰當打開？：
《樞紐：3000年的中國》再解讀

姚新勇 · 339

天下大勢非個人或黨派之願所能扭轉，歷史潮流浩浩蕩蕩，順之者昌，逆之者亡。然而，正是在對天下大勢、人類前景的判斷上，《樞紐》可能存在著嚴重的矛盾和缺陷。

致讀者 · 363

現代主體的再生：
改革開放四十年中國社會變遷的一個審視視角

張 倫

一、主體與現代性——一個基本的分析範式

主體是現代性的核心問題之一[1]。現代性既是主體產生的條件，

1　Alain Touraine, *Critique de la modernité*, Paris, Fayard, 1992 ; Henri Meschonnic, Modernité, modernité, coll. folio : Essais, Paris, Gallimard, 1988 ; Anthony J. Cascardi, *The Subject of Modernity*, Cambrridge University Press, 1992. Jean-Marie Dominach, *Approche de la modernité*, Paris, Ellipses, 1995. 宋曉霞主編，《「自覺」與中國的現代性》（香港：牛津出版社，2006）。在筆者看來，「現代性」像所有重要的人文社會科學的概念一樣是一個充滿歧義的概念，在不同的作者那裡依其理論脈絡被賦予不同的意義。但大體上有如下幾種含義：1. 作為一種相對於歷史、過去的當下文化形態。在這個意義上講，有些論者也在有關歷史的論述中談及以往不同時代的「現代性」；2. 專指16、17世紀以來從西歐發展出來進而擴展到全世界的文明形態；3. 一種與這種文明形態相匹配、相伴而生的的文化意識、時代精神。本人在這裡是在後兩者含義上也就是一種最廣泛的意義上使用此概念。從1990年代中期起，在中國的學界，「現代性」的概念被廣泛地使用，逐漸替代了1980年代流行的「現代化」一詞，這一方面或許是因與外界學術交往、翻譯作品增多，中國學術界受國際、港台學界的影響所致；另一方面，顯然也是與中國的學界對

也是其結果;主體是現代性的最重要的表徵之一。「作為主體創造物的現代性」[2]的誕生、演變、形態、動力皆與主體的產生、對主體的認識、與其相關的制度安排、文化變遷密不可分。今日我們所熟悉、探討的「理性的現代性」,從其16、17世紀開始在歐洲展示其最初的形態直到今日漫布世界被冠以各種定語的「現代性」的現象與狀態(超現代性hyper-modernité;族群現代性éthno-modernité,後現代等等)[3],總是伴隨著對主體問題的各種形式的討論的展開與深化;現代性的未來也注定與此高度相關。

「主體」的意含──從被動到主動

現代的Sujet(英文Subject)一詞來自中世紀的拉丁文的動詞Subjicere(將物體置於下方、下位等)被動式的過去分詞Subjectus,直到拉丁文經典時代,都一直是意為一種對某一權威或人的服從,亦具有屈從於某種必然性的約束的含義。在晚期拉丁文中,該詞的

(續)─────────────

> 現代文明的諸種現象的認識的深化有關。「現代性」儘管有其概念確定上的不足,但這一概念廣泛被使用本身顯示,尚沒有更恰當的具有概括性的概念能將其替換。從某種意義上講,最近幾十年有關該問題的討論,在這些討論中該概念所獲得的日漸多樣的、豐富的含義,包括那些對其取批判性的立場的論述,都從各個方面展示了這個概念的生命力,也預示著現代性的新擴展,正演變進入一個新的階段。筆者一向在此問題上的看法就是:現代性概念本身的歧義性、變動性是與現代性本身的特質相關的。現代性本身就是變動不居,具有相對與以往人類的歷史所不具備的一種特殊的活力(dynamique),因此,其概念上具有某種歧義、開放性是必然的。正是這種歧義為我們展示了對現代性進行批判與更新的可能。

2 Henri Meschonnic, p. 33.

3 Jacques Attali, *Histoire de la modernité-Comment l'humanité pense son avenir*, Paris, Rober Laffont, pp. 81-142.

含義開始具有主動性，在政治與法律上被用於指涉一種國家的「公民」（1762），但也僅是指那些王位是繼承性的國家的「公民」，尚不是當代意義上的公民。作為思考與實踐的「主體」Sujet 的含義，則是從晚期拉丁文的哲學與語法中與Objectum（客觀）相對立的Subjectum（Subjectus 的一詞的中性化、實體化）演化而來，逐漸具有了一種新的含義，指「某種從事思考或被審思的實存物或存在，具有那種實體性的進行思考與行動的品質」[4]。「主體」這種在語義上從被動到主動、從狀態到實體的變遷顯然不是偶然的，它是一個時代巨變在語言上的折射。就思想與哲學的演變來講，是康德經過他的哲學上的「哥白尼革命」，將「主體」Subjekt 一詞在19世紀的哲學中徹底確立，由笛卡兒cogito ergo sum（我思故我在）的命題而發端的現代哲學因而躍上新的層級，從此，沒有任何哲學思想能迴避主體的問題。

現代性與主體──權利與自由

眾所周知，現代性誕生於那些被視為永恆與神聖的舊文明秩序的崩解中，在哲學、政治、社會、經濟、文化等領域以不同形式被論述與定義的「主體」，恰恰是在這種巨大的裂變中產生的，且通過自身的伸展以及與權力、權威的博弈逐漸獲取其自身在各種領域的合法性；各個領域相關的秩序與權威逐一經受了一個革命性的變化：從此不再以某種超驗的來源作為其合法性論證，而轉向以主體作為其合法性根源。對作為政治領域主體的現代公民來講，一如貢

4　Alain Rey（dir），*Dictionnaire Historique de la Langue française*, Paris, Dictionnaire le Robert, Vol. 2., p. 2044. 關於英文Subject 一詞的含義，可參見Raymond Williams, *Keywords: A vocabulary of culture and society*, London, Fondana Press, 1976, 1983, p. 308.

斯當所言：「公民具有個體獨立於所有社會或政治的權利，並且所有侵犯了這些權利的權威都從此不具合法性」[5]。從霍布斯到洛克，從一種實證性、描述性的個體主權定義向一種消極—否定性的[6]、規範性的個體主權觀發展；且在洛克那裡，個體成為一種「權利的主體」[7]。換句話講，現代主體，除認識論意義上的主體含義外，最重要的就是這種具有規範性權利的個體—主體的出現。現代個體的本質從法律與政治的角度講，就是具有權利的主體；且因具有權利，個體才成為主體。主體在這個意義上講是由權利而定義的，且因具

5　Benjamin Constant, *Principes de politique,* Paris, 1872. www. unmondelibre.org Bibliothèque de la liberté.

6　negative liberty 在中文語境裡被譯成「消極自由」，筆者一直覺得不甚恰當，在西方語義裡，從拉丁文傳衍下來的negative，就人的行為來講，一直是有著某種拒絕、否定的含義，並不如中文「消極」那種具有明顯的「反面、負面、阻礙進步、不思進取、消沉的」的意涵。當然，就這種移譯另一種文化、哲學的概念所遇到的困難，一直就是翻譯上的難題，近代以來也經久地困擾著國人，一種創造的對譯也是一種可能的策略。但我們或許不能忘記的是要賦予這種移植的概念以一種盡可能準確地解釋，以免造成其他負面的後果。關於這術語及相關的討論，如liberté comme faculté passive（作為被動的能力的自由，Sismondi），Liberté ancienne, liberté moderne（古典自由、現代自由、Constant）等問題容他日再詳細申述。中文中「消極自由」的這種提法或許源自胡適、蔣夢麟等人1920年發表的〈爭自由的宣言〉中的「消極方面」「積極方面」的區分。（《東方雜誌》，第17卷第16號，1920年8月）這種提法到1930-40年代，似乎已經成為許多人關於權利方面論述的一種習慣性分析方法。如梁漱溟在其《中國文化要義》一書中討論權利的那一節，論及當時各國權利事業發展的趨勢時，就是以「人民的消極性權利」，「積極性權利」來陳述其觀察與主張的。見梁漱溟，《國文化要義》，《梁漱溟全集》，第三卷（濟南：山東人民出版社，1990），頁93。

7　Catherine Audard, Ibid., pp. 55-56.

有不可剝奪的權利，現代的個體（主體）才真正地得以誕生。

洛克的這種權利的思想受《權利憲章》的啟迪，又深刻地影響到後續的《獨立宣言》與《人權宣言》。現代性不僅是理性的展現，同時也體現在一種普世的個體權利的實現與不斷的擴展上。古代城邦的人只能在城邦尋找到他生存的價值，而後基督教通過其「凱撒歸凱撒，上帝歸上帝」的傳統，賦予了人們一種獨立於權力的精神領域。而宗教改革後一些教徒尤其是加爾文教派將這種精神的獨立性推到極致，賦予公民抗拒政治權力一種新的權利合法性。這種對權力的抗拒權利（right of resistance）是現代主體一種本質性的體現，曾在相當長的歷史時期，成為自由主義思想的一種最重要的特徵。而蘇格蘭啟蒙思想家們對個體感知、情感的強調，康得對道德、自由與正義的論述，不斷豐富著有關主體的思想，將相關認識與討論推上一個又一個高峰，直到當代的眾多思想家如羅爾斯、哈貝馬斯那裡，我們依然在不斷聽到其迴響。

「主體」與「個體」——相似與區別

通常，除在西方語言系統中具有的語言學意義上的「主體」概念外，我們慣常在兩個領域使用「主體」，一種是認識論上的；另一種是道德、法律、政治、經濟等意義上的。我們主要是在這兩種意義上尤其是後一種意義上使用這個概念。選擇使用「主體」而不是「個體」來展開我們對當代中國的討論，一個重要的原因就在於，在筆者看來：現代性是一個整體的問題，有從認識論到政治哲學內在的一貫的邏輯。認識論上的主體與道德、政治、法律、經濟上的「主體」相互影響，內在的精神上的脈絡是相互貫通，彼此相連的。

中文世界的讀者因各種文化與現實的因素以及幾十年庸俗馬克思主義的影響，往往習慣於從一種社會與政治視角去理解現代哲

學、政治與社會思想的產生。但事實上，近代西方哲學思想史的革命性變革包括政治哲學上的變化，其實都有認識論上根源，追其源頭都是與哥白尼、伽利略提供的科學認識、與自然科學的發展息息相關的。借用亞力山大‧科瓦雷那著名的著作的名稱來講，是「從封閉的世界到無限世界」[8]的宇宙觀巨變，激發了哲學思想上的巨大變革；就政治哲學的來講，是從伽利略的物體運動的理論中，霍布斯獲取了靈感來論述人不需要外在的力量而具自有的能力來建構政治秩序，自由主義者因此找到改變人作為自然界的依附者這種看法的思想資源[9]。

對「個體」（individu）與「個體化」的研究，是當代人文社會科學中一個重要的課題，法國已故著名人類學家、思想家路易‧杜蒙的經典研究以及兩年前剛剛去世的德國社會學家烏爾里希‧貝克的相關論述，都為我們思考、理解相關問題，與個體相連的當代西方的社會變遷提供了一些重要的理論資源與認識視角[10]。一些中國學者包括一些國外的中國問題專家也受此啟發，對中國社會展開了富有成效的研究，將中國近些年的社會變遷概括為一種「個體的崛起」。筆者基本同意這些學者對中國這種社會變遷現象與趨勢的描述與判斷，某種意義上講，讀者也可以簡捷地以比較熟悉的「個體」概念來近似地理解筆者本文所使用的「主體」概念。但筆者之所以

8 Alexandre Koyré, *From the Closed World to the Infinte Universe,* Baltimore, John Hopkins Press, 1957.

9 Catherine Audard, *Qu'est-ce que le libéralisme ? Ethique, politique, société,* coll. folio : Essais, Gallimard, 2009, p. 42.

10 這裡只舉幾本這方面的代表作，賀美德（M. H. Hansen）、魯納（R. Svarverud）等著，《自我中國：現代中國社會中的個體崛起》，許燁芳等譯（上海：譯文出版社，2011）；閻雲翔，《中國社會的個體化》，陸洋等譯（上海：譯文出版社，2012）。

捨「個體」不用而採「主體」，還因在筆者看來，「主體」顯然具
有「個體」概念所無法表達的更豐富、完整、深刻的內含。

從詞源來講，在中世紀的拉丁文中，「個體」是作為一種與「種」
「類」（genre, espèce）相對應的詞彙所使用的，意為一種不能分割
的元素，來源於古希臘的「原子」ἄτομος *atomos* 的拉丁文翻譯。近
代以來該術語逐漸被用於有關社會的分析與描述上，但一直並沒有
完全喪失那種作為物的不可分割的元素的原始含義，迄今我們仍能
在一些科學、生物學的文獻裡看到該詞彙被用來描寫動物的數目、
物質的運動等[11]。今天基本上是在社會、政治領域使用的「個體」
概念，不僅無法涵蓋作為認識論、哲學中一個核心概念的「主體」
所具有的那種內涵，也不能有效地討論自康德起直到胡塞爾、凱西
勒、伽德瑪、哈貝馬斯等思想家從各自不同的角度討論的「主體間
關係」（intersubjectivité，有人譯為「主體間性」）的問題。而這一
問題，顯然關係現代性的現狀及走向討論的一個關鍵。此外，正如
有些學者所描述的那樣，個體可以是因外部力量如國家權力的作用
「被動地生成」[12]，但主體卻一定是主動性的，以認識上的主動性，
權利的爭取，捍衛，權利意識的強化為特徵的。主體可以有「弱」
「強」之分，但主體絕不能放棄權利。比如在一個極權權力結構中，
爭取維護自己的消極自由也是一種主體的表徵。個體可以成為主
體，主體卻不必然是個體；在某種情景下，以個體為基礎的捍衛與

---

11 Alain Rey（dir），Ibid., Vol. 1., p. 1014.

12 如閻雲翔提及的個體化中所具有的鮑曼所說的那種「強制與強迫性
的自主性」現象，他認為，中國的個體化進程有「自願與非自願的」
兩種，其中非自願的一部分是改革時代國家權力作用的結果，將個
體拋置到市場上，由此推動了中國個體化的進程。見「自我中國」
頁2、19。

爭取權利的集體也可以為一種「主體」。

今天談及主體概念，並不是要回到那種全然抽象的、絕對普世、歐洲中心的經典「主體」概念，但也絕不是要像某些思想上的虛無、激進主義那樣徹底拋棄顛覆這概念。恰恰相反，作為現代性的核心概念之一的「主體」，還需要被更好地繼承、捍衛與發展。許多對主體概念的批評是針對經典的主體觀的理想化，抽象化，但我們也絕不能忘記，恰恰是從這種主體觀出發，不將主體實體化，這種批評才成為可能，這種批評才被醞釀、鼓勵並具有合法性。舉一個例子，中文習慣性地翻譯為1789年法國《人權宣言》的真正全稱是「人與公民權利宣言」（Déclaration des droits de l'Homme et du citoyen）。在普遍的「人權」與「公民權」兩者之間事實上是有內在的緊張的，不能全然等同之，一些認識上的混亂與誤解也是與此有關。但兩者是彼此互為條件的，不能分割的。人權的超驗性是公民權的思想基礎，公民權是人權的具體政治與法律實現。「人權」是第一規範性、原則性層次的，「公民權」是第二層次的。我們也可以借此來說明主體的意指，主體既是在人權含義上的，也體現在公民權的部分；從普遍意義上的人權不斷地向各種公民權利的落實過程，構成現代政治的基本脈絡。今天，各種與認同政治相關的女權、少數族群等公民權利議題上的進展，依然是這一脈絡的延續與伸展。重申「主體」，不僅是要繼承其經典的含義，更重要的是要賦予新的意涵，一種更大的開放性，而經典的「主體」概念事實上是內含有這種開放性的。反之，「個體」的概念似乎並沒有向我們呈現同樣的開放性。

法國當代著名思想家愛德加・莫蘭，從一種他所習慣的生物視

角出發，前些年曾提出：「需要將個體的概念置於主體之前」[13]的
論斷。這種區別以往一直就或隱或顯地存在，但或許是到了需要澄
清、細化、提升的階段。在機械工業誕生時代出現的這個概念，儘
管依然具有其在社會描述上的有效性，但在我們這個時代，受到各
種權力、技術、消費、資本、資訊的威脅與衝擊，社會不平等的加
深，人際關係的疏離，威脅人的生存的環境問題的惡化，我們或許
比任何時候都更需重申個體的某些超越性的、普世的權利與原則，
個體的尊嚴與道德上的平等，構建新的社會團結與互動形式的必
要。此外，也從沒有像今天這樣，人們對身分認同問題給與如此重
要的關注，在以各種形式不斷地捍衛、擴展自身的權利，強調自身
文化、性別等各方面的特質。顯然，在這種情形下，傳統的「個體」
的概念在應對這種挑戰面前顯得有些無力與陳舊；在經過一個極權
主義瘋狂的世紀，在各種新極權主義的形式正在浮現，侵蝕、扼殺
人的自由的時代，重申人的主體性，人的價值、人掌握自身命運、
創造未來的意識與能力是極其重要的。因此，使用「主體」而不是
「個體」去展開我們的討論，既是一種語言策略，也是一種選擇；
不僅是針對當下，也是面對未來。

　　用阿蘭·圖海納的話講，「主體作為參照，是個人主義的最高
形式」[14]。主體，就本文所談及的意義講，是有著明確的權利意識
的個人（或群體），具有理性地認知世界，在承認與尊重他人（個
人或群體）作為主體的條件下，進行自我價值創造並改變其存在境
況的追求與能力；情感與文化是構成這種能力與追求的重要元素。

13　Edgar Morin "Le concept de sujet" in *Penser le sujet, autou*r d'Alain
　　Touraine, Fayard, 1995, p. 48.

14　Alain Touraine, *Nous, Sujets humains,* coll. "La couleur des idées,"
　　Paris, Seuil, 2015, p. 123.

因各種條件，主體的這種追求與能力會呈現「強」與「弱」的不同。
同時，對抗、敵視、消解、壓制主體的行為、論述、制度設置可視
為一種「反主體」（anti-sujet）現象。在今天，主體性被強調、主
體概念在世界範圍內被廣泛使用的本身，預示著現代性面臨重大的
挑戰，進入了一個新的階段。

二、現代主體的誕生與退隱──中國人到權利之路

傳統與個體──舊秩序的解體

　　無論中國的某些學者或是西方的一些漢學家怎樣推崇中國傳統
的理性精神，也不論我們在中國的歷史中發現怎樣可以拿來做現代
性解釋的思想要素、制度設置、文化習俗，中國的現代性啟動毋庸
置疑是西方文化的大規模引進激發的結果。引發的最重要的變化是
傳統的自洽的宇宙─倫理─政治秩序逐漸解體，並最終崩塌。逐漸
接受了現代宇宙觀的中國人的「天」破碎、變形、消隱，或至少被
壓抑到一種心理、文化觀念上的潛在的、附屬的層次；受民主思想
的影響，中國的「天朝」與「天子」喪失了合法性，消失在歷史的
塵埃中。「天地君親師」的信仰結構攔腰截斷，雜亂地殘續在中國
人的精神與生活的實踐中。「中國人失去了世界，卻暫時要在世界
上住」[15]，不得不開始一種新的文明秩序的艱難重構，迄今尚遠未
達成一成熟的階段。「皇帝死了，中國人注定要去探索民主之路」，
十幾年前，筆者受邀在法蘭西學院就當代中國的民主問題所做的演
講的開場白，依舊是中國政治現代性構建的核心命題。

　　當卜正民在《掙扎的帝國》中談及元明兩代的人們「生活在一

15　魯迅，〈雜感三十六〉，網路版。

個自己無法控制的行政網路中，同時，他們也生活在一個自己織就
的親族網路」[16]中時，顯然他這描述不僅適合那個時代，也基本上
是絕大多數傳統時代中國人的寫照。傳統的中國人是一種網路的存
在，社會的存在，家的存在。以「關係為本位」[17]、「家為本位」
的社會。余英時先生三十多年前曾撰文這樣肯定中國的文化說：「人
的尊嚴的觀念自孔子以來便鞏固地成立了，兩千多年來不但很穩
定，而且遍及社會各階層……人的尊嚴的觀念是遍及於一切人的，
雖奴隸也不例外」[18]；從一種思想史的角度講，我們可以確定這種
說法是具有思想甚至是生活實踐上的某種確切性的；但同時，我們
卻也無法否認以「孝為中國倫理核心」[19]的中國思想傳統中那種縱
向的、社會等差、權威的秩序觀在中國漫長的傳統中所占據的極其
重要的地位。人具有尊嚴與權利，但卻是有等差、差別性的。這種
傳統觀念迄今仍在深刻地影響著我們的生活，甚至被認為是自然而
然，天經地義。在許多人眼裡，一位官員或者所謂的知名人士的生
命，是與一位普通人不等值的。

　　對這種文化與社會結構，近代以來就一直是各種思潮爭論、分
析、批判的焦點。即使被視為中國文化的保守主義最重要的代表的
梁漱溟先生也曾說，「中國文化最大之偏失，就在個人永不被發現
這一點上。」[20]。這裡，我們暫且不去重複、梳理各種近代以來有

16　卜正民（Timothy Brook），*The Troubled Empire: China in the Yuan and
　　Ming*，中文版（北京：中信出版集團，2016），頁130。

17　梁漱溟，《中國文化要義》，同上，頁79-89。

18　余英時，〈從價值系統看中國文化的現代意義〉，載《中國思想傳
　　統的現代詮釋》（台北：聯經出版公司，2018；南京：江蘇人民出
　　版社，2003），頁12。

19　金耀基，《中國社會與文化》（香港：牛津出版社，2013），頁123-124。

20　梁漱溟，同上，頁251。

關中國傳統是否具有個人主義思想、如何用個人主義、自我主義、自我中心主義等概念來對其加以定義的討論，只強調一點：一種具現代意義上有明確的權利意識、具康德意義上的意志自由的道德個體，在中國的傳統中是不存在的[21]。也因此以中國的文化更新為己任的梁漱溟才如此宣示說「個人為自由之主體，自由為個人無形領域，言自由固不得不以個人來說。……自由主體且不立，自由其如何得立？」[22]。

自我的誕生——發現主體

這種狀況在現代性的衝擊下發生了巨變。在舊的文明秩序的崩塌過程中，現代的「個體—主體」逐漸誕生[23]。雖然我們不可將個體—主體的誕生與中國知識分子的出現劃上等號，但中國士大夫在舊的文明秩序的崩解中向知識分子的轉型過程，提供了一個就此進行思想、文化與社會歷史性的考察的很好的案例。相當多關於這種

---

21 鄧曉芒認為「儒家道德基本上是一種前啟蒙的道德，它不知自由意志為何物，而是訴之天經地義的天理天道。它也講意志的選擇，但前提是選擇的標準已經預定了，這標準強加於每個人，就看你接受不接受。接受了你就是君子，不接受就定為小人。這是不自由的選擇」。〈從一則相聲看中國人的思維方式〉，《中國讀書評論》2010年第7期。鄧先生的評論或許顯得有些激烈，但卻不無道理。關於儒家道德的性質及其實踐，是近代以來學者討論的一個關鍵問題。對此，筆者在今後會有後續文章略加討論。

22 梁漱溟，頁 246、251。

23 關於前近代中國人個體自我意識的醞釀是值得進一步研究探討的一個話題。如文以誠通過肖像畫的分析所論及的明清時代一些士人的個人意識強化的現象，與現代個體之間的異同或許還需要做更細緻的分析。文以誠（Richard Vinograd）《自我的界限：1600-1900年的中國肖像畫》（北京：北京大學出版社，2017）。

轉型的記錄、研究都展示了這一過程的艱難、複雜，但最終也都是
指向這種現代「個體—主體」的誕生。傳統文明秩序的裂變崩塌轉
化，是現代性的一種普遍現象，只因中國文化傳統的極強的連續性，
中國現代性的外生性，歷史的一些因緣際會，這種文明秩序的解體
與再造過程在中國顯得極端、激烈，牽涉到一種整體性的變革，也
因此在人看來尤顯艱困；個體—主體的誕生與發展，也坎坷重重。

　　現代漢語中的個體、個人、自我、我、己等對應西語中，「individu」
一詞，或源出日語翻譯西文所用的詞彙，或借中國已有詞彙給出新
解[24]。而「主體」一詞也是來自日語譯英文subject的翻譯[25]。這些
術語的出現，從一開始就是與中國的現代主體的產生密切相關的，
與一種伸張個體的文化、社會、政治、法律上的權利訴求息息相連，
是文化更「新」的核心部分。從此，傳統被以此視角「重新審視」，
被「讀來讀去」，激進的文化批判者或竟從此像魯迅那樣讀出「吃
人」的意含，而那些對傳統具有溫情抱捍衛立場者則或是從中看出
「人道」的新意。總之，距離已經拉開，一種主體的反思性的思維
開始確立；一種混一、內洽的文化世界破裂，在先秦軸心時代的文
化覺醒後，中國文明再一次經歷一個新的「三千年未有」之意識的
轉型與躍升，一個所謂唐宋變革、明清嬗變在性質上所無法比擬的
巨大的文明轉型。這其中最重大的變化、最具深遠影響的現象就是
「個體—主體」的出現。

24　劉禾，〈跨語際的實踐：往來中西之間的個人主義話語〉，載許紀
　　霖主編，《二十世紀中國思想史論》（上）（上海：東方出版社，
　　2000），頁230、250。

25　劉正琰、高名凱、麥永乾、史有為，《漢語外來語詞典》（上海：
　　上海辭書出版社，1984），頁408。

　　人們從此發現「個性」「人格」[26]，以及人格提升向上、「向上精神」的復蘇的必要（梁啟超[27]，梁漱溟[28]）。從「心（情感）革命[29]」「女性解放」「家庭革命」，救出自己的「易卜生主義」，再到「人的文學」[30]，言論自由，人權、平等、民主的提倡，……人的主體性，「情感主體」[31]，認知主體[32]，法律主體，政治主體，……

26　張奚若，〈國民人格之培養〉，載《獨立評論》第150號，1935年5月12日（轉載5月5日《大公報》星期論文；〈再論國民人格〉，載《獨立評論》第152號，1935年5月26日。

27　梁啟超，《歐遊心影錄》，因手邊一時無書，轉引羅榮渠主編，《從「西化」到現代化：五四以來有關中國的文化趨向和發展道路論爭文選》（北京，北大出版社，1990），頁40-43。

28　「自由——一個個人的無形領域——之不立，實為向上精神所掩蓋」，梁漱溟，同上，頁251。

29　Haiyan Lee（李海燕），*Revolution of the Heart: A Genealogy of Love in China, 1900-1950*（Stanford: Standfort University Press, 2006），中文版《心靈革命：現代中國的愛情譜系1900-1950》，修佳明譯（北京，北京大學出版社，2018）。亦見傅適野對作者所作的採訪〈經歷愛情，超越愛情：現代中國愛情譜系之變〉，載《介面新聞》2018年9月25日。https://www.jiemian.com/article/2492355.html.

30　周作人，〈人的文學〉，載《新青年》第5卷第6號，1918年12月15日。（見《現代中國自由主義資料選編：社會改革的思潮》，卷6（台北：唐山出版社，2001），頁31-41。

31　Haiyan Lee, Ibid.; Lynn Pan, *When true love came in China,* Hong Kong, Hong Kong University Press, 1995.

32　「傅斯年在《新潮》的創刊號（1919年）的第一篇文字就把個人在社會中的位置作為一個重要問題提出。……一上來就宣布了西方科學和人文知識對於幾大中國知識傳統——儒、道、佛——的優越性，因為這三者沒有一個體現人類生活的真理。照他看來，人應到生理學、心理學、社會學中去尋找真理，因為現代科學知識是以主體為中心，並具有人道主義的關懷的。」劉禾，〈跨語際的實踐：往來中西之間的個人主義話語〉，載許紀霖主編，《二十世紀中國思想史論》（上）（上海：東方出版社，2000），頁244。

從不同的側面逐漸得以確立，即使在實踐與相應的制度層面進展不
盡理想，但其合法性至少在理論上得以確立。中國的各種現代性論
述、現代性方案相當大一部分，學術論述與術語，社會、政治、文
化的實踐，文化的轉型中最具革命性意義的事件，變動的主脈，許
多是圍繞主體問題而展開的。

極權的肆虐——主體的消隱

　　但從一開始，作為個人的主體與作為集體（民族）的主體的緊
張就伴隨著中國人的主體探索。在西方，主體主要是指個體性的，
但在某些情況下也指「一個群體」[33]，但其重心是落在個體上的，
集體的主體性往往是次階的，有條件的、衍生的。在西方自由主義
思想的脈絡裡，如何在確定個人主體的合法性下避免霍布斯式的彼
此衝突而達成一種社會的連接一直就是一個經典命題。在西方的文
化、歷史與政治演變的背景下，各種理論家通過對國家的權力、市
場的聯結、公民社會的作用，道德的角色等不同因素的確認、凸顯
而對這一命題作出了不同的回答，也因此形成不同的思想流派。不
過真實的歷史過程中，對這一命題的回答往往是些因素共同作用的
結果，群體的主體性與個體的主體性之間儘管具有緊張，但遠不如
在其他一些非西方文化、外生現代性背景下的緊張來得深刻複雜[34]。

33　如柏林（Isaiah Berlin）在其著名的「兩種自由」的定義中關於「消
　　極自由」的定義時所談及的「主體」定義就是「主體（一個人或人
　　的群體）被允許或必須被允許不受別人干涉地做他有能力作的事，
　　成為他願意成為的人的那個領域是什麼」。柏林，《自由論》，胡
　　傳勝譯（上海：譯林出版社，2003），頁189。

34　因我們能理解的原因，西方思想家往往在這方面的分析、論述有待
　　深入，在當代認同政治興起的背景下，一些思想家如泰勒（Charles
　　Taylor）在探討類似問題時，更多地關注到這其間的內在緊張。"The

以中國為例，近代以來中國思想界那種「個體—群體，小我—大我，小己—大己」的討論就一直不斷；對個人主體自由的忽略甚至是否定之聲也不絕於耳[35]。正如溝口雄三在談及近代中國的民權思想的特點時所說：中國的「國民權非個人之人權，而是群眾之民權。否定個人的專橫、個人的利己之團體權。這種民權的特質是，為了成為對國家之存亡應負責任之國民的權利。……個人（言論、出版、集會、結社）等個人人權只是從屬於國民權」[36]。此外，社會分化造就的緊張與衝突，獨立於權力系統外的公民社會的缺失，危機導致的國家強勢動員帶來的擠壓，群體本位傳統的慣性作用，個體在文明秩序解體狀況下的恐懼與焦慮，支撐個體獨立的精神資源的局限，——如在反向自身尋找資源，自我的價值自覺與確立的過程中，中國的傳統多不是以反抗為目的，且最後又往往要落實到人倫秩序，就支撐主體的獨立意識來講，難免顯得薄弱。——這一切，在一場巨大的戰爭的衝擊及稍後的大革命席捲下，在毛式的極權體制以消滅主體性為目標的各類運動及專政機器的輾壓下，人的權利喪失殆盡，主體徹底地消隱。只有個別如林昭、顧准那些殉道

（續）————————————

politics of Recognition" in *Multiculturalism : Examining the Politics of Recognition,* edited and introduced by Amy Gutmann, Princeton, N. J.: Princeton University Press, 1994.

35 從陳天華到孫中山，從早期肯定到後來批評個人自由的梁啟超，再到中共的論述，這類否認個人自由，強調個人服從集體的論述比比皆是。如「中國人自由太多……（自由的觀念）萬不可再用到個人上去，要用到國家上去。個人不可太過自由，國家要得完全自由」。孫中山，《三民主義》：民權主義：第二講，網路維基文庫：自由圖書館。

36 溝口雄三〈中國民權思想的特色〉，載中央研究院近代史研究所編，《中國現代化論文集》（台北，1991），頁353。

者以及各種反抗和因此付出的犧牲依然見證著主體隱然、脆弱的存續。

三、主體的再生──雙重轉型與改革的「權利增量」路徑

對改革開放的四十年，我們可以從不同的角度加以審視。就筆者來講，以往經常用「雙重轉型」「社會分化」「主體的再生」等一組相關的概念來加以分析討論。而其中，在筆者看來，對當下及未來中國的政治、社會、文化演變最具意義的現象就是「主體的再生」。

「雙重轉型」──現代性構建的新階段

改革開放四十年經歷的諸多過程以及發生的很多現象，常有類似於清末民初直到中國建政的那個時代曾有過的，讓人有一種「似曾相識燕歸來」的感覺，討論的諸多話題包括使用的語言都像是那個時代的再次浮現。當然，歷史從來不會是簡單的重複，這些年中國的歷史進程依然處於近代以來中國的「現代性轉型」的過程中，具有與以往階段的連續性，但又與以往時代有一個重要的不同，具有一種以往那個時代所不具備的性質，那就是：中國式的「後共產主義轉型」。

從整體上看，這一屬於近兩百年來大的中華文明現代性轉型的過程具有一些基本的課題，如，現代國家的構建（state building），文化價值系統的檢討與再造，國家與社會的關係，中央政權與地方、各族群關係的重塑，現代經濟的奠基與發展，在一個新的國際體系中如何處理與其它國家的關係等等。是在回應這些課題中，中國共

產主義實踐作為現代性轉型的一部分、一個方案而出現。筆者無意
在這裡就這種共產主義的現代性方案在中國的出現、確立及其後果
的歷史、人物、思想及制度性的各種原因詳加討論，儘管相關的研
究尚遠未達成令人滿意的地步，但經國際、華人及國內學界學者的
努力，已有相當多豐富的研究成果供參考。這裡只想重申筆者一向
的一個看法：這種毛式極權主義現代性方案在中國的出現，顯然是
與我們上述提及的中國自滿清末年來的整體性文明危機有關的[37]。
而它在世界範圍包括在中國的興起及失敗，也是與其內在的悖論、
整體主義的思想與管理方式、與現代性所具有的動力（dynamique）
特質相衝突造成的；就我們這裡討論的主體問題的視角來看，是對
人的主體性的扼殺所帶來的一種必然的結果。也是從這個角度講，
共產主義的現代性方案是反現代性的，是一種反現代性的現代性方
案。所有那些存續下來的共產主義國家，事實上都或多或少棄置了
那種極權、整體性（total）的現代性方案，採取一種折中、實用主
義的方式來延續政權。中國就是很好的例證：是在文革結束後，面
對殘酷的現實，權力精英與社會各界逐漸形成改革的共識與動力，
局部放棄了先前的毛式現代性方案。或許我們可以說：所有改革開
放所取得的正面績效，無一不是反毛式方案其道而行之的結果[38]。

---

37 關於「整體或全面性危機」的問題，可參見林毓生的一些相關論述，
〈現代性的迷茫〉載《「自覺」與中國的現代性》，同上，頁3-25。
以及《中國意識的危機：五四時期激烈的反傳統主義》，穆善培譯
（貴陽：貴州人民出版社，1988）。

38 關於如何確定中國現存政權的性質，是否依然是一個「極權政權」
或是「半極權政權」、「威權政權」，這些年學界一直有些爭論。
就此問題，筆者暫在此不加討論，這裡只暫提及一句，就文革後中
國發生的演變來講，筆者依然認為中國已進入一個中國式的後共產
主義轉型的過程，舊的極權模式與運作發生裂變、疏鬆、更替，也

　　寓存於同一大轉型過程的這種「雙重轉型」，具有兩種面向，兩種相關卻有區別的邏輯[39]。一方面，就某些中國的現代性課題的探索與解決來講，這四十年有與近代以來的探索一以貫之的一些地方，也可以與其他一些後發國家的現代性建設的經驗互為參照；但在另外一些課題的處理上，又有些特殊性，具有與前共產國家所面臨的課題的一致性。比如，被極權政治消滅的公民社會如何再生重組，土地產權的重新確立等等，都是當下這種轉型所面對的特殊問題。因此，混同於這同一轉型過程中具雙重性質的轉型邏輯，有些可能是互洽、相容的；有些就是衝突、矛盾的。以國家問題為例，作為現代性的構建來講，國家構建問題一直至關重要；現代性建設的效果、成敗很大程度上取決於是否存在一個有效的國家；中國近代以來的許多問題皆與此有關。但後共產主義轉型所需要解決的問題之一卻是要對現存的國家形態進行某種程度的解構。如何在轉型過程中處理這兩者之間的緊張與矛盾，就成為一個困難的挑戰。如果後共產主義的轉型課題處理不當，中國的現代性轉型就將再遭挫折，許多課題的解決或將再遭延滯。也許我們需要再次明確的一點就是——且不去討論轉型的具體的制度與物質條件、技術問題——就方向性的問題來講，現代性的核心是主體，是主體的自由與權利的確立與伸展；違逆這種訴求與方向的中國的轉型就一定是困難重

（續）————

　　帶來社會的某種程度的分化，這乃是四十年中國演變的一個最重要的特徵。只是這個轉型的過程中權力在釋放出舊的空間、在某些領域呈現某種弱化的趨勢的同時，又不斷利用新獲取的資源和技術強化權力控制的雙向過程。至於最終導致的結果是什麼，是否會導向一種新的極權政治，有待繼續觀察研究。

39　關於「雙重轉型」的問題，最初的想法要回溯到三十年前1986年夏筆者在北京由共青團中央舉辦的「改革、青年與精神文明」研討會上的發言。三十年來，筆者亦曾在自己的許多文章著作中加以闡述。

重，甚至出現挫折、反復；而以此為方向，即使不總是一帆風順，但轉型的動力會充沛，也易獲得成果，四十年的改革開放的歷程為此提供了明確的佐證。

農奴的解放——「權利增量」改革的起步

　　眾所周知，中國的改革最初起於農村，起於農民為生存的權利而做出的抗爭，小崗村的故事已是一個耳熟能詳的事例。中國農村的改革不僅解放了現代的沒有自由的「農奴」[40]，改變了那種周其仁用比較委婉的話所描述的狀態：農民在權利與自由問題上「具有前現代特徵的狀況」，讓他們開始具有局部的生產選擇權利，也同時就此改變了農村改革前「財產唯一的主體是公社」的局面[41]；農民開始獲取某種主體性，不再僅是具有計劃體制下規定的「計畫權利」與「計畫義務」[42]，由此啟動了筆者稱之為「權利增量」的中國改革路徑。長期以來，許多經濟學家將中國的改革的特點歸納為「增量改革」[43]，但在筆者看來，這種增量改革如果成立的話，其動力與核心就是一種「權利增量」，而絕不僅僅是些生產的要素、機制、部門的增量。沒有這種權利上的增量，一切都無從談起，改革也絕不會具有我們後來看到的那種活力。

40　白沙洲，《中國的二等公民：當代農民考察報告》，第二章〈奴隸時代〉（香港：明鏡出版社），頁46-109。
41　周其仁，《產權與制度變遷：中國改革的經驗研究》（北京：社會科學文獻出版社，2002），頁49-50。
42　張曙光，〈放開糧價，取消糧票——中國糧食銷售制度變遷研究〉，載張曙光執行主編，《中國制度變遷的案例研究》，第一集（上海：上海人民出版社，1996），頁274。
43　林毅夫、蔡昉、李周，《中國經濟改革與發展》（台北：聯經出版公司，2000），頁269-272。

　　而從生產的自主性選擇到生活的自主性選擇，邏輯既是自然的也必然的。從這個角度講，我們所提及的「主體的再生」首先是從農民開始的。「家庭承包制」從形式是回歸傳統中國符合農業生產特點的生產方式，也在一定程度上復興了中國的傳統社會，啟動了某些傳統意識。但同時，在改革與現代化進程尤其是市場化的背景下，這種復興也為鄉村社會中具有明確的現代權利意識的個體—主體的誕生創造了條件。當然，這種過程中的主體的脆弱性也是顯而易見，它所承受的壓力往往也是多重的，對自由的渴望與傳統的約束、現實條件的限制，往往以極端的方式凸現了這種主體的脆弱。中國農村的高自殺率尤其是女性的自殺率，或許從一個側面給我們透露了某種這方面的訊息。自殺往往是主體化（subjectivation）受挫、失敗的一種結果[44]。

　　因農民個人及家庭在生產與生活領域獲取了局部自由，中國的社會也從極權造成的冰封與灰燼中開始復蘇，獲取某種相對的自主性。至於主體從農村這種陳一諮稱為極權體制控制的相對的「薄弱環節」[45]復現，顯然也是有其內在的原因，生命的綠草總是最先在那些岩石、混凝土的縫隙開始生長並拓展其空間的。而中國農民後來在權利的獲取上如土地、政治參與上因制度的限制所遭遇的種種困境，迄今主體權利不完整、不充分的狀態，也在一個層面上預示著中國各個領域的改革後來所遇到的問題，成為今天陷入困境的最重要的原因。

44　黃嘉祥、黃藝琳，〈中國農村自殺率3倍於城市，女性是男性2.74倍〉（原載《深圳晚報》標題：悲劇謎團）搜狐：http://news.sohu.com/20160922/n468967238.shtml

45　陳一諮，《中國：十年改革與八九民運》（台北：聯經出版公司，1990），頁12-13。

市場主體的再造——經濟改革的關鍵

　　農村改革就經濟來講最重大的貢獻在於創造了一種新的經濟主體，市場開始誕生，某種意義上講，農村改革造成的後果為所有後來的經濟改革造成一種不得不為的壓力。如果我們以城市經濟改革的一些舉措來看，從「擴大企業自主權」（1979），「利改稅」（1979、1981），「允許自由就業，開辦個體與私人企業」（1980），「允許合資企業」（1980）到「財政包乾」（1980）「價格與工資改革」（1988）「私人企業暫行條例」「企業法」的出臺（1988）「完善企業承包」（1989）[46]，1990年代「證券交易所」的成立（上證1990，深證1991）「試行股份制」（1992）「勞動法」的頒布（1995）……所有這些改革措施的指向，無一不是要創造、釐清經濟主體的權利與責任，創造市場主體。

　　顯然，經濟或市場主體並不全然等同於我們這裡所講的主體，但主體的生長及發展卻需要市場作為條件；而市場主體的真正確立、健康發展歸根結柢也是要以個人主體在經濟、社會、法律、政治地位上的確立、健康發展為基礎的。中國經濟改革所取得的成就，概莫不與個人作為生產主體、消費主體、財富主體的發展，與私有產權的相對確立有關；而中國市場的缺陷乃至經濟發展今日面臨的困境與危機，也皆與經濟主體地位的不健全，權利得不到保證，主體責任不清，缺乏一種相匹配的文化價值意識有關。經濟的資源稀缺性決定選擇是經濟活動的核心，而缺乏明晰的主體，主體被國家權力所壓制，體現在經濟上就必然是市場主體的嚴重扭曲，資源無

46　參見：中央財經領導小組辦公室編，《中國經濟五十年：大事記》
　　（北京：人民出版社，1999）。

法有效、合理配置。

單位的衰解——從單位人到自由勞動者

在市場主體的確認中，單位制的衰解是一個重要的變數。某種意義上講，鄉村人民公社的解體，事實上已醞釀了單位制的衰落。作為一種極權社會的細胞單位，長期以來扼殺主體的具體制度因素就是單位。因此，隨著經濟改革的進展以及市場機制的強化所帶來的弱化單位的趨勢，客觀上就為就業者從一種「單位人」轉向自由勞動者創造了條件[47]。這種解放，雖然必然會帶來其他相關的社會與經濟問題，但作為最重要的生產要素的勞動力的激勵機制與相對合理的配置的問題得到適當解決，為中國經濟的發展創造了一個最重要的條件。在都市，社會組織也因此連帶發生重組，其重心從單位轉向街區、新型社群，個體—主體獲取新的身分與活動空間，公民社會的型塑有了可能。

找回情感——「人啊人！」

「現代主體首先是一個情感主體」[48]，一個情感性的存在；近代以來中國現代主體的誕生是與對人的情感的重視、強調息息相關的，所有那些文學、藝術作品都為我們展示了這一點。1980年代以來主體的再生，也與重申人的情感密不可分。文革毛時代的人是一種無性別的革命人，情感被革命的話語與實踐抽空、壓抑，評判，情感不再具有自然的合法性。從「傷痕文學」開始，重新重視人的

47　李漢林，《中國的單位社會：議論、思考與研究》（上海：世紀集
　　團出版社與上海人民出版社，2004）；李路路，〈單位制的變遷與
　　研究〉，載《吉林大學學報》，2013，第一期。

48　Haiyan Lee（李海燕），同上，頁7。

複雜、情感的多重性，召喚「人性的復歸」，為人的情感進行合法性論證。戴厚英的小說《人啊，人！》可謂其中一代表[49]。

　　佛洛伊德的思想，啟示了整個20世紀人類有關性問題的認識，也揭示了性在人的認同、主體性型塑上所具有的重要作用。中國人20世紀在兩性關係、家庭制度認識和實踐上的變化，是現代中國人主體意識和文化形成的一重要組成部分。1980年代的佛洛伊德熱，也啟動了人們相關的探討。而整個1980年代，我們也都不斷地聽到類似張競生1920年代在《申報》上為同事的再婚所做的那種有關人的情感、自由婚姻權利的辯護[50]；至於他有關性問題的前驅性研究，也終於在最近幾十年再次被發掘與肯定，得以在新的歷史與社會條件下重新啟動與延續[51]。兩性關係的重新定義，人的各種情感再次得到尊重，是現代主體再生的一個重要的組成部分。

身體與空間的伸展──主體的具象展示

　　身體一直是文化所要處理的最重要的一部分，借用莫斯（Marcel Mouss）1934年那篇開創性的演講辭的「身體的技術」（Les techniques du cops）來講，沒有一個社會不具有藉助文化來處理「身體的技術」，中國文化亦然。且不講古代，中國人處理身體的技術，身體的表現形式，隨現代性的進展在近代以來都發生了重大變化。最顯著的標誌可能就是清末民初女性的放足與放胸。這些對待肢體上態

49　戴厚英，《人啊，人！》（廣州：廣東人民出版社，1980）。

50　Xiaoqun Xu, *Cosmopolitanism, Nationalism, and Individualism in Modern China: The Chenbao Fukan and the New Culture Era, 1918-1928*, Lexington Books, 2014, pp. 207-216.

51　在這方面，筆者的朋友社會學家中國人民大學的教授潘綏銘先生的研究有重大的開拓之功。讀者可參見其眾多的相關論著。

度的更改與服飾的變化，身體與空間關係的演變，細緻考察起來其實都指向身體的解放，一種身體上的自我主體性的確立。就此方面來看，改革開放前數十年的制度文化的指向，正如在許多其他領域的表現一樣，呈現出一種向前現代時代倒退的趨勢，體現在再次消滅身體表現上的個性；身體的空間表現與活動範圍被大幅壓縮，嚴格限制。

改革開放後，這種局面得以改善，隨著個性解放思想的傳播以及經濟的發展，個人私域空間的增大，中國人身體的物理活動空間、社會與制度空間都得以或多或少的擴展。主體的再生也體現在這種身體所享有的空間的擴展，以及身體所享有的保護權利上。而女權運動的興起，也有助於強化了這種趨勢。雖然事實上，身體的問題是涉及社會全體成員的，但因女性、兒童及老者作為一種相對意義上的社會弱者，與其相關的社會權利運動自然就會涉及這類課題。此外，殘疾人權利保護的發展，也為我們在身體問題上的主體性展示提供了一個很好的例證[52]。

---

52 西方有關身體研究有一個悠久的歷史，從笛卡爾時代就一直伴隨現代性的誕生與演進，從1960-70年代這個問題的（再）「發現」以來，最近幾十年的發展顯然是與對現代性的批判，對主體的認識的深化、主體的權利意識的高漲息息相關的，也與如何定義現代技術與身體的關係這一問題有密切的聯繫。Georges Vigarello "La vision du corps dans les sciences sociales" in Michel Wieviorka（dir.）avec la collaboration de Aude Debarle et Jocelyne Ohana, Paris, Editions des Sciences Humaines, 2007, pp. 83-90. David Le Breton, *Anthropologie du corps et modernité*, Paris, Editions Presses Universitaires de France, 2003; Hervé Juvin, *L'Avènement du corps*, Paris, Gallimard, 2005. 受國際上這種研究的影響，最近十幾年中國的學界也著手引進這方面的研究成果，展開這方面的本土研究。茲引一本這方面的專著，劉傳霞，《中國當代文學身體政治研究》（北京：中國社會科學出版社），

女權的再現——「要做獨立的半邊天」

　　女權問題一直是中國現代性問題的一個重要主題。如何評價女性在中國共產主義運動以及前三十年毛時代的地位，依然是一個學術界爭論的話題。或許我們應該對這場運動在某些方面對女性合法性地位的提升的推動加以肯定，但同時我們也絕不能忘記女性事實上被一種以男性為主導的黨的體制、運動所裹脅、控制，喪失其主體性、基本權利的事實。中國女性更多地是享有某種名義上的平等，並不真正具有主體性；更何況，在那些傳統的社群結構與共產主義的制度相嫁接的一些鄉村地區，婦女的權利更是受到雙重的限制，無法獲取獨立的人格。1920-30年代所萌芽的以爭取個體的女性權利為特徵的運動曾在相當長時間徹底消失，讓位於一種服從的、主體性泯滅的黨權之下的女性倫理。

　　改革開放後，中國的女權運動復興。儘管在某些方面，女權的發展看上去有些停滯或者倒退，如某些女性退回家中甘居兩性關係中的依附，或者從事一些性工作，但從整體上看，伴隨著社會空間的增大、生活資源來源的多樣化與文化的更新，女性的自主選擇空間還是大幅擴展，女權意識有所傳播，一種真正的現代意義上的女權運動也再生[53]。《中華人民共和國婦女權益保障法》的頒布（1992年4月）、「北京世界婦女大會」（1995）的舉辦等等事件與制度的變革，與外界在相關方面交往的擴大，顯然都為促進這種變化創造了一些有利條件。女性無論是在工作還是生活的各個方面，主體性

（續）
　　2014。
53 陳三井主編，張玉法總校訂，鮑家麟、呂芳上、張惠錦、游鑑明、李繼鋒著，《近代中國婦女運動史》，第五章〈中國大陸的婦女運動〉（台北：近代中國出版社，2000），頁555-634。

都極大增強，在權利的爭取上更富積極的進取精神。——從那種最基本的「我就是要一個公正待遇，把獨身婦女也當人看」[54]的訴求，到當下「MeToo」運動，中國的女性一直在爭取一種有尊嚴的、自由的生活。女性權利運動的進展，構成中國現代主體再生的一個極其重要的組成部分。

「我」的再確立與批判精神的復蘇——價值轉向、知識分子與新啟蒙[55]

近代以來，現代知識分子的誕生與發展，一直伴隨、見證著中國文明的轉型，中國人的現代性構建與主體性探索的歷程。毛式極權模式的建立，是以摧毀知識分子的精神及社會、政治上的主體性、喪失自我為一重要條件的。從1970年代末起，文革後的中國的知識界在對中國的現代性的方案進行再探討的同時，自身也經歷了一個重大的價值轉向，重新確立「自我」以及作為主體表徵之一的一種理性的批判精神的價值，並將自身的獨立置於一個重要的位置。知識分子的討論一方面集中在自身處境及對傳統的檢省，試圖建立一種在自身的精神、社會與政治上的主體地位，另一方面也通過各種文化批判、思想引介，試圖更新文化，創造一種以主體精神為主的新的現代文化。在他們看來，「今日中國已經最終走出血與火的時代，開始了向現代商品經濟和現代民主政治的新的跨越。這是一個從經濟基礎到上層建築的根本性轉變，需要一次比五四運動更加深刻和廣泛的新的文化啟蒙運動，實現全民族的觀念更新，徹底掙脫封建文化專制主義的傳統枷鎖，喚起每一個中國人的主體文化意識

---

54 張辛欣、桑曄，〈典型風紀〉，載《北京人：100個普通人的自述》（上海：上海文藝出版社，1986），頁292。

55 Zhang Lun, *La vie intellectuelle en Chine depuis la mort de mao*, Paris, Fayard, 2003.

的覺醒」[56]。

　　是在這種背景下，1980年代中國式的「回到康德」、沙特熱、人的能動性討論[57]、關於人性論[58]、人道主義的研究[59]、有關人的學說、「主體」問題的哲學探討、對新啟蒙的召喚等等，以及那些新的藝術潮流的發展，如八五新潮美術[60]，崔健具有強烈的宣言色彩的宣示「我」的搖滾歌曲，都傳遞擴散著一種有關主體的思想與文化意識。社會上那些有關自我選擇、人生道路的大眾討論與種種上述思想與文化運動互相激盪，都可視為是一種「主體覺醒的歷程」[61]。

　　1990年代後「八九」時代以來政治的、社會與經濟的變動，帶來諸多重大的變化，有論者認為「金錢在這個時代成了一個無處不在，無往不勝的尺度」[62]，「民眾還沒有達到為意義焦慮的時候，因此，為普遍意義而存在的知識分子只有在今天才遇到真正的挑戰——他們已找不到自己的獻身方式，只能在最後的堅守中，在與世俗化大潮的持久對峙中獲得自我確認」。這種看法似乎有些道理，但並不能揭示自1990年代以來知識分子精神面貌的全部，從「人文

56　曹維勁、魏承思主編，《中國八十年代人文思潮》（上海：學林出版社，1992），頁907。

57　同上，頁40-44。

58　同上，頁101-107。

59　1980年初後短短兩年間，就有近500篇有關人性、人道主義的相關文章刊出。人民出版社相繼出版《人性、人道主義問題論集》、《人是馬克思主義的出發點：人性、人道主義問題論集》，見曹維勁、魏承思，頁34-39、95-100。

60　曹維勁、魏承思，頁506、510。

61　趙修義，〈主體覺醒和個人權利意識的增長——當代中國社會思潮的觀念史考察〉，載《華東師範大學學報》，2003年第5期。

62　孟繁華，《眾神狂歡：當代中國的文化衝突問題》，「中國問題報告」叢書（北京：今日中國出版社，1997），頁22。

精神的討論」到對自由主義精神的再挖掘與再詮釋直至推動中國的
法治建設、維權事業，中國知識分子依舊在追求自身的主體獨立，
為創造一個適合主體發展的制度與文化環境、推動公民社會的發展
而努力。

公民的回歸——政治與司法上的主體再確立

自「公民」一詞近代從日本引入，就具有「作為行使參政權等
公權的主體」的意涵。從大清法典中的「臣民」，民國憲法中的「國
民」到中華人民共和國憲法中的「公民」，這相對西語中的同一個
法律術語，在不同的歷史和社會語境下所獲取的不同的漢語譯名，
從一個側面見證著現代主體在政治與法律上得以確立的過程[63]。後
文革時代制定的八二憲法將公民權利與義務從第三章提到第二章，
置於國家機構之前，反映了那個時期鑑於文革的災難性教訓國家對
公民權利的相對重視[64]，「在新中國憲法史上第一次界定了『公民』
概念」[65]，其相關規定也為一個「走向權利的時代」的開啟奠定了
一些法律上基礎[66]。後來的一些具體的制度變革，如戶口制度的鬆
動和局部的取消，不僅為農民也包括城市居民獲取更多的自由，享
有一種帶實際內涵的公民身分提供了可能，且也有助於一種普遍意

---

63 梁鏞，〈漢語民法術語的生成與衍變〉，載馮天瑜、劉建輝、聶長
  順主編，《語義的變遷》，歷史文化語義學叢書（武漢：武漢大學
  出版社，2007），頁376-377。

64 周金華，《新公民論：當代中國個體社會政治身分建構引論》（北
  京：中國社會科學出版社，2010），頁163-169。

65 孫龍，《公民參與：北京城市居民態度與行為實證研究》（北京：
  中國社會科學出版社，2011），頁165。

66 夏勇，《走向權利的時代》（修訂版）（北京，中國政法大學出版
  社，1999）。

義上的公民文化的生長。須知，這種將公民劃為幾等的戶口制度，
不僅強化了城鄉的分化，限制了人身的自由，甚至帶來諸多嚴重的
社會心理後果[67]。弱化並取消這種制度，乃是中國農民甚至是市民
獲取一種完整的公民身分的必要條件之一。

　　市場經濟的刺激，權利意識的覺醒，為維權運動的崛起創造了
條件。而農村「村民自治制度」的推廣，城市公民因戶主維權運動、
參與基層選舉的而在某種程度上經歷的從「群眾到選民再到公民的
角色轉換」[68]，儘管個中充滿曲折，甚至是倒退，但這些都在某種
程度上為作為政治與法律主體的中國公民的再生提供了土壤和實現
的機會。

四、主體的奮鬥與中國的未來──維權運動、憲政與文化再造

　　改革開放四十年來主體的再生，是因雙重轉型中所產生的社會
分化而得以出現的[69]；也因這種主體的再生，反過來影響、型塑了
轉型過程。不過，這種主體的再生能否獲取一種制度架構和文化依
託，使其得以正常的發展，關係到我們所說的「雙重轉型」能否跨

---

67 程鐵軍，〈中國戶口制度的現狀與未來〉，載李少民主編，《中國
　　大陸的社會、政治、經濟：當代中國研究中心論文第一集》（台北：
　　桂冠圖書公司，1992），頁406-408。

68 孫龍，同上，頁165-166。

69 在韋伯看來，「社會分化」是一種與現代性理性化相伴的必然產物，
　　筆者借用此概念分析檢討近代以來包括最近四十年中國的社會變
　　遷。不過，需要指明的是，筆者所使用的「社會分化」除具有韋伯
　　的含義外，還有一些與中國的傳統文明秩序的崩解、後共產主義轉
　　型的權力分化有關的特質。關於這個問題，容另文專述。

越一些關鍵性的階段，不受挫折，達成某種理想的結果。

扭曲的主體與文化更新——從「霸座」「碰瓷」想到的

關於中國近幾十年發生的主體化過程中出現的畸形與扭曲、那些「不完整與無道德的個體」現象，近年來不斷有學者提及[70]。最近陸續出現的「霸座」事件以及層出不窮的所謂「碰瓷」現象，或許以一個很具象的形式為我們展示了這種扭曲與畸形[71]。與以往那些傳統的欺霸、流氓的現象不同的是，這些事件與現象的製造者對自己的權利邊界事實上是有較明確的認識的，但卻依然採取這樣不道德、反權利規則的行為與姿態去獲取自己的利益，擴大自己的權益空間，這種現象頻繁出現顯然是有當下的文化與制度環境成因的，也與主體無法在一個正常的制度與文化環境中獲取其發展空間、其權利與價值目標無法實現、社會缺乏正義和明晰的權利文化密切相關，因而造成一種扭曲的主體、甚至是反主體的意識的生長與膨脹。

如何確立一種能保證主體健康發展的制度與文化，依然是中國當下這種雙重轉型面臨的最關鍵的挑戰。中國人仍需要一方面堅持、繼續康德意義上的啟蒙精神，進行文化的檢討與批判，另一方面，正確地認識和吸收現代性批判、後現代思潮的思想成果，明確中國本身的問題意識，從中國以往現代性構建的歷史與經驗中汲取教益，重新確立新的現代性構建方案，這將是時代重大的課題。需

---

70 閻雲翔，〈導論〉，賀美德（Hansen.M. H.）、魯納（Svarverud. R.），《自我中國：現代中國社會中的個體崛起》，頁2、28。

71 2018年媒體陸續報導了一系列霸占他人座位拒不讓位的「霸座男」「霸座女」的事件，這些年類似事件層出不窮，從一個側面反映了一些中國人對他人權利的蔑視。

要說明的是，1960-70年代，受結構主義思潮的影響，西方後現代思潮對主體採取一種懷疑、取消的態度，在有助於矯正那種過度的浪漫的主體主義思想的弊端的同時，也帶來相當的負面對現代性的消解作用，這是在我們重新思考、確立新的現代性方案時所特別需要加以注意的。某種意義上講，後現代的思潮只是對現代性的一種矯正，一種擴展，後現代本身是現代的，與現代性既有其斷裂性，更有其連續性，是一種欲達成現代性方案目標的新探索，那種將兩者絕然對立，且以此論證一種反現代的方案顯然是不當且會是十分有害的。

維權與憲政── 主體權利的落實與保障

現代主體的誕生從來就是在與權力、社會權威的抗爭中實現的，西方如此，中國亦然。近代中國現代主體的出現，毛時代對主體的扼殺，其中歷程之艱難、痛苦，許多文學、個人傳記都有過描述與記錄。改革開放時代主體的再生，也是一個伴隨著不斷的抗爭的過程。再以農民為例，從土地承包到上1990年遍及全國的抗稅[72]，到今天爭取子女的教育權，在城市的居住權，每一步權利的提升，向一個完整的現代主體邁進，都是抗爭、維權的結果。而過去四十年中國改革、發展相對良好的時期，除了經濟總量增加帶來的機會有助於平抑社會的不滿外，也與制度的設計改造在一些領域不斷地接納、吸收種種圍繞權利的抗爭有很大關係。

需要指出的是，迄今為止，國家那種對主體權利訴求有限的制度性接納、對主體權利的保障，因缺乏憲政層面上的落實，帶有相

---

72 于建嶸，〈中國工人階級現狀與社會、政治發展〉，載張大軍主編，《公民半月談》（北京：非正式出版物，2007？），頁252、258。

當大的不確定性，具有某種政策性的權宜、工具性色彩，造成權力
缺乏必要的限制，腐敗盛行，主體的權利無法得到最終明確、可靠
的保證。而面對當代中國的主體的再生，制度框架上已無法迴避如
何落實、保障主體權利，創造主體的實現的制度性條件這樣一個根
本問題。這既是近代以來中國的向現代性轉型，也是四十年來中國
的後共產主義轉型的核心問題。而這個問題的最終解決端賴於一種
制度性架構的確立，維繫作為主體的公民與公民之間、公民與國家
之間的穩定與平衡[73]。從現代性開始在西方確立的時代起，社會的
共識的喪失就一直是一些西方思想家如孔德探討的主題之一[74]；但
傳統時代的「共識」隨著社會分化、主體意識的強化是注定一去不
返，任何這方面的戀舊、「鄉愁」都於事無補，唯一能保證人們共
同生存的條件是一個有關權力與權利平衡的制度，是一種權利性共
識，也就是一種憲政的制度與共識。而在中國實現憲政的途徑上，
通過公民權利的不斷增量達成目標，就是一個現實的理性的選擇。
中國改革以往成功的經驗的關鍵就在於在「權利增量」問題上，上
下互動，找到了一個平衡，達成某種帕累托效益；而今日陷入困境，
恰恰在於失去這種平衡，長期將「增量」的問題限定在一種純經濟
指標的量的增長上，權力所有者試圖在公民不斷地爭取自身的權利
的奮鬥面前，出於一己之私，拒絕讓渡權利，劃出其權力框架界限，

73　諸葛慕群執筆，《憲政中國：為中國的未來設計可行、穩定和公開
　　化的政治制度》（香港：明鏡出版社，1998）。

74　正如雷蒙・阿隆非常正確地指出的，對孔德來講，在一個封建與神
　　學結構消失的現代社會，「社會改造的主要問題在於社會共識。在
　　於重建道德與宗教意識上的同質性，缺乏這種同質性，任何社會都
　　不能具有穩定性」，Raymond Aron, *Les étapes de la pensée
　　sociologique*, coll. Tel, Paris, Gallimard, 1967, p. 307.

導致改革停滯、死亡，國家危機重重。

「人民主體」——毛極權主義的話語與實踐危險的回歸

自習近平執政以來，中國的意識形態領域發生諸多重大的變化，其中打壓公民社會和憲政話語就是一個最重要的趨勢。「公民」的話語合法性在急劇弱化、退隱，取而代之的是習近平所宣稱的所謂的「人民主體」思想[75]，其目的顯然在借此壓抑公民主體的話語。也顯然是意識形態上一個向毛時代的重大倒退。20世紀的左右極權國家的領導人、極左與極右翼民粹主義者都習慣性地以「人民的名義」，以「人民主體」的代表來行使權力，其結果常常帶來大的災難，須特別加以警惕。「人民」作為一種政治術語，並不是不可以使用，但「人民主體」只有在個體—主體、在「公民主體」得以確認，作為個體—主體的集合的前提下才會具有正面意義，否則，只會為新的獨裁專制、恐怖政治提供論證，過去的歷史和當下一些國家的經驗與現實都證明了這一點。

同一個世界，同一個夢想——主體權利的普世性：從「Me too」談起

四十年過去，中國的經濟深深地嵌入全球經濟體系的迴圈，中國人與世界的交往從來沒有如此廣泛與深入，但各種跡象顯示，中國與外部世界的價值與文化隔膜甚至是衝突在某些方面似乎並沒有

---

75 郭廣仁，〈習近平關於人民主體的思想——對中國特色社會主義科學性和真理性的認識與思考〉，2015年4月19日，求實網（原刊《中央黨校學報》）http://www.qstheory.cn/llqikan/2015-04/19/c_1115016666.htm 何黨生，〈人民主體思想的幸福緯度〉，人民網，2014年6月24日，http://theory.people.com.cn/BIG5/n/2014/0624/c40537-25193738.html

弱化，作為一個崛起的大國，中國與世界在什麼問題上找到交匯，找到共同的語言，共用的價值？這是中國今天面臨的一個巨大挑戰。

如果說兩個世紀以來現代性在世界性範圍的擴展有什麼基本的線索可尋的話，可以用「權利增量」來對此概括：從政治權利再到社會、經濟乃至文化權利，世界範圍的現代性的歷史，某種程度上講就是一個權利的擴展與深化的歷史；政治、社會、文化、經濟生活日益圍繞主體的權利而展開，權利的問題日漸成為重心，即使是在那些後發展的非西方國家也是如此[76]。許多學者試圖指出非西方的東亞、拉美、阿拉伯、非洲等社會中的「個體」與西方作為不可分割的單位的「個體」意義上的區別，這自然是有一定的道理的，某種程度上也必然如此。但另一方面，不管以何種形式，以何種言說出現，個體意識及權利訴求的普遍化的本身證明，這其中也是有一致、公約性的東西的，且隨著社會分化的深入，某種程度上講正日益強化[77]。

---

76 如我們以貝克有關四種與現代性相關的個體化的區分（福利化的制度個體化、制度化個體化、削減性個體化、禁止性個體化）來分析，關鍵的要素顯然在於個體的權利在世界各種地區落實的狀況，見《個體中國》，〈序言〉，頁4-5。

77 當閻雲翔先生談及「在中國，個人的權利提升並不是基於一種普遍適用每個個體的自然權利觀念。……但個體的權利意識是基於中國式的理解，即通過自己的努力得來的特權。這種對權利的理解與政治自由在公眾生活中的局限是相輔相成的，因此，主張個人的權利主要是通過公眾對國家提出訴求來達成」。（見《自我中國》導論，頁11、14）他是有道理的，中國人對權利的中國式理解顯然是與政治自由在公眾生活中的局限有關的，自然權利觀可能也是相對薄弱的。但我們同時也想指出，除了在一些具體的權利問題上，中國人採一種「經過努力得來的特權」的權利觀外，對相當的權利議題的認識也越來越靠近天賦權利的觀念，比如對待教育、殘疾人、兒童尤其是女性權利上，中國人的權利觀日益接近一種普遍適用的權利

　　以西方為例，最近幾十年司法領域最重要的趨勢，就是以基本人權和自由為範式對司法體系全面的改革與再定義，構成一個法國當代著名思想家馬賽爾·戈塞稱之為「第二個人權時刻」（le second moment des droits de l'homme）[78]；牽涉到社會整體的方方面面，各種成員[79]。至於社會與文化領域的權利運動也在日益深化，最近的一個例證就是從美國發起擴展到包括中國在內的世界許多地區的Me Too運動，將從1960-70年代在西方興起影響到全球的女權運動帶入一個新的階段，也給21世紀的世界性的權利運動帶來新的動力。雖然我們可以觀察到世界範圍內都出現了各種形式的對權利運動的反彈，形成一種壓制權利訴求的威權、保守潮流，但從大的趨勢看，無論那些以各種傳統、宗教、權力、政黨的名義對這種權利訴求的打壓如何殘酷，各類原教旨主義的喧囂如何甚囂塵上，這種對主體權利的訴求依然是被大多數文明國家所認可的世界主流價值，是世界的主流，其趨勢且有強化之勢。當然，這種趨勢也會給所有現存

（續）────────────────────────

　　觀。事實上，這種現象我們也可在世界上許多地區觀察到。但當貝克區分當今四種現代性，稱其中第四種「伊斯蘭現代性」中的個體化問題上的特點是「禁止個體化」，顯然也是忽略了伊斯蘭世界「個體化」現象的複雜性；即便在伊斯蘭世界，個體化也在以不同的形式在發展著。如果說中國因其特殊的制度與傳統的文化的同質性，當下中國的現代性可以做大體的歸類的話，將伊斯蘭世界的現代性統一歸類為「管制資本主義，傳統威權政府，禁止個體化，單一宗教社會」，則顯然是過於簡單化了。見《個體中國》，〈序言〉，頁4。

78 Marcel Gauchet, *l'avènement de la démocratie, IV, le nouveau monde*, Paris Gallimard, Bibliothèque des Sciences humaines, 2017.
79 關於這方面所做的各種司法改革，可參見法國索邦大學法學家 Xavier Dupré de Boulois新近出版的著作, *Droit des libertés fondamentales,* coll. Thémis 'Droit', Paris, PUF. 2018.

的權力結構、制度運作帶來新的挑戰，即使是對那些民主國家也是如此，只是，其訴求的重心會有重大差別。

　　就這一點來講，中國事實上也是置於這全球性的巨流之中，只是鑑於其所面臨的「雙重轉型」的課題及現有權力的性質，中國的主體權利實現的優先程序或許與西方不同，不會像西方近代以來走過的道路那樣，各種權利的增加是採取分離、遞進的方式，而是政治與社會、經濟、文化的權利實現被壓縮在有限時空的同一個進程中，相互作用，互為條件、因果，因此也自然顯得更加複雜與艱巨。例如，對中國人來講，因中國轉型這種特質，其所能真正享受的「消極自由」也一定是要以某種「積極自由」的行動才能獲取和得以保證；對自由的爭取也絕不可能與對民主的落實相分隔。再以過去這些年中國之所以能與外部世界保持一個相對穩定的交往來看，很大程度上也是因為中國的某些方面的進步以及宣稱的一些價值取向，給與外部世界一種中國的變遷與世界權利的整體發展趨勢是相容交匯的印象。但最近幾年，不僅中國內部公民權利的實現大幅倒退，且也因此造成外部世界的疑慮與關係的緊張；內部的共識喪失殆盡，與外部文明世界能共用的一些觀念基礎也歸於崩塌。中國又面臨一種文明的選擇關口，「雙重轉型」面臨新的重大挫折的可能。

　　從一種長遠的文明轉型來看，這四十年中國的轉型最重要的結果或許就是現代主體的再生，這遠比那些經濟的成長更重要，意義更加深遠。從此，中國的制度和文化的變遷、與外部世界的關係都必然要受到這種結果的影響，各種文化、社會、政治的博弈都將直接或間接地圍繞此一主題展開。而中國的改革如果還有新的生命，如還希望中國的轉型平穩，現代性建設還有一個新的未來，當需面對這一主題，主體的主題，才可能最終走出困境。

　　說明：有關「主體」的問題，多年來一直是筆者思考現代性，觀察中國社會變遷的一個主線，有些想法也零星在過去的中文、外文的長短文章中有過涉及。2018年11月初，因參加由哈佛費正清中心和天則研究所在哈佛大學聯合舉辦的有關中國改革開放四十年的研討會，做了一個以此為題的發言。本文是在原發言稿基礎上整理成文，算作是對此問題的思考一個階段性的大綱總結。今後會在此文基礎上撰寫一部著作，對一些未能更詳盡討論的問題展開更細化的討論。這裡要感謝天則研究所吳思、盛洪、張曙光、蔣豪、費正清中心的Michael Szonyi（宋怡明）Daniel Murphy（慕浩然）諸位先生的邀請、幫助與招待。

　　張倫，法國塞爾‧奇鵬多瓦茲大學教授。研究興趣在現代性、知識分子，中國的轉型、地緣政治等問題。有法、中文學術及評論著作、文章多種。

傳統的「創造性轉化」：
從余英時〈天人合一的新轉向〉說起[1]

丘慧芬

前言：問題與方法

余英時與林毓生兩位先生的論著對於中文世界的許多讀者來說，可能都不陌生（為行文方便，以下敬語從略）。林毓生在1970年代初期提出的「創造性轉化」概念[2]，許多讀者也都相當熟悉。本文討論的文本，一篇是由余英時2014年《天人之際》專書中的兩章合併而成的一個閱讀單元，即〈軸心突破與禮樂傳統〉以及〈天人合一的新轉向〉，另外一篇是林毓生的〈魯迅思想的特徵與其和中國宇宙論的關係〉。前者探索的是中國思想史為何、以及如何會在春秋戰國時代正式出現在歷史舞台，後者分析的是魯迅的思想特質在五四時期為何、以及如何讓他在當時陷入絕望，但卻沒有讓他

1　本文是根據2016年8月底到9月初在上海華東師範大學－不列顛哥倫比亞大學「現代中國與世界聯合研究中心」同時舉辦的「第三屆中國思想史高級研修班」與「現代性的質疑：近代中國的新傳統主義」會議上的講稿修訂完成的。該次會議與研修班由許紀霖教授負責全程之籌劃並執行，謹此特致謝忱。

2　下文會提出林毓生對「創造性轉化」的討論。

成為虛無主義的俘虜。

雖然兩個閱讀單元（以下簡稱為兩篇文章）處理的時空背景與研究問題完全不同，然而，兩篇文章探索的問題與研究的發現卻讓我覺得可以做一些參照和對比。

首先，兩篇文章不約而同的觸碰到一個共同的現象，那就是：在不同的歷史脈絡之下，一些高度敏感的心靈，在面對他們「過去」所建立與遺留下的當下秩序出現崩壞時，往往都會產生深刻的質疑。這些關注重大社會變遷的個人，在面對變化的時空背景時，往往會為了追求一個他們認為較為理想的秩序而企圖去改變既有的「過去」遺產，甚至提出各種改革的方案或藍圖，因此會出現與「過去」的一種批判性互動。這樣的互動，明顯具有價值的導向，可以看做是當時的「現在」與其面對的「過去」所進行的反思性對話，也可以說是開始了一種反思的行動。

與「過去」對話，是人類亙古以來了解自身與外在世界的基本方式。追求理想的秩序，也是人類從未放棄的願景，原不足為異。令我關注的是，這兩個時期出現的對話，雖然都呈現出對其當下現實的批判特性，但是，春秋戰國出現的批判結果，是直接從既有的「過去」找到可以突破現狀的資源，並為當時的社會文化提供了一個新的價值走向與發展基礎。對照之下，五四時期出現的批判結果卻是企圖將既存的過去價值系統徹底打倒，繼而以激進的革命做為中國現代性的出路。就二者的影響來看，一個關係到整個傳統中國文化在春秋戰國時期之後的價值生命，一個涉及五四時期這個文化的命運與中國現代化路徑的轉向。這個轉向無疑也將五四從開始提倡西方憲政民主，到之後轉為激進共產革命的分歧現代性，打上了明確的標誌烙印。

這樣的對照，讓我看到自己原先完全沒有意識到這兩篇文章之

間存有的對比可能，並因此覺得應該再從比對的觀點去思考兩篇文
章中的核心論點以及它們可能揭示的歷史意義。如此思考，絕不是
因為不重視文化思想和價值系統可能因為不同的時空變化而出現巨
大的差異。而且我也清楚任何勉強的比較，不但容易流於形式，而
且可能根本無效。但是，之所以採用比照的觀點，除了上面提到的
初步觀察，主要是想通過兩位先生的研究再進一步追索，看看在春
秋戰國和五四這兩個不同時期出現的與「過去」進行的批判性對話
或行動，彼此之間是否可能出現什麼交集。若然，這種交集會有什
麼具體的指涉？又是否可讓我們從一個不同的視角去重新審思，當
時出現的這些批判對話在今天的時空還有什麼相關的意義？這些問
題，使我選擇用「過去與現在的互動」做為討論的切入點，並再轉
用「傳統與現代」的概念範疇來展開進一步的討論。畢竟，這兩個
時期出現的對話，都是在這個範疇之內發生的有關追求個人生命意
義與重建理想秩序的最重要的批判性活動。

「傳統」與「現代」的概念框架

應該提到的是，過去三十多年因為全球經濟的狂飆變化，西方
思想史學界出現了世界史或國際化的轉向[3]。有關「傳統」與「現代」

3　晚近強調世界史或國際轉向重要性的例子很多，新清史的研究是為
　　人熟知的例子，見 William T. Rowe, *China's Last Empire: The Great
　　Qing*, The Belknap Press of Harvard University Press, 2009, pp. 1-10,
　　esp., pp. 9-10; 另可參考，Peter Zarrow 特別引用 David Armitage,
　　Foundation of International Thought, Cambridge University Press, 2013
　　的書來強調全球視角對當下研究思想史在方法論上的重要性，見其
　　"An Essay in Comparative Intellectual History: *Datongshu and Looking
　　Backward*,"《思想史》，第2期，台北：聯經出版公司，2014年3月，

的討論，或者說有關某個「過去」與某個「現在」的討論，基本上
都傾向放在比較全球現代性的框架之下來展開，重點也都在發掘在
地文化的本身是否已經具有普遍意義的思想傳統，並探討這樣的傳
統是否具備落實自身普世價值的機制[4]。毫無疑問，這些關注反映出
的是從更加廣闊的方法論視野來反思現代性的不同形態與多元面
向，目的是要透過比較研究來增進跨文化的對話與溝通，對於今天
地球村的各種生態平衡，當然非常關鍵。事實上，余英時和林毓生
的研究也都可從「傳統」與「現代」如何互動的角度來解讀[5]。兩位
先生雖然都重視以比較的方法來展開他們的研究，不過對於本土傳

（續）

　　頁283-311，特別是頁310-311。類似的看法，亦見徐國琦，〈第一
　　次世界大戰及一戰華工的世界意義〉，《二十一世紀》，2016年6
　　月，155期，頁4-14。

4　E. N. Eisenstadt 在為其所編關於多重現代性的專輯序論中對於這兩
　　個面向做了精要的解說，見 "Multiple Modernities," *Daedalus*, Vol.
　　129, No. 1（Winter, 2000），pp. 1-29, esp. 3, 9-12, 22-23.
　　泰勒在他1991年討論現代性的一本小書中對工具理性提出的討論
　　與質疑很有代表性，Charles Taylor, *The Malaise of Modernity,* Anansi
　　Press Limited, 1991, pp. 3-12, 93-108. Robert N. Bellah, *Religion in
　　Human Evolution From the Paleolithic to the Axial Age*, The Belknap
　　Press of Harvard University Press, 2011; *The Axial Age and Its
　　Consequences*, edited by Robert N. Bellah and Hans Joas, The Belknap
　　Press of Harvard University Press, 2012.

5　余英時很多專文都涉及現代性的問題，此處僅列其〈20世紀中國現
　　代化與革命崇拜之爭〉收入余著，程嫩生、羅群等譯，《人文與理
　　性的中國》（台北：聯經出版公司，2008），頁513-536；林毓生
　　的專文，見其〈中國現代性的迷惘〉，收入宋曉霞主編，《自覺與
　　中國的現代性》（香港：牛津大學出版，2006），頁3-25，另請參
　　見筆者對中國現代性的相關討論，丘慧芬，〈沒有生機的出路：論
　　汪暉《現代中國思想的興起》〉，《季風書訊》，191期，2010年6
　　月8號，頁23-30。

統內部的重大問題進行深入精確的鑽研，應該更是他們的核心焦
點。他們採用比較的方法，一方面是要揭示中國文化在某一個研究
的專題上，與西方或其它文化可能會有的同異之處，但另一方面，
他們的研究更著重通過比較來凸顯中國文化的獨特性[6]。在2018年8
月刊出的一篇訪談專文中，余英時就非常明確的說到：他研究中國
思想史「往往或明或暗地包涵著一種與西方對照的觀點，因為如果
沒有相異的做比較，文化特色是顯不出來的。」[7]了解文化的突出
特色，顯然更有助於掌握「傳統」與「現代」之間可能涉及的各種
複雜互動[8]。據此，我們可以說兩位先生有關傳統與現代的討論，不
但有助理解中國文化的獨特性格，也可揭示這個獨特性與當下的時
代是否還有實質相關。

　　以下的討論分做三個部分：第一部分從「過去」與「現在」的
互動討論，轉為在「傳統」與「現代」的框架下來進行。互動涉及

6　請參見余英時2006年在克魯格獎頒獎儀式上的講演及其對自身採
　　取比較研究方法的說明，此講演見《人文與理性的中國》，頁
　　643-648，特別是頁645-646；另可參見余英時〈天人之際〉一文，
　　收入《人文與理性的中國》，頁5。林毓生在其英文專書 *The Crisis of
　　Chinese Consciousness: Radical Antitraditonalism in the May Fourth
　　Era*, Wisconsin University Press at Madison, 1979的中文「增訂再版前
　　言」中，亦提及自己如何用比較思想史的觀點來分析思想史的問
　　題。見《中國意識的危機：「五四」時期激烈的反傳統主義》，林
　　毓生著，穆善培譯，蘇國勳、崔之元校（貴陽：貴州人民出版社，
　　增訂再版本，1988），頁1。

7　見羅小虎，〈余英時：中國現代學術「典範」的建立〉，《經濟觀
　　察報，書評增刊》，2018年8月27日，下載自http://www.eeo.com.cn/
　　2018/0827/335597.shtml

8　此一看法可參考張灝，〈傳統與現代化──以傳統批判現代化，以
　　現代化批判傳統〉，收入張灝，《幽暗意識與民主傳統》（台北：
　　聯經出版公司，1989），頁117-138。

的延續與變化也可由此顯現。第二部分聚焦在兩篇文章所探討的基本問題與相關的歷史脈絡，接著即為結論。

首先要說明兩位作者如何解釋不同脈絡下出現的「現代」與其所面對「傳統」的批判性對話。這些對話如果產生衝突與糾結，如何獲得化解。如果無解並因而產生絕望，又有什麼資源可消解絕望？釐清這些問題之後，會再探討春秋與五四這兩個時期出現的對話是否有一些明顯或曖昧的關聯？若然，它們會揭示什麼歷史意義與含意？對於任何試圖將中國傳統在現代進行「創造性轉化」的努力，又是否有照明之可能？結論部分會針對這些問題提出初步的回應。

「過去」與「現在」的互動

我們都知道，「過去」與「現在」是時間的兩個指稱概念，而且任何一個「現在」都曾經是一個「未來」的前身，任何一個「過去」當然也都曾經是一個消失的「現在」。研究概念史的學者更會提醒我們，雖然我們可以採用具有先後順序的時間系軸來標出已經經驗了的「過去」，或是標出「現在」所期待的「未來」，但是，「時間性」這個概念本身，卻只能是在我們給與經歷過事件的一個結構之後才可能產生的結果。也就是說，如果我們不先將經過的事件放在一個標出先後順序的結構之中，我們就不可能有「時間性」的概念。當然，概念一旦出現，就會持續不斷的被不同時空的人用來表示某一個時間的定點，儘管這個定點可能有不同的指向。其實，時間概念因為時空變化而出現指向不同的理解，對其它的概念一樣適用。我們都知道，一個概念形成之後，不同時空的人可以持續使用這個概念來理解特定時空下的現象與問題。但是，他們理解的這個概念的內容和意涵，卻很可能因為歷史脈絡的不同而出現一些明

顯或是幽微的變化。結果是：維持一成不變的只會是表達這個概念的特定詞語而已[9]。以下的討論，也會顯示某一概念雖然持續在時間流轉之中被保留下來，但內涵卻會出現相當複雜的變化。

當然，從日常經驗和歷史常識來看，「過去」與「現在」是我們實際生活中無法跨越的兩個時空界域。這兩個界域之間也存在著有時可以明顯表達，有時卻並不清楚的連續與變化。比方說，《論語》〈子罕篇〉記錄了孔子「逝者如斯夫」的感嘆。〈八佾篇〉也記載了他對三代文獻損益的看法。（子曰：「夏禮，吾能言之，杞不足徵也；殷禮，吾能言之，宋不足徵也。文獻不足故也，足則吾能徵之矣。」）這兩個記載分別指出孔子很清楚「過去」與「現在」是既有連續也有斷裂的二元關係。當然，連續與變化不會是絕對的單一現象，也不會是「過去」與「現在」之間僅有的互動。它們往往是不斷的交相出現，構成一種連續與變化兼而有之的混雜現象。而且，當變化在這樣的交涉之中已經發展到讓「過去」與「現在」好像完全不可能再連接的時候，也不代表兩者已經成了全然斷裂的絕緣體。更接近歷史事實的是，斷裂的表像之下，經常還存有許多曲折的纏繞，使得「過去」與「現在」的關係越發含混曖昧。有趣的是，這種「過去」與「現在」的複雜關係，不約而同出現在這裡試圖探討余英時和林毓生的文章中，而且也是他們在通過各自的追

9　此處的討論，是根據Reinhart Koselleck 晚近概念史一書中關於歷史時間對概念內容的理解何以密切相關的基本看法，見 *Futures Past: On the Semantics of Historical Time*, translated by Keith Tribe, Columbia University Press, 2004, pp. xi, xiv-xx（Keith Tribe's introduction）; pp. 2-4. 有關傳統中國歷史思維中的時間觀，可看 Chun-chieh Huang and John B. Henderson, eds., *Notions of Time in Chinese Historical Thinking*, The Chinese University Press, 2006, pp. viii-ix.

索與精密的論證之後呈現出來的一個重要圖景[10]。

　　無需質疑的是，多數歷史行動者，可能根本不會覺得自己思想之中有上面提到的那種混雜式的糾結。即使真有糾結，大概也都處於意識不到的共生狀態。這應該是王汎森為什麼會用「複合性思維」的概念來指稱歷史行動者在歷史現場可能有的思維狀態[11]。因此，探索含混曖昧的思想關係往往也成為歷史研究的一個核心議題。

　　顯然，「過去」與「現在」會出現錯綜複雜的關係，極有可能是因為處在某一個「現在」的人，對於自身或是所處時代的理解，不可能完全脫離「過去」某一特定時空之下某些人的思想與行動的影響，也很難完全與那個時代的風俗習慣，價值信仰和各種結構變化所造成的結果做出徹底切割。因此博蘭尼（1891-1976）和迦達瑪（1900-2002）在討論我們何以能獲得知識並產生理解時，都一致認為必需注意「傳統」扮演的重要角色。迦達瑪特別強調某些概念與思想，一旦以書寫的傳播方式出現，對於接觸到這些書寫訊息的同

10　史華慈研究嚴復的專書與林毓生研究五四時期全盤性的反傳統主
　　義都是這方面的經典論著，見 Benjamin Schwartz, *In Search of Wealth
　　and Power; Yen Fu and the West*, Belknap Press of Harvard University
　　Press, 1964; Lin Yu-sheng, *The Crisis of Chinese Consciousness:
　　Radical Antitraditionalism in the May Fourth Era.* 王汎森的專著中也
　　特別聚焦在這一錯綜複雜的關係，見其在《中國近代思想與學術的
　　系譜》中各篇專文的分析（台北：聯經出版公司，2003），特別是
　　在其中三篇文章內提出的解釋：〈汪悔翁與《乙丙日記》——兼論
　　清季歷史的潛流〉，頁61-94；〈從傳統到反傳統——兩個思想脈
　　絡的分析〉，頁111-132；〈反西化的西方主義與反傳統的傳統主
　　義——劉師培與「社會主義講習會」〉，頁221-239。
11　王汎森，〈如果把概念想像成一個結構：晚清以來的「複合性思
　　維」〉，《思想史》第6期專號：五四新文化運動，台北：聯經出
　　版公司，2016年6月，頁239-249。

代或後代人，都可產生程度不同的影響。也就是說「過去」與「現在」因此發生了連接，並且會出現性質不一、深淺有別的對話[12]。20世紀著名的哲學家懷海德（1861-1947）曾經說過：歐洲哲學傳統最出色的特點，就在於他們都是伯拉圖思想的一系列注腳。與此參照之後，有研究東亞宗教思想的學者也斷然的說，所有中國的哲學都可以看做是孔子思想的一系列注腳[13]。這兩個概括性的評論並不特別聚焦在討論「過去」與「現在」的互動。然而，這樣的評斷，明顯肯定了某些轉為文字的思想，會具有一種超越其本身歷史脈絡而不斷延伸其生命的潛在力量，使得一代一代接觸到此一思想的人，可以主動跨越時空去探索這個思想與產生此一思想之「過去」，並可與自身所處的「現在」連接成一個具有歷史縱深的對話網。先

---

12 關於傳統在我們認知中扮演的關鍵角色，見 Michael Polanyi, *Personal Knowledge*, University of Chicago, 1958, pp. 53-55, esp. 54; Hans-Georg Gadamer, *Truth and Method*, 2nd revised edition, translation revised by Joel Weinsheimer and Donald G. Marshall, The Continuum Publishing Co., 1989, pp. 357-361, 389-391, 關於過去與現在如何可能經由書寫的語言形成對話，以及思想概念如何能持續的對現在甚至未來產生關鍵影響的論著，亦可參看上引 Gadamer 書中之頁，並另參頁396-398; Reinhart Koselleck 也採用迦達瑪的觀點並提出類似看法，但他特別突出思想概念如何能持續的對現在甚至未來產生關鍵影響，見其*Futures Past*, 2004, pp. 2-3, 75-80.

13 見 Robert N. Bellah, *Religion in Human Evolution From the Paleolithic to the Axial Age*, The Belknap Press of Harvard University Press, 2011, p. 409. Bellah 在其論著中先引用了 Whitehead 為人熟知的名句之後即下了他本人的類比斷語。Whitehead 的原句見：A. N. Whitehead, "The safest general characterization of the European philosophical tradition is that it consists of a series of footnotes to Plato." *Process and Reality*, Free Press, 1979, p. 39.引自: http://www.age-of-the-sage.org/philosophy/footnotes_plato.html

不論孔子的思想對當下的我們是否有這樣的影響，在中國過去的詩歌與歷史的記載當中，我們顯然隨處都可以發現類似「過去」與「現在」的對話。舉例來說，蘇軾在貶謫時期寫的〈赤壁賦〉就顯示出他與某種「過去」、或「傳統」的連繫。至少，他肯定是先經由「過去」的一些特定文本認識了彼時之人事，否則文章內的慨嘆無從興起。同樣的邏輯，對身處當代的我們在閱讀其文時也一樣適用。而且，我們還必需完成閱讀才能看到蘇軾在此文賦中展現的一種近乎莊子似的超越襟懷。通過這一閱讀，我們不但與歷史發生了連結，蘇軾本人所重視中國傳統文化中的一些超越價值，也在我們完成閱讀時再次鮮活起來。

　　文學案例之外，司馬遷的《史記》更為我們提供了他本人與無數「過去」的人事發生對話的一個歷史範例。他在〈報任安書〉這個大家都熟知的文本中，解釋了《史記》的撰寫旨在「通古今之變，窮天人之際」。當他將「蓋西伯拘而演《周易》，仲尼厄而作《春秋》，……，……」看做是「此人皆有鬱結，不得通其道，故述往事，思來者」時，他本人也明顯表達了一種信念，那就是認為他的《史記》不但會有跨時空的生命力，而且會幫助後來之人理解他們的「過去」與「現在」，甚至有助他們理解無法預測的「未來」。這樣看來，司馬遷書寫《史記》所採用的史料或是文本，確實就是他與「過去」對話的主要管道，也是他從中發現歷史文本可以延續「過去」與「現在」對話的信念來源。從討論「過去」與「現在」互動的觀點來看，《史記》的確已經成為代表「過去」文本所構成的一個大資料庫中的一部分，使我們有了與司馬遷以及他所形構的「傳統」發生對話的一個連結基礎。在這一點上，文本就如同迦達瑪說的，是「傳統」呈現自身的一種基本形式，至少是相對比較穩

定而且比較具有清楚意義的一種形式[14]。需要強調的是，通過〈報任安書〉，我們還可以觀察到司馬遷與蘇軾的一個相近之處，那就是：在司馬遷堅持完成他的經典史冊時，他是將個人不堪的「今昔」遭遇，嵌入「古今」秩序更迭的對話之中，顯出他認為追求歷史真實的本身具有一種超越的意義。這種追求，與蘇軾表述的那種比較接近莊子寄超越於天地造化之間的看法，即使不甚相同，卻同樣說明了是「過去」的某種價值，或者更應該說是「傳統」中某種超越的意義，與他們內心世界發生了連結，並因而使他們產生了生命意義應該是什麼的追求與探究。問題在，身處千年之後的我們，應該如何去理解傳統中國文化本身發展出的價值系統以及其中內蘊的超越意義？這個價值系統與蘇軾和司馬遷所追求的超越，又如何發生具體的連結和影響？這些問題不是本文討論的核心，但是余英時的論述卻對這些問題提出了關鍵的解答，並且也說明了這個價值系統是如何建立其自身的超越性而成為中國傳統文化的一個標誌特色。

余英時論〈軸心突破與禮樂傳統〉以及〈天人合一新轉向〉

學界都知道余英時的研究涵蓋古今。不過，余英時重要的論著，都集中在闡釋中國文化與思想傳統如何在歷史上幾個重大的轉折時期，因為有一些知識人的堅持與承擔，因此能在動盪的世局變化之中不斷獲得延續與更新。余英時數十年來的論述，已經成為研究中國文化和傳統政治社會思想最具有代表性的一個闡釋典範[15]。他在

14　Gadamer 對書寫形式與傳統的關係有極佳的詮釋，見其 *Truth and Method*, 1989, pp. 389-392, 特別是 p. 390.

15　前引中國大陸2018年8月27日羅小虎在《經濟觀察報，書評增刊》上的文章也直指余先生的學術研究建立了一個現代的「典範」，見

2006與2014年分別榮獲美國國會克魯格人文與社會科學終身成就獎
與台灣第一屆唐獎漢學獎的兩個獎項，顯然都是針對他為中國文化
與思想傳統注入一種鮮活詮釋的努力與貢獻，所做出的肯定及推崇。

　　這裡選用〈軸心突破與禮樂傳統〉以及〈天人合一新轉向〉的
兩篇文章，是余英時2014年《論天人之際：中國古代思想起源試探》
專書的第二與第三章。在專書的〈代序〉中，作者說他從1977年就
已經開始對這個研究有整體的構思。這本專書的出版，因此可以說
是余英時經過三十多年不斷的思考重構，一再擴大修訂關於這個專
題的論文之後才獲得的綜合定論。雖然此處並非以專書為討論的文
本，但是，通過解析這兩章的論述，我們可以掌握全書的基本問題
與核心論旨。專書的標題與副題已經提示，作者是要通過理清「天」
「人」之間的問題，來追溯古代中國為何以及如何、又在何時進入
了一個思想史的時代。為了論證古代中國思想的源起與「天」「人」
之間的問題有密切的相關，也因為現代學人一般都同意古代出現的
「天人合一」觀念，是「中國宗教與哲學思維的一個獨有的特色」，
甚且將這個觀念看做是「中國人心靈結構中的一個核心要素」[16]，
余英時因此採用了「天人合一」這個仍然聯繫古今的概念做為他討
論的一個主要分析範疇。我們有理由說，用「天人合一」做為分析
架構，可以表達出作者堅持從文化自身理路來進行的研究方法[17]。

　　與這個分析範疇平行的另一條解釋基線，是德國學者雅思培

　　　　其〈余英時：中國現代學術「典範」的建立〉。
　16　余英時，《論天人之際：中國古代思想起源試探》（台北：聯經出
　　　版公司，2014），頁71-73。
　17　〈在2006年克魯格獎頒獎儀式上的演講〉，《人文與理性的中國》，
　　　2008，頁645。

（1883-1969）在1949年提出有關「軸心突破」的界說[18]。余英時用這個界說做為他討論春秋戰國禮樂傳統的起點，也顯示出他從文化自身理路進行研究的同時，同樣重視比較研究所提供的相關視角[19]。

由於「軸心突破」不僅是余英時論證的一個主要分析概念，而且也是他論述背後的一個「基本預設」[20]，因此有必要將他選擇這個概念的緣由做一摘要說明。

根據作者的解釋，他採用「軸心」的看法，是因為雅斯培對「軸心時代」和「軸心突破」的解說在過去三十多年來不但已經成為學界的共識，也成了學界持續研討「軸心」文明的一個基礎。其次，因為他在1950年代初曾經讀過聞一多對於文學在古代不同文明的源起上提出過極為相近的看法，所以自然對雅斯培的概念產生了親切的相識感。另外「深一層的背景」，是〈莊子天下篇〉提到「道術將為天下裂」的看法，以及〈莊子應帝王〉中有關渾沌之死乃暗喻「道術裂」的寓言。余英時認為這兩篇都指向了莊子對於古代中國思想已經有一種「突破」的體認，因此採用「軸心突破」來切入他的研究無寧是自然且順當的[21]。

從比較文化的觀點來看，余英時認為雅斯培對中國、印度、希臘和以色列等幾個古代文明，都是一律平等的看待。余英時很清楚這個平等的基礎雖然和雅斯培是西方「去中心論」的早期代表有很大的關係，但更重要的是，這幾個古代文明確實都在雅斯培稱做是

---

18 雅斯培德文的原著是1949出版的，但要到1953才有英譯版，見 Karl Jaspers, *The Origin and Goal of History*, Routledge & Kegan Paul LTD, 1953.

19 《論天人之際》，頁1。

20 同上，頁11。

21 關於聞一多及《莊子》的影響，見《論天人之際》，頁12-15。

「軸心時代」的西元前第一個千年完成了他界說的「軸心突破」，
也都成了他筆下代表人類歷史起源的「軸心文明」。按照雅斯培的
說法，中國的「軸心時代」，主要就指春秋戰國時代，而且完成「軸
心突破」的人，就是包括了孔子、孟子、墨子和莊子等的先秦諸子。
對余英時來說，雅斯培界定的「軸心」概念，雖然已經為不同的「軸
心文明」提供了一個彰顯他們共有特點的框架，但卻沒有將他們重
要的相異之處做出深入確切的說明。晚近西方學界也有一些關於「軸
心文明」的代表性論述，但是仍然不夠到位。即便如此，余英時認
為引用「軸心」的概念，還是最能切合他從比較的觀點來探索中國
和其它「軸心文明」的基本同異點，進而也可較為具體的「凸顯中
國文化的主要特色及其在世界史上的地位」[22]。

　　根據以上簡略的說明，我們可以具體的說：余英時這本專著的
一個主要論點應該就是採用「軸心突破」與「天人合一」的觀念，
來論證孔子與他之後的諸子，如何在探討「天人」關係的時候，突
破了他們所承續之「過去」或是「傳統」思想與價值的看法。然而，
這個突破究竟如何發生？突破之後又建立了什麼新的看法與價值？

　　在提出余英時回答這些問題所做的論證與發現之前，有需要再
將他援引雅斯培「軸心突破」的觀點做一些定義上的說明。

　　基本上，余英時是採用雅斯培解釋「軸心突破」出現的關鍵原
因，以及他對於不同文明突破時的共同特點，做為自己分析的參照

22　《論天人之際》，頁1-3、8-10。余英時對1980年代晚期西方學人有
　　關的研討可參看頁15-16。他並未將上引 Robert N. Bellah 2011年的
　　相關論著（*Religion in Human Evolution From the Paleolithic to the
　　Axial Age*）列入80年代的研討之內。Bellah 的新著中有關中國的論
　　說較前周全許多（見其書第8章，頁399-480），但未涉及關於〈天
　　人之際〉的討論。

範疇。他指出雅斯培認為「軸心突破」之所以發生，最主要的原因就是中國和上面提到的幾個古代文明，都先後在「軸心時代」這個漫長的時段內「初次有了哲學家」。這些哲學家有中國的孔子和他之後的游士與隱士，也包括古希臘的蘇格拉底、伯拉圖，印度的佛陀與以色列的先知等。尤其值得注意的是，這些哲學家都「敢於」做一個「依靠自己」的人，也都「證明自己能夠在內心中與整個宇宙相照映。從自己的生命中發現了可以將自我提升到超乎個體和世界的內在根源」[23]。余英時指出雅斯培很清楚不同的「軸心文明」不可能有相同的發展路徑。而且，路徑的分歧也不能掩蓋他們之間的共同特點。但是余英時要提醒我們的是：這些共同的特點還表現在「使人超越小我，而進入『己達達人』的境界。」能夠進入這種境界，正是因為「人越來越意識到自身是處於存有的整體之中，也意識到只能靠個人的自力走這條路。」[24]

　　如果用「軸心突破」來轉入古代中國的歷史場景，我們就看到余英時將春秋時代由孔子啟動的思想突破當作是在中國發生的「第一次精神覺醒」[25]。毫無疑問，他同意雅斯培的觀察，但是他選擇用「精神覺醒」來說明孔子和其它諸子不是經由外在的媒介，而是通過個人的「內心」來發現自己可以和「存有的整體」互相連結的樞紐表徵。這個「存有的整體」顯然指的是整個「宇宙」，代表的是一個超越的界域。在余英時的論說中，這個「存有的整體」就是「天」，也代表了根源自「天」而且象徵超越價值的「道」。這個

23　《論天人之際》，頁85-86，9。雅斯培的原文見其英文版 Karl Jaspers, *The Origin and Goal of History*, p. 3.

24　《論天人之際》，頁122-123；「『己達達人』的境界」英文原文是：" man's reaching out beyond himself..." Jaspers, p. 4.

25　同上，頁86。

由「內心」發出並且可以由此與「天」建立起連結的樞紐，正說明
了孔子帶動的「精神覺醒」確實為中國文化提出了一個真正獨特並
富有「原創性的超越」。就余英時來看，其之所以「超越」，當然
是因為這個「覺醒」開始「對於現實世界進行一種批判性，反思性
的質疑，」隨之也會「對於超乎現實世界之上的領域發展出一種新
見」[26]。這些新見與余英時所說「原創性的超越」，其實都共同指
向「道」的概念開始在「軸心時代」出現。由此，不但揭開了系統
性思想史在傳統中國的序幕[27]，也同時會決定中國文化在其後的發
展性格，並形成一種「中國思維的基本特徵」[28]。顯然，這即構成
《論天人之際》這本專書在探究中國傳統思想史源起的一個核心論
旨。為了說明「道」的性質與其它古代軸心文明「原創性的超越」
有所不同，余英時的論證特別著重在強調「道」雖然是超越的象徵，
但是從開始出現，「道」就和「現實世界的日常生活息息相關」。
因此，「道」與伯拉圖在古希臘文明產生突破時，將現實世界看做
只是超越世界的「複本」完全不同，與佛教將現實世界看做「空無」
當然更有不可言喻的距離[29]。問題在：孔子如何建立這個既是超越
的象徵又與日常生活不相離的「道」？

　　對余英時而言，要了解孔子原創的超越新見，就必須先看到這
個新見是「從禮樂傳統的內部蘊釀」成形的。他這裡指出的是「軸

26　有關超越的界定是余先生引用史華慈的觀點。《論天人之際》，頁
　　86-87，特別是注釋3的說明。史華慈的原文，見 Benjamin I. Schwartz,
　　"The Age of Transcendence," *Daedalus* 104: 2, p. 3.

27　《論天人之際》，頁9。

28　同上，頁87。

29　余英時，〈在2006年克魯格獎頒獎儀式上的演講〉，見《人文與理
　　性的中國》，頁644。

心突破」的發生背景，也指出了「突破」的直接對象就是孔子時代
已經出現的崩壞「禮樂傳統」。學界一般都同意孔子對此「傳統」
有尖銳的批判。不可忽視的是，孔子確實是在「傳統」內部找到「仁」，
並將之轉化成他思想中涵蓋並統攝所有道德的一個整合性概念。當
然，有關孔子如何將這個轉化了的「仁」界定為「禮」的內在本質，
並因此給予「禮」一個全新的生命，余英時就做出了較一般更加詳
細且周全的解釋。從比較的視角來看，他認為孔子由「禮樂傳統」
內部生出的創見，可以在韋伯比較亞洲宗教的起源說中獲得很好的
印證。像雅斯培一樣，韋伯首先也注意到亞洲宗教教義的創始人都
是知識分子，亦即余英時說的「知識人」[30]。余英時特別重視韋伯
用了「倫理或救贖學說的承負者」來刻劃這些包括像中國孔子、老
子和他們追隨者的「知識人」特性。韋伯也強調這些人「對於既存
的宗教實踐不採取當時官方的立場」。更重要的是，雖然他們在面
對已有的「傳統」，會「從哲學角度加以重新闡釋，但不是從中抽
身而出」[31]。對余英時來說，只要將韋伯筆下的「宗教」換成「禮
樂」，我們就可以更清楚看到孔子從「禮樂傳統」內部滋生出來的
創見，其實就是既不依循「官方立場」，也不從中退出，而是「在
實踐中對禮樂的精神重新賦予一種根本性的哲學闡釋」[32]。

　　孔子提出「仁」來做為「禮」的精神內核，同時將「禮」做為
「仁」的外在具體形式，已經是學界大致認同的看法。問題是：「仁」
來自何處？根據《論語》，余英時提醒大家孔子堅持「仁」是從自
身而來，所以他說「為仁由己」，又說「我欲仁，斯仁至矣」。我

30　熟悉余英時著作的人都知道為了凸顯個人的價值，他特別用「知識
　　人」代替「知識分子」。本文兼用二者。
31　《論天人之際》，頁89-90。
32　同上，頁96。

們當然都知道孔子認為仁的境界在「己立立人，己達達人」。這些
看法顯然和余英時提出雅斯培觀察到的「軸心突破」特點是一致的。

　　接著就需要將余英時對於春秋戰國出現「軸心突破」不同於其
他文明的重要發現，做一個概括的說明。我的焦點集中在他通過「天
人合一」概念的變化來論證孔子「禮仁一體」的創見上，並會說明
他討論孔子這個創見的獨特意義。

　　要先說明的是，余英時發現「天人合一」這個思維觀念，在孔
子突破「禮樂傳統」之前，與他突破此一「傳統」之後，有完全不
同的內容。根據考古與文獻的資料，他指出，孔子用「仁」來界定
「禮樂」的本質之前，禮樂是古代君王「事神致福」與天溝通的祭
祀儀式，當然也涵蓋了祭祀用的禮器與樂器。余英時的重點是：禮
樂在當時的宗教性格是無庸質疑的。不過，他認為更應注意的是，
《國語楚語下》和《尚書刑》中提到的「絕地天通」神話，居然會
在五千多年前良渚文化的出土文物之中，讓我們看到一些可信的佐
證[33]。綜合這些資料，余英時同意古史研究所說在商朝與其之前的
遠古中國，負責禮樂祭祀的設計和執行以及在祭祀中擔任與「天」
溝通的「人」，應該就是甲骨文和其它古籍中都提到的「巫」。概
括的說，他同意「巫」在商朝，明顯已經具有通曉禮樂這類特殊的
技藝，而且他們的地位和技能都是世襲的。憑藉這種專門的技藝，
他們可以代表君王與「天」溝通，也就是在禮樂的神聖儀式中完成
與「天」的「合一」，同時也完成了「事神致福」的關鍵使命。余
英時要提醒的是：「巫」表面上是與「天」溝通的惟一之「人」，
但他們實際上只是商王的工具，也就是「天」與「王」（即「人」）
的一個中介。而且到了商朝晚期，當君王本身不再依賴「巫」而是

33　同上，頁25-26。

由其自身去直接與最高神祇交通的時候,他們就真正成為對「天人合一」擁有惟一壟斷權的「余一人」了[34]。余英時特別強調,這時的「天」指的是商朝最高神祇上帝的「帝廷」,「帝廷」內有其它不同的神靈,包括了商王的「先公,先王」等的祖先[35]。換句話說,這時的「天」,並不具有之後出現的「道」之意涵。

其次,和許多學者一樣,余英時也認為殷周之際正式出現的「天命」說,尤其是「天命」受到君王個人德行制約的看法,確是古代「禮樂史上一個劃時代的變化」[36]。但是,為了說明西周的「天命」說,與商朝「天人合一」的看法有所不同,也為了區隔殷周的「天人合一」與孔子做為個人的「精神覺醒」有基本分歧,余英時發現他必需從「結構」與「內容」兩個面向來審察這個概念。

如果只從「天人合一」的「思維結構」,或是「思維模式」來觀察,余英時就認為殷商與周朝和孔子之間完全沒有發生斷裂,而且幾乎是互相繼承且彼此延續的。何以如此?因為他們都一致在追求「天」與「人」的合而為「一」。在這個意義上,我認為余英時的發現基本上是用他本身的研究來論證學界認為中國的「軸心突破」「最不激進」,也「最為保守」是完全有其理據的[37]。但是從「思維概念」的「內容」來考核,他的發現就得出了過去學界完全沒有注意到的嶄新結論。

---

34 同上,頁28、167、177-178。

35 同上,頁182。David Keightley, "The Religious Commitment: Shang Theology and the Genesis of Chinese Political Culture," in *History of Religion*, 17: 3-4 (Feb.-May),1978, pp. 211-225. 亦收入其 *These Bones Shall Rise Again*, State University of New York Press, Albany, 2014, pp. 87-99.

36 《論天人之際》,頁94。

37 同上,頁87。

　　這裡有必要將余英時有關的論證做一個大略的說明。雖然「軸心突破」經過了一個很長的「軸心」時段，也就是從孔子之前大約一百年的蘊釀期，到孔子的正式啟動「軸心突破」，再到孟子和莊子的完成時代，差不多有三、四百年的時間。為了凸顯商朝「天」「人」關係與西周「天命說」以及孔子對「天命說」的看法有基本的分歧，此處重在顯示余英時有關孔子做為突破原創代表的關鍵論證，其他諸子就略而不論。

　　上面提到西周「天命說」是以君王的德治為確保「天命」的前提，目的在說明以「德」為核心的政治秩序才能為上天所認可。按照余英時的解釋，「德」雖然是「天命說」的基礎，但更重要的是它與周公的「制禮作樂」有密切的相關。準此，「禮」也才有可能經過周公的界定成為與「德」產生彼此相攝的關聯，進而造成「禮」的秩序與「德治」變成「互為表裡」的一體。不應忽略的是，余英時強調「禮」的原動力來自「德」，否則勤政恤民的「德治」根本無法建立。顯然，「禮樂傳統」經過這樣的轉化，就從純粹「事神致福」的宗教功能轉成一種禮治的「人道」秩序。然而，余英時又同時指出，「禮作為一套宗教─政治─倫禮的秩序仍然保存了最初的宗教向度」。也就是說，在周人的理解中，這個「人道」的秩序還是以「天道」為模本的。在這個模本當中，不論是「禮」或是「德」，它們的終極源頭都在「天」。所以他提醒我們《左傳》有：「禮以事天，天之道也」和「夫禮，天之經也，地之義也，民之行也」的看法[38]。這些資料顯示：「天」與「禮」具有一個根本性的宗教關聯。除了文本的理據，余英時還特別引用西周前期的青銅器「史牆盤」，因為在這上面刻有「上帝降懿德」於周文王的記載。由此足

38　同上，頁93-95。

見「德」是由「天」降予人間君王的。這樣看來，朝代一切的做為都必然是要遵從「天」所降之「德」，也必定要受制於「天」[39]。可是，在這樣久遠的「禮樂傳統」中成長的孔子，卻開始批判這個到他成人時已經在崩壞的「傳統」，而且發展出用「仁」為「禮之本」的全新解釋，並從其當時面對之「傳統」內部開創出一個不同於這個「傳統」所強調的價值界域。

接著要說明的是，余英時雖然清楚殷周之際以「德」為制約君王的「天命說」是一個「劃時代的大變革」，也認為研究中國思想史的代表學者史華慈先生（1916-1999）將周公「制禮作樂」看做是「宗教倫理的超越」有其確切的理據，但是，余英時主張將這個「超越」放在延續朝代「天命」的脈絡之下來理解。因為周公以「德」「建立一套禮的秩序」，其最終之目的是要確保西周天命的永續。在這個意義上，他認為西周「天命說」的「超越」應該解釋做「只是三代禮樂傳統內部的突破」，而非上面界定的「軸心突破」。此外，朝代的永恆「天命」看法，根本不涉及像孔子那樣力求個人本身的「精神覺醒」，期待個人在內心開創出可以與「超越」互相輝映的路徑[40]。就我所知，余英時對西周「天命說」的這個解釋是突破前人的一個創見，對他討論孔子個人的「精神覺醒」及其尋求當時秩序重建的努力，都極為關鍵。

春秋的「軸心突破」：個人通過「內向超越」建立「天人合一」

根據上面的解說，余英時顯然認為孔子以「仁」為「禮之本」

---

39 同上，頁94-95。
40 同上，頁234-235。

與周公以「德」攝「禮」的根本分歧，就在孔子的「禮之本」不再
是繫纏在外於己身之「天」，而是必須「內向人心，最後歸宿於『仁』」。
不可忽略的是，孔子的「仁」絕不是因此就和天發生了斷裂。余英
時的重點是要強調個人行德的動力並不需要依靠外在的媒介，因為
它是植基於每個人「內心」的「仁」。而且，這個「仁」對每個人
都是開放並可求之而得的。由此我們可以說，孔子提出「仁」為「禮
之本」的論點，就等於間接否定了只有君王才能擁有「德」的看法，
這個看法，顯然和他在《論語》〈述而篇〉中說「天生德於予」的
觀點是完全相合的。在這個意義上，我們就可以理解余英時何以認
為周公的「德」，只能是屬於代表集體的統治王朝與代表此一王朝
的君王，而無關個人之覺醒。應該指出，余英時絕不是說孔子不關
心整體的秩序，因為他非常清楚孔子關懷的「道之以德，齊之以禮」，
已經是他針對一種合理的「禮」治秩序所提出「積極的改革方案」。
其中體現的正是孔子對「天下有道」的「嚮往」與追求[41]。然而也
正是在這個他要以「仁」為根本來重建「禮」治的理想秩序上，余
英時看到孔子不像周公只關注王朝的「天命」，而是同樣關注在整
體秩序中每一個具有「仁心」的個體。推而廣之，我們也可以理解
何以孔子在自己致力行仁之外，仍然要追求「有教無類」。他所企
望的，應該就是要使受其所教的個人，能夠同樣發現自己具有「仁
心」，也就是在「精神」上出現自我的「覺醒」。

　　按照上面的解釋，我們可以了解余英時為什麼會認為孔子是在
提倡個人可以通過「仁心」來與「天」直接交通，並能像雅斯培所
說可以在「內心」「與整個宇宙相照映」，且自其中發現「可以將
自我提升到超乎個體和世界的內在根源」。由於「內在根源」的載

41　同上，頁108-109。

體是生活在現實當下的每一個人，因此，余英時將孔子發現以「仁心」與「天」或是「道」合而為一的超越路徑，解釋做是「內向超越」的路徑，而不是尋求類似基督教上帝救贖的「外向超越」路徑[42]。只有掌握了這個孔子新創的「天人合一」之內容，也就是由個人通過「內向超越」建立起來的「天人合一」內容，才是余英時認同的古代中國首次出現的真正「軸心突破」，也才能勾勒出他對這個天之「道」可與個體之「心」合而為一的具體內容，如何構成了與孔子當時面對的「傳統」之「天人合一」的內容發生根本分歧的重大發現。這個發現，顯然正是余英時認為中國文化不同於其它「軸心文明」的一個「最顯著的文化特色」[43]。也只有在這個意義上，我們才能理解余英時為什麼會說孔子是在「天命說」之外開拓出一條「仁禮一體」的新路。或者可說是開啟了一個「嶄新的精神領域」[44]。這個「精神領域」就是史華慈說的「超乎現實世界以上的」超越領域，也就是孔子所追求源於天的「道」之領域，以及「道」所指向的相對於此世，卻又與此世息息相關的彼世。

余英時探討孔子之前在春秋前期出現的精神內向動態，與孔子之後諸子通過「內向超越」與「天人合一」的發展，此處無法做出比較細緻完整的說明。然而，他的討論顯示，孔子之後諸子突破的對象，仍然是持續在崩壞的「禮樂傳統」。而且，諸子也像孔子一樣，都不是脫離這個「傳統」而是在其內部另外開拓出與「天」或是「道」的「合一」。儘管余英時的論證揭示孔子的「道」與諸子，

---

42 《論天人之際》的第七章是余英時這本書的結論，標題就是「內向超越」。在這一章，對內向與外向超越都有細緻的比照說明，讀者請自參閱。

43 同上，頁190。

44 同上，頁109、110。

尤其是莊子的「道」，有所不同，他的研究卻清楚的顯示，孔子和其它諸子，亦即那些在當時有了「精神覺醒」的少數個人，都是在「內心」分別發現了他們與一個終極的超越世界可以互相連接，從而也使得他們在現實世界的生命有了精神的價值與超越的意義。這裡也許應該用余英時對孟子和莊子的討論再做一點說明。

余英時提到，孟子對「心」有四個「善端」的理解（〈公孫丑上〉），以及孟子將「心」有「思」的能力看做是「天之所與我者」的說法（〈告子上〉），和孔子認為「天生德於予」的看法，幾乎如出一轍。這裡我們還可以指出「天生德於予」的說法，與上面提到西周「史牆盤」上刻有「上帝降懿德」予周文王的模式和內容也幾乎完全相同。據此，我們也可以說，在「天」的面前，孔子有充分的理由說他和文王都是互相平等的個體。如果再比照孟子所說「天之所與我者」，和其「盡心」「知性」並「知天」去完成「萬物皆備於我」（〈盡心上〉）的「內向超越」，我們也可斷言孟子的「超越」之法，和孔子追求「天人合一」的路徑，實無根本之分歧[45]。如果再轉過去看和孔孟極不相同的莊子，我們還會看到余英時的考察特別強調莊子認為他自己是一個「與天為徒」的「內直者」。這裡的重點在莊子一旦將自己定位成「與天為徒者」，他就明白表示出「知天子之與己，皆天之所子」（〈人間世〉）。我們因此可以再斷言，既然莊子認為天子和自己都是上天的孩子，他當然就等於否定了君王有壟斷「天子」之位的特權，同時更肯定了個人不需要依賴其它的中介就可以直接與天溝通的能力。有了這樣的信念，莊子要追求「天地與我並生，而萬物與我合一」的超越境界無寧也是

---

45 同上，頁126、129-131。

理所當然的了[46]。

余英時研究發現的意義

　　在解說從孔子開始到莊子與孟子才完成的「軸心突破」之後，余英時同時也看到「天人合一」這個概念的「結構」雖然被孔子與諸子保存了下來，但是，這個「結構」的「內容」已經從君王是惟一可以與天交通的「宗教政治觀念」的表述，轉為表達「向所有追尋生命意義的個人開放的多樣哲學版本」[47]。也就是說，只要努力追求，個人是可以經由「心」與「天」或與「道」合而為一的。這樣的「道心合一」，基本肯定了每個人的「內心」都涵有發現超越意義的能力。正是在這一點上，余英時揭示出「天人合一」的「新轉向」其實就是從批判舊「天人合一」之時從中轉化出來的。他認為這個新轉化對所有「好學深思」的個人，都提供了一個平等的機會去追求「道」所代表的終極超越。也正是在這一點上，我們有理由說：余英時將孔子這樣表面似乎十分保守但實際相當激進的創新轉化，在其與舊「天人合一」的根本分歧處，做出了迄今最為具體深入的關鍵論證。他的研究彰顯的是：中國文化只有在經過這個創新的轉化之後，才真正走向了一種韋伯所說具有「普遍的意義」之發展方向，因此，也才能真正成為雅斯培筆下推崇的一個「軸心文明」[48]。據此，我們也可合理的說余英時的研究，應該是目前有關

46　同上，頁127-129。

47　同上，頁132-133。

48　此處是用余英時引韋伯之語：「知識階層尋求各種方式賦予其生命一種普遍的意義，並由此實現與自身，他人，以及宇宙的合一」。《論天人之際》，頁128。

中國做為「軸心文明」的一些主要論述之中，最能讓我們從相對完整的角度上來確切理解古代中國「軸心突破」的意義究竟何在的典範代表[49]。「天人合一」就他來看，的確「是一個類同於所有見證軸心突破的古代文明的精神運動，儘管各文明的突破有著極不相同的途徑和內容」[50]。從古代中國來看，孔孟與莊子的追求，不但為「天人合一」的概念提供了嶄新的超越內容與境界，也都為每一個體建立了可以通過「內向超越」去發現生命終極意義的可能途徑。他們提出的內容之所以「新」，當然即在個人可以經過理性反思去彰顯人之不同於禽獸的那個「幾稀」特質，因此清楚的為古代中國文化建立了一個具有普遍意義的人文新導向，也因此為正式的系統性中國思想史揭開了序幕。經由這樣的理解，我們可以說，余英時的研究最終凸顯的是：孔子開啟的個人「精神覺醒」運動，其實和「軸心時代」其它不同的文明突破都同樣肯定了每個生命本身都是自由，平等，且有其不可化約的價值與尊嚴。我們也可以進一步的說：當孔子開始質疑他面對的「過去」並與之發生批判性互動的時刻，他也開始真正寫下了中國人文傳統的第一章。

49　此處我指的對照研究是上面提到的 Robert N. Bellah 2011年的專書，此書第 8 章對中國「軸心突破」的討論可說是近年來英語世界的一個代表論說。但其討論不涉余英時發現「天人合一」內容的變化與意義。見 Bellah, *Religion in Human Evolution From the Paleolithic to the Axial Age*, 2011, pp. 399-480; 張灝先生論軸心時代中國的「突破」和余先生有許多極為相近的看法，特別是討論「天人合一」在王權制之外建立個人獨立生命的討論，但亦未追溯「天人合一」在內容上的具體變化與確切意義，見張灝，〈從世界文化史看樞軸時代〉，《二十一世紀》，2000年4月號，58期，頁4-16，特別是頁12-13。

50　《論天人之際》，頁122-123。

　　根據以上的討論，我們應該可以合理的將前面提到蘇軾與司馬遷著作中的超越精神，看做是孔子或莊子在「軸心突破」時期建立的原創超越，在不同的歷史時段，繼續被不同的個人，以不同的論述與追求反映出來的兩個範例。蘇軾與司馬遷雖因政治權力的誤用而遭受刑責，但卻在一個更高的價值領域創造出生命可有的超越意義。通過這兩個範例，我們的確看到春秋戰國時期的原創性超越，即使百代千載之後，仍然可能通過文本的閱讀與闡釋，繼續在歷史長河中發生原先無法預知的影響。

余英時論證的「天人合一」新轉向與魯迅深層意識的交集

　　余英時論證的「天人合一」新轉向雖然是中國文化成為「軸心文明」的標誌性特色，但是，不可否認的是，在五四「全盤性反傳統主義」成為20世紀初期中國一個主流思潮之時，這個文化卻已經沒有什麼資源去回應當時內憂外患的挑戰與威脅。外力的侵凌和西方現代文明的衝擊，對當時知識界席捲式的影響已是學界的常識。在那樣的情況下，期待那些關心國家民族存亡的熱烈心靈，能夠冷靜下來去重新研究、理解、或是評估自身的傳統文化，顯然無比困難，遑論期待他們去發現這個傳統文化曾經從內部完成對「天人合一」舊有內容的轉化與革新，建立起真正具有普世意義的價值系統。對五四「全盤性反傳統主義」的思想領袖來說，過去的文化代表的是必須徹底打倒的「吃人」傳統，根本無關什麼普世價值[51]。而且

51　魯迅〈狂人日記〉，《吶喊》，收入《魯迅全集》，卷1（人民文學出版社，1981），頁422-439。林毓生的討論見《中國意識的危機：「五四」時期激烈的反傳統主義》，頁185；英文原著p. 119.

眾所週知，這個「吃人」傳統正是透過魯迅在〈狂人日記〉中犀利
生動的形塑才具體呈現在讀者眼前的。

　　不過，如果研讀林毓生探究魯迅思想特徵的這篇論文，我們就
會看到他根據魯迅在「中國文化的經驗範圍內活動」的史實，論證
了傳統「天人合一」的宇宙觀基本上已經根深蒂固的潛存在魯迅深
層的意識之中[52]。先前在研讀林毓生這篇論文時，余英時的專書尚
未出版，即使念過他討論有關〈天人之際〉的論文，當時我也完全
沒有想到此一論文與林毓生探究魯迅思想的論文有什麼對比的可
能。重讀兩位先生的文章之後，就像上面提到的，才突然發現此處
討論的兩篇文章其實有一些值得關注的交集，尤其是因為「天人合
一」都是兩篇文章的討論重點。問題在，即使我們理解了余英時研
究新舊兩個「天人合一」的重大發現，這兩個「結構」相同但「內
容」互異的「天人合一」，對於我們了解林毓生發掘的魯迅又有什
麼具體的特殊意義？為了回答這個問題，就必須討論林毓生的這篇
論文。不過，討論之前，仍需先理解他在《中國意識的危機》專書
中提出的主要問題與論旨。

《中國意識的危機》：主要問題與論旨

　　學界早已熟悉近現代中國思想史是林毓生主要的研究領域。在
他1988年為《中國意識的危機》中文版寫的〈增訂再版前言〉當中，
他提到這本專書的中文版在1986年年底初次發行之後「受到廣大讀
者的重視」[53]。反映出這本書已經成為研究五四的一個「經典」文

52　見《中國意識的危機》，增訂再版本，1988，頁269-270。
53　見《中國意識的危機》，頁1。

本[54]。需要提醒的是：這個文本的核心論證，是建立在作者對中國傳統本身有一思想與秩序的**結構**問題做出不斷反思與探討的結果之上的。正因如此，林毓生的研究才會一方面扣緊在分析「全盤性反傳統主義」的根本困境，一方面也將分析繫纏在傳統如何能經過「創造性的轉化」來與合理的現代化接榫的終極關懷之上。我認為了解林毓生這個關懷，可以讓我們較好的掌握他研究魯迅這篇文章的主要論點，也比較可以讓我們思索他對魯迅思想特徵的解說，與余英時研究的發現，究竟會有什麼可能的交集？若有交集，這個交集又有什麼可能的意義？

林毓生探討魯迅思想特徵的這篇文章是1988年發表的。當時這篇文章收在他《中國意識的危機》中文增訂再版的專書中，也成為他擴充解釋魯迅複雜意識的一個章節[55]。之後他在1989年又發表了一篇分析魯迅政治觀困境的專論。2011年，《中國傳統的創造性轉化》增訂本問世之時，上面這兩篇文章合為一章，另外又增加了他新修訂的有關考察〈魯迅個人主義性質與含意〉的論文[56]。至此，他對於魯迅思想的特徵可以說提出了一個相當完整的系統性解說。因為此處選用的文章，與他專書的主題及其中對魯迅思想的研究密切相關，所以在討論這篇文章之前，有需要將《意識危機》專書的核心論旨以及書中探討魯迅思想中的根本糾結，做一個簡略的說明。

首先，這本《意識危機》的專書主要是在論證「五四時期激烈

---

54 《豆瓣讀書》介紹林毓生專書的中譯本時寫到此書「已經成為一個經典著作。」 https://book.douban.com/subject/1905142/

55 見《中國意識的危機》，頁251-281。

56 〈魯迅個人主義的性質與含意——兼論「國民性」問題〉，《中國傳統的創造性轉化》（增訂本）（北京：生活·讀書·新知三聯書店，2011），頁520-534。

的反傳統主義」為何以及如何是「中國意識」的一個危機表徵。對林毓生來說，這個「反傳統主義」不但極端激烈，而且對人與一切事物，包括對道德理念和宇宙認知，都表現出一種具有高度封閉的「通盤形態」之看法。林毓生因此將這樣的反傳統解釋做是一種意識形態化的「全盤反傳統主義」。為了方便閱讀，他也決定將這樣的反傳統稱做「全盤性（或全盤化）的反傳統主義」[57]。

　　研究中國近現代思想史的學者，大概都會同意「漫長的20世紀」對中國來說是一個民族主義的世紀[58]。然而，林毓生關注的是：這個中國的民族主義世紀為什麼會是「全盤性反傳統主義」成為主流思潮的世紀？他很清楚反傳統的現象經常出現在社會變革的時候。要求變革的聲音，也往往認為只有去除傳統的有害部分才能為現在帶來進步。不過，他注意到這種聲音在其它社會出現時，很少會變成「全盤性的反傳統主義」。對比之下，在20世紀初期的中國，「全盤性反傳統主義」不但出現，而且成為占了優勢的主流思潮。林毓

57　林毓生的英文原著中，「全盤性反傳統主義」的英文其實是 "totalistic antitraditionalism"。他認為若直接翻譯此英文詞語，應該譯為「整體主義的反傳統主義」，但因顧及術語引起不便，中譯版決定採用中文世界流通已久的「全盤性反傳統主義」或「全盤化反傳統主義」。林毓生的有關解釋，見其《中國意識的危機》，頁6，特別是頁11注釋4；另亦見〈邁出五四以光大五四——簡答王元化先生〉，收入林毓生，《政治秩序與多元社會》（台北：聯經出版公司，1989），頁357-358。有關意識形態的解說，亦見〈邁出五四以光大五四〉，頁 353-354。

58　此處是指 Timothy Cheek在他2015年出版的專書中形容中國20世紀的看法。這個看法也是西方學界研究中國近現代史的一般共識。見 Timothy Cheek, *The Intellectual in Modern Chinese History*, Cambridge University Press, 2015, p. 320.「漫長的20世紀」當然是 Giovanni Arrighi專著的書名，見其 *The Long Twentieth Century: Money, Power and the Origins of our Times*, new and updated edition, Verso, 2010.

生進一步指出，這個現象從五四時期出現之後，一直到1970年代末期都持久不衰。由此產生的結果，不但對中國影響深遠，還可說是「一種空前的歷史現象」。在近現代世界史上，也可能都是「獨一無二的」[59]。這種要「徹底摧毀過去一切」的反傳統式的民族主義，就林毓生看來，蘊涵了相當獨特的一種矛盾。這種矛盾正是他研究「中國意識」時所發現在文化認同上出現的一個深沉危機。為了顯示這種植基於民族主義的「全盤性反傳統主義」不但有「統一性」，而且有「多樣性」，林毓生就以比較陳獨秀、胡適與魯迅三位五四時期知識界領袖的個別思想，來做為他闡釋的實例。根據具體的分析和論證，他揭示出這三位領袖的「全盤性反傳統主義」，事實上和傳統中國「整體一元式的思維模式」，特別是與儒家思維中傾向「借思想、文化以解決問題的途徑」模式，有非常曲折的糾結與纏繞[60]。這種糾結呈現出的矛盾，構成了他認為「中國意識」在不同層面上出現的深刻危機。

　　對林毓生而言，要了解這種深刻意識危機的「根源和性質」，就必須先了解這是一個「史學問題」。這樣的問題若採用類似心理學或是其它社會學科所用「一般化的概念」會很難真正掌握歷史現象涉及的多重複雜面向，也不容易對歷史過程中出現的「變化與連續性」有真切深入的理解[61]。因此，他在討論五四時期這種「全盤性反傳統主義」時，不僅追溯和分析這種「反傳統主義」與傳統「一

59　有關林毓生對此現象的解說，請參見《中國意識的危機》，頁5-6、15-16，及頁11的注釋3。

60　林毓生在其專書的第一與第三章中對整體一元式的思維模式及「借思想，文化以解決問題的途徑」有詳盡的解釋，請參見《中國意識的危機》，頁21-25、45-51。

61　同上，頁7-8、9-10。

元整體思維模式」的根源性關係，而且將分析放在從晚清到五四外力入侵，使得內部秩序解體的歷史背景當中來進行。也就是說，五四「全盤性反傳統主義」是在各種外緣與內因互相激盪之下才產生的結果[62]。

林毓生很清楚，激烈的反傳統思想對傳統中國社會並非全然陌生。除了有莊子和東晉鮑敬言的激烈思想，在晚清末年更有像譚嗣同「衝決羅網」那樣的先例。但是，林毓生的一個基本論點是：只有當傳統高度整合在普遍王權下成為一體的政治、社會與文化道德秩序在1911年全面崩潰之後，才為「全盤性的反傳統主義」提供了一個「結構的可能」[63]。我們可以說，沒有這個結構的可能，「全盤性的反傳統主義」是不會出現的。林毓生特別指出，傳統秩序結構的全面崩潰，導致了文化與道德各個方面都不再讓人信任的深重危機。對陳獨秀、胡適與魯迅三位當時知識界的領袖來說，中國過去的一切都不能與現代化生活相容。為了中國的現代化，就必須追求他們理解的「科學」與「民主」。弔詭的是，當傳統秩序的結構全面解體之後，在內憂外患的壓迫之下，他們「借思想、文化解決問題的途徑」因為深受傳統「一元整體思維模式」的影響，演變成了一個「整體觀的思維模式」。由此，也更加促使他們將傳統看做一個無法對其內部質素加以區隔的「有機」整體，形成了「在意識形態的層次上」要將傳統全盤徹底打倒的「反傳統主義」。與此同

62　同上，頁16、47-48。

63　請參見《中國意識的危機》，頁22-24解說此「結構的可能」。林毓生在他〈邁出五四以光大五四〉論文中對此亦有摘述，見《政治秩序與多元社會》，頁361。關於傳統激烈思想的例子，他在專書中以莊子和鮑敬言為代表，見《中國意識的危機》，頁19、21，譚嗣同的激進思想見頁56-58。

時，他們也主張必須透過「思想、文化」的途徑來改造國民的素質，建立新的文化與道德觀，進而再造政治、社會與經濟的秩序。換言之，「文化革命」和「思想革命」對他們來說，就成為建立政治、社會與經濟秩序的前提與基礎。在這一點上，我們也許可以看到林毓生何以會認為他們「全盤性反傳統主義」中其實有其「統一性」。

另一方面，在這三位思想領袖呈現的「全盤性反傳統主義」中，雖然陳獨秀與胡適有時會肯定傳統文化內諸如儒家的一些道德觀念，然而林毓生發現他們的這種看法，並沒有讓他們由此認為中國文化有什麼優美的特質，因為他們將儒家的一些道德看做只是世界所有文明都普遍共有的道德，因此根本無法代表中國文明的特性。結果是，即使他們思想出現了肯定一些傳統美德的內容，卻無法動搖他們那種深受「整體一元式思維模式」制約而形成的「全盤性」反傳統的意識形態[64]。換句話說，他們意識中呈現的矛盾只是一個邏輯上的矛盾。這種只具邏輯意義的「形式矛盾」，雖然與林毓生解釋魯迅意識中出現真正折磨他的「實質」矛盾，形成鮮明的對比，但也讓我們了解林毓生為什麼會說他們這種「全盤性反傳統主義」事實上有相當複雜的分歧，因此也可說有一種「多樣性」，儘管魯迅最終仍然無法從這種激烈反傳統的意識形態中走出來。

在專書中，林毓生論證了魯迅明顯表現出的「全盤性反傳統主義」並沒有使他忽視傳統文化中有意義的一些成分。透過分析魯迅的作品，林毓生顯示在不曾明言的意識層次中，魯迅對「念舊」這種優美的傳統文化質素，事實上有他在「知識與道德」立場上的堅

---

64 林毓生在〈邁出五四以光大五四〉的論文中，對陳獨秀和胡適這種的意識，有極精到的摘要解說，見《政治秩序與多元社會》，頁358-359。

持與承擔。魯迅這樣真實的信念與實踐，和他全盤性反傳統的意識
形態，自然產生了巨大的衝突，因此不斷讓他感到椎心的痛苦與煎
熬，覺得自己陷入徬徨於無地的絕望。但是，林毓生的討論指出，
匈牙利詩人裴多菲「絕望之為虛妄，正與希望相同」的詩句，是當
時激發魯迅強調用意志來對抗絕望的一個精神資源。林毓生認為魯
迅強調意志的重要性，正是他「努力回答生活召喚」的一個表徵，
呈現出和存在主義賦與意志重大意義有相同之處。即便如此，林毓
生的重點卻是：魯迅並沒有因此像存在主義那樣認為生命本身是荒
謬的[65]。雖然在專書中，林毓生沒有解釋魯迅和存在主義在這一方
面出現的分歧，但是這篇闡述魯迅思想特徵的文章，很重要的一個
部分就在說明魯迅思想中為什麼沒有那種「存在」就是「荒謬」的
看法。

魯迅思想特徵與其和中國宇宙論的關係

　　基本上，在考察魯迅思想特徵與其和中國宇宙論關係的這篇論
文中[66]，林毓生是要從不同的角度來繼續論證魯迅「全盤性的反傳
統主義」，與他對「中國傳統中一些優美質素的真切而具體的了解
是同時並存的」[67]。我們已經知道這兩個並存的意識層次形成了魯
迅「思想（上的）矛盾與精神上的衝突」。我們也看到林毓生這篇
論文的一個主要重點就在說明魯迅的思想特徵，一方面使他成為當

65　林毓生對魯迅意識危機的討論，請參考《中國意識的危機》，第6
　　章第1-5節，頁178-250，特別是頁178、228。

66　〈魯迅思想的特徵（增補）──兼論其與中國宇宙論的關係〉，《中
　　國意識的危機》，頁251-271，及頁281-282的注釋。

67　同上，頁256。

時主流激進反傳統主義的一個典型代表，一方面又讓他的思想呈現出與此典型完全相反的獨特性。這兩個互相矛盾的思想，在魯迅的意識中造成的巨大張力，不斷撕扯他的靈魂，讓魯迅對傳統進行的批判性對話膠著在走不出的絕望死巷。

在《意識危機》專書中，林毓生已經根據魯迅最具代表性的〈狂人日記〉與〈阿Q正傳〉這兩篇創作來說明魯迅的激烈反傳統主義。但是在我們此處討論的文章中，他進一步將這兩篇創作所呈現魯迅激烈反傳統主義的**基本邏輯**做了更加細緻的分析。他指出，魯迅獻身重建中國的行動，是要「透過思想與精神革命去治療中國人的精神的病症」。然而，一個在思想與精神上都像阿Q那樣沒有自我，無法對生命有所感受，甚至將生命的毀滅看作享樂的民族，如何能認清它病症的基本原因乃是源自它底思想與精神[68]？魯迅在〈阿Q正傳〉中呈現的這種無解的矛盾，在〈狂人日記〉中用不同的方式表述的更加徹底。根據林毓生的分析，如果中國的民族已經心靈「昏亂」，無法辨認自己「吃」別人的時候正是自己被別人「吃」，甚而「在自我毀滅的過程中」無法自覺自救，反而仍「津津有味地壓迫別人」，那在同樣一個環境中浸染的人如何會有例外？結果是只有瘋了的「狂人」才會是唯一的例外。然而，既然是一個「狂人」，他又如何能看到中國國民性的病態特徵？即使他的「瘋」是他能夠從另一個不同於他同胞的屬類界域中發掘這些病態的必要前提，他的發掘，又如何能讓他的同胞相信他的「瘋話」？雖然「狂人」發出「救救孩子」的吶喊，但是，林毓生指出這樣的吶喊除了與故事內部的邏輯完全抵觸，只更加凸顯了魯迅的絕望有多深：因為故事的邏輯揭示出，當一個人發掘「中國社會與文化的本質並意識到從

68　〈魯迅思想的特徵（增補）〉，頁256。

其桎梏中解放出來的必要時」，其實正是他成了「狂人」並失去了「改變這個社會與文化」能力的時候[69]。

　　然而，魯迅思想中不比尋常的特質，卻在他面對當時中國前所未有的危機時，讓他能一方面憑藉自己「犀利的邏輯與鮮明的具體感」對當時社會和文化的弊病做出「透徹而有力的描述」，因此給「全盤性反傳統主義」提供了實質的內容；但是另一方面，林毓生看到魯迅的「犀利的邏輯與鮮明的具體感」又恰恰是他了解傳統文化一些優美質素的資源，也是他用來掙脫意識形態運動中內蘊的「陳腐」與壓抑的武器[70]。籠罩在這樣充滿張力的思想中，魯迅的心靈不斷被矛盾啃噬著。他與「傳統」的批判性對話，因此也只能陷在層層纏繞的糾結中而至無解的絕望。

　　林毓生進一步指出，如果根據合理的邏輯推演，魯迅的絕望本來應該會導致他必然成為虛無主義者。但是，魯迅不但沒有落入虛無主義的陷阱，反而將自己獻身重建中國的奮鬥當做他追尋人生意義的一個部分，並由此展現出林毓生說的「一個純正的現代中國知識分子的良心」[71]。不過，由於魯迅始終無法掙脫那個意識形態化的全盤性反傳統的枷鎖，他當然也無法去思考如何將他了解的優美傳統文化成分做出林毓生說的「創造性的轉化」。更值得注意的是，他願意為重建中國而獻身的努力，最終卻導致他決定用「火與劍」去改革中國，並就此幫助他斬斷與傳統對話形成的死結。對魯迅來說，顯然會認為他這麼做是在給他筆下勾勒出的絕望「鐵屋」打開了希望之閘門[72]。魯迅的轉向不是林毓生這篇文章的重點，但是他

69　〈魯迅思想的特徵（增補）〉，頁258-261。
70　同上，頁252-253。
71　同上，頁263-264、271。
72　魯迅在1925年4月8日給許廣平的信上提到中國「總要改革才好，但

解釋魯迅走出虛無主義所憑藉的資源，對於下面的討論卻極為重要。

　　按照林毓生的解釋，魯迅最終憑藉自己的意志走出絕望的關鍵資源，與歐洲存在主義式的認同危機，或是沒有任何信仰的俄羅斯式的虛無主義，都毫不相干。因為，這個資源最有可能來自魯迅沒有表述過的儒家「天人合一」的宇宙論。林毓生指出，魯迅受過傳統中國古典教育的薰陶與訓練，他長期「浸潤於中國傳統文化之中」，他的活動也沒有脫離過「中國文化的經驗範圍」。因此，他若受到「天人合一」宇宙論的影響，無寧是極其自然而難以避免的。林毓生認為，「天人合一」的宇宙論代表了中國文化中一個獨特的面向。因為這樣的宇宙觀，「蘊涵著超越的意義是內涵於人的生命之中」，可以讓個人「在現世生活中經由努力來發現」。因為林毓生明顯的將「天人合一」等同於「道心與人心的合一」，認為儒家這個看法展現了他們相信人心「有內在的道德與理智的能力和判斷力」，可以據此去認識「宇宙中『道』的意義」，因此揭示出「人性內涵永恆與超越的天道」。換句話說，人可以憑藉自己的努力發現生活中的超越意義。林毓生認為這種發現意義的意志，和西方現代占優勢的各種化約式思想將人只能靠意志在孤寂世界上創造意義的意志，完全不同。而且正是這個發現意義的意志，成了讓魯迅走出絕望的關鍵資源[73]。經由林毓生對「天人合一」宇宙論的說明，我們可以看到他與余英時的論述，在此處出現了一個交集，也就是說，如果我們將林毓生對「天人合一」宇宙論所含意義的說明，與余英時對「天人合一」經過孔子給予創造性「新轉向」的闡釋做一

(續)————————————

　　　改革最快的還是火與劍。」《兩地書》，收入《魯迅全集》，卷11，
　　　1981，頁39。
73 〈魯迅思想的特徵（增補）〉，頁268-270。

比照，就可看到林毓生的說明，與余英時及學界研究傳統中有關超越的解釋是有重疊的。不同的是，林毓生和學界在過去從未像余英時一樣在研究「天人合一」時發現到此一概念有過一個「新轉向」，當然也就不可能發現其間牽涉到的關鍵意義。這裡不需重申余英時此一發現的原創貢獻。要指出的是，林毓生對此概念的說明，和余英時對其「新轉向」後的內容解析，確實有所交集。至少他們都在討論「天人合一」時闡釋了個人的努力是可以發現生命內蘊的超越意義。這樣的意義有什麼歷史的含意，與當今的時代又有什麼相關性，也正是本文嘗試要在結論中提出的一點回應。

結論

　　上面提到的交集，主要是想說明一個觀點，那就是：如果我們接受林毓生與余英時兩位先生文章中的論證，我們應該可以說，「天人合一」這個概念，不論從做為余英時分析的思維「結構」來看，或是從做為他分析的思維「內容」來看，都與影響魯迅的「天人合一」有某種連結。這個連結，讓我們注意到林毓生論證魯迅複雜的意識深層之中，可能還存在另外一個與傳統文化的糾纏。這麼說的理由是來自下面的觀察：

　　根據林毓生的分析，我們已經看到傳統「一元整體的思維模式」對於魯迅的「全盤性反傳統主義」有無法根除的影響。我們也清楚，這種意識形態化的全盤性反傳統，與他「從知識和道德的立場獻身於一些中國的傳統價值」，形成了無解的衝突[74]。

　　其次，林毓生的論證也顯示魯迅沒有表述過的「天人合一」宇

74　《中國意識的危機》，頁178。

宙論，事實上是他最終能走出絕望的一個意義資源[75]。需要說明的是，雖然林毓生在這篇文章中沒有使用「內向超越」的概念來解釋「天人合一」的宇宙論，但是在他後來發表的論文中，他清楚的闡明了「內向超越」是儒家宇宙論的基本特性[76]。因此，我們可以說林毓生的解釋其實也說明了「天人合一」的宇宙論是指在內向超越的途徑上，人與宇宙的「道」可以「有機」的連接，並可繼此再去發掘人在現世生活中的超越意義[77]。

釐清了林毓生所說有機「天人合一」的內涵，再參照余英時研究「天人合一」的新發現，我注意到林毓生對此概念的解釋，與余英時提出此概念「新轉向」後的內容，明顯的有重疊。更可注意的是，有關內向超越可以有機的將「人」與「道」整合為「一」的特性，從結構的角度來看，與「一元整體的思維模式」將中國社會、文化與道德的秩序都高度整合在一元的政治秩序之下，基本上也近乎一致。這樣的觀察，讓我進一步認為：「一元整體的思維模式」，或者說「天人合一」的思維「結構」，雖然是造成魯迅意識危機的一個根本要素，但是，這個「結構」在軸心突破之後經由孔子和其他諸子發展出的嶄新「內容」，卻在魯迅另一個層次的意識當中，成為支持他發現生命意義並走出絕望的基本超越資源。正是在這一點上，我們也許可以說，魯迅「意識的危機」比林毓生論文與專書中所揭示出的，可能還要更加複雜，也更加弔詭。換句話說，這個「天人合一」既構成了魯迅「意識危機」的「思維模式」，又因為

75　〈魯迅思想的特徵[增補]〉，頁269。

76　見林毓生〈反思儒家傳統的烏托邦主義〉的論文，收入《政治秩序的觀念》（香港：商務印書館），頁188-203，特別是頁197-198。

77　《中國意識的危機》，頁270；在〈反思儒家傳統的烏托邦主義〉的論文中，林毓生對此亦有說明，《政治秩序的觀念》，頁197-198。

有了「新轉向」後的超越性「內容」而成為化解他這個危機的關鍵
資源。顯然，這個概念對他產生了既有正面又有負面的二元影響，
甚且還有尚未發現的許多更加曖昧曲折之影響。據此，我們不但可
以進一步印證林毓生對魯迅複雜意識的闡釋，也可印證余英時所說
「軸心時代」出現「天人合一」的新轉向從突破之後就貫穿整個傳
統中國，而且一直延續到現代。

　　如果上面提出關於「一元整體的思維模式」與「天人合一」思
維結構的一致性可以被接受，而且有關「天人合一」所內蘊之正反
分歧的雙重面向也被認為合理，那麼下一個問題就是：這個分歧的
雙重性，是否有可能會繼續反映在透過內向超越去追求合理秩序的
實踐過程之中？要回答這個問題，就有必要再次強調余英時論證孔
子啟動「天人合一」新轉向的原創發現。事實上，我們如果說孔子
在「軸心時代」開啟的個人「精神覺醒運動」，對他當時面對的「傳
統」做出了非常成功而且接近林毓生說的「創造性的轉化」，應該
不是過於牽強的附會之說。當然，此處應該先提出林毓生為「創造
性的轉化」所做的界定。

　　按照林毓生的界說，「創造性的轉化」基本上是一個「理念」，
但這個「理念」卻涉及到一個含有價值意義與行動「導向」的「開
放性的過程」。在此過程中，林毓生建議我們應該「使用多元的思
想模式將一些中國傳統的符號，思想，價值與行為模式加以重組與
或改造（有的重組以後需加以改造，有的只需重組，有的不必重組
而需徹底改造），使經過重組與或改造的符號、思想、價值與行為
模式變成有利於變革的資源，同時在變革中得以繼續保持文化的認
同」。林毓生強調，「開放性的過程」是向中國自身傳統與外來文
化所含對變革與發展都有價值和意義的質素同等的開放。對他來
說，最需要避免的，就是形式主義式的將「創造性的轉化」當一個

口號來提倡。他主張「創造性的轉化」需要我們清楚認識自己要解
決的問題，清楚知道解決問題時，有多少可以使用的資源，尤其必
需冷靜的評估客觀條件是否能配合我們主觀的願望來解決問題[78]。

　　根據林毓生提出的說明以及余英時對孔子啟動的「天人合一」
新轉向的解釋，我們或許可以說：孔子確實是對其當時傳統內的一
些諸如「仁」、「禮」、與「天人合一」這些「符號、思想，價值
與行為模式」都「加以重組與或改造」，而且在轉向的長時段過程
中，做為概念的「天人合一」，不但繼續被使用，它的「結構」也
一樣被保持。尤其需要指出的是：孔子這種從傳統內部展開的變革
思想，顯然保留了對「禮樂傳統」的「文化的認同」，同時也對當
時及後世「好學深思」的人完全開放，讓他們在現世可以發現生命
的超越意義，因此給予中國文化一個全新的價值導向。在這樣的對
照下，將孔子啟動的新「天人合一」轉向，看做一個成功「創造性
的轉化」實例，似乎相當合理。

　　必須指出的是，林毓生先生在2016年9月中旬曾在電話中提醒我
說：他在1970年代初期提出「創造性的轉化」是有特定前提的：因
為必需將這個概念放在有利於建設及發展中國自由民主的前提之下
來討論才符合他原先的構想。否則，任何一個被人視為「新」的看
法，甚至毛澤東發動的大躍進或文化大革命，也都可以被說成是對
傳統進行「創造性的轉化」，那就完全曲解他的原意了。事實上，
林毓生對「創造性的轉化」在理論與實踐的兩個層面上都提出過嚴
謹的論述與可行的建議方案。有關此一論述與建議的定本，在經過

78　此處的界定與解說，見於以下幾篇文章：〈什麼是創造性的轉化〉、
　　〈一個導向〉及〈多元的思考〉，均收入林毓生著，朱學勤編，《熱
　　烈與冷靜》（上海：文藝出版社，1998），頁25、104、106。

數次修訂之後，也發表在他2019年6月出版的新書中[79]。看到定本中強調的轉化前提，外加林先生的提醒，此處要將孔子的原創性超越看做一個「創造性的轉化」顯然是不妥當的。然而，當考慮到這裡探討「天人合一」出現的二元分歧影響，與林先生關於「創造性的轉化」之特定前提其實會有某種程度的相關時，我就還是暫時借用了這個概念來刻劃孔子的貢獻。因為本文試圖說明的是：孔子這個「創造性的轉化」，對建立中國人文傳統成為具有普世價值的「軸心文明」，從落實的層面來說，始終是失敗而且仍然沒有完成。至少有兩個理由可以支持這個觀點：

第一，上文已經指出，中國傳統文化到了清末已經沒有什麼資源來對付前所未有的外來挑戰與威脅。一旦傳統秩序全面崩潰，由此帶出的各種新舊問題，只是更加凸顯傳統文化反映在實踐中的虛飾與僵化。否則，魯迅與他代表的「全盤性反傳統主義」對傳統陰暗面的抨擊也不可能成為當時的主流思潮。上面已經提到，林毓生的研究顯示，即使魯迅對傳統文化中一些優美的成分有真切的了解與欣賞，他的「一元整體的思維模式」，也幾乎不可能提供什麼資源讓他從多元的思考角度去對傳統的優美和陰暗面進行「創造性的轉化」。回頭再去看孔子的時代，我們會發現：禮樂傳統雖然在崩壞，但是孔子基本上沒有失去對禮樂本身功能的信念，更何況當時

---

79 此一定本與新書見，林毓生，〈「創造性轉化」的再思與再認〉，刊於林毓生著，《中國激進思潮的起源與後果》（台北：聯經出版公司，2019），頁39-92。李歐梵在其〈中國現代文學：傳統與現代的弔詭〉的論文中（見2019年4月號《二十一世紀》頁32-48，特見頁37），提及林毓生對「創造性轉化」少有理論論述，亦未能給予「透徹」解說。此一定本之發表與本文註釋77中提及林毓生的相關論說應皆有助釐清質疑。承余英時先生告知李教授的論文，謹此致謝。

的秩序也還沒有全面解體。同樣的道理對戰國時期的前段歷史也一樣適用。之後在秦始皇即將建立大一統結構的政權前夕，中國文化本身也沒有被認為完全失效或是僵化。不需諱言的是，任何文化，在延續了將近二千年之後，到清末與五四時期必須面對前所未有的外來強權威脅時，當然就更加容易顯出本身資源的局限。

　　接著要提出孔子「創造性的轉化」沒有完成的第二個理由。這個理由學界一般大概都會接受。但是，此處是要從「內向超越」蘊涵的雙重性來說明。

　　上面已經提到，孔子啟動了「天人合一」的新轉向，但是他仍然保留了這個概念的傳統「結構」。在這樣的結構之下，許多受到孔子學術思想啟發的傳統士人，當然還會去追求將社會、文化道德都統合在一元整體的政治秩序之下來完成「得君行道」的崇高理想。在將近二千年的歷史實踐當中，他們的理想基本上沒有真正的落實。不可否認的是，他們的追求與奮鬥的確豐富了傳統文化的內涵，留給我們無數弘毅之士「任重道遠」的行為典範。但是，從建立有「道」的秩序來看，這些典範的努力，實際上沒有什麼實質的效果，當然也沒有再出現一個對傳統秩序「結構」具有原創性的突破。無法突破的一個主要原因，根據林毓生的解釋，正是因為儒家的「內向超越」無法放棄「一元整體式」的「有機」秩序結構——儘管儒家相信他們可以通過教育和道德的勸諫幫助君王成聖成賢[80]。有趣的是，余英時論證孔子開啟的以「內向超越」來完成「天人合一」的新轉向，雖然確實對三代舊有的「天人合一」做出了真正的突破轉化，但是，在其它的論文中，余英時卻直接斷言：「中國文化的

80　見林毓生，〈反思儒家傳統的烏托邦主義〉，刊於氏著《政治秩序的觀念》，頁198-199。

病是從內在／向超越的過程中長期積累而成的」[81]。如果將余英時
這個說法，與他另外關於傳統士君子「以道抗勢」的專題研究互相
比照，我們應該可以說，他同樣認為內向超越對於建立實際有「道」
的合理政治秩序其實沒有發生什麼有效的作用。這樣看來，兩位先
生都不約而同的注意到內向超越其實蘊涵了此處所說互相悖反的雙
重性。不過，也許因為研究的焦點不同，他們的論說在這一點上沒
有出現明顯的交集。

　　上文提到，余英時發現孔子啟動的新「天人合一」，因為是向
每個人開放，所以蘊涵了每個人在原則上都是平等的。莊子「天之
徒」的說法，將個人與天子都看做天之子，也和基督教將人看做上
帝的兒女，沒有本質的差異。當然，莊子因為追求有所不同，對傳
統政治秩序的發展，從來沒有、也不可能產生什麼實際的正面影響。
相形之下，孔子新「天人合一」所蘊涵對人的尊嚴與價值的肯定，
以及每個人在此一肯定的面向上是平等的理想，在傳統中國雖然從
未真正的落實，但是的確為追求這個理想的讀書人提供了一個可以
努力去實踐的超越標準，從而也成為他們對於既有現實提出批判的
超越理據。在這一點上，張灝先生說「軸心突破」的一個重大意義
就在為傳統文化提出了一個建立「二元權威的思想契機」，顯然可
以支持上面的論點。但是，張灝的研究也同時指出，這個「契機」
在歷史上最終並沒有落實。「契機」無法實現的原因當然非常複雜。
不過，無法突破普遍王權代表的「政教合一」觀念，是張灝提到的
一個最關鍵原因[82]。這個看法和林毓生認為內向超越無法放棄「一

81　余英時，〈從價值系統看中國文化的現代意義〉，收入其《中國思
　　想傳統的現代詮釋》（台北：聯經出版公司，1987），頁1-51，特
　　見頁16。
82　張灝在他討論「軸心時代」文明的專文中，已經提出對「契機」的

元整體式」的「有機」秩序結構，是儒家無法落實其理想秩序的一個主因，基本上完全相合。比照之下，余英時的研究雖然通過「天人合一」的新轉向更加具體的說明中國文化何以能夠成為「軸心文明」的一個真正代表，但是，他的研究也讓我們看到，無論孔子或莊子，從一開始，就根本沒有任何意欲去突破既有一元秩序的結構，也從來沒有要取代天子／聖王是「天命」壟斷者的基本思維模式。孔子的追求，只是在這個原有的結構內部開拓出一個與王權對等的精神地位，使得有理想的儒者可以據此來堅持他們「從道不從君」的立場。因為如此，孔子開啟的新「天人合一」，的確可以說是代表中國文化中最有意義的一個「創造性的轉化」，雖然這個轉化僅僅只有激進的思想內容，卻無涉突破結構的激進行動。但是，也正因如此，我們可以說這個轉化只完成了一半，因為轉化內蘊的對個人尊嚴與價值的肯定以及人是平等的觀念，在中國歷史上從來都沒有進一步發展出可以落實的制度性機制。結果，在實踐的層面上當然也不可能發展出與君王真正平等對話的基礎。對於理想秩序的重建，也只能在王權結構中尋找發展的機會。換言之，這樣的轉化，就只能建構出在理論上與君王的精神平等，卻沒有發展出實際的制度來真正保障並實現這個精神上的平等。也就是說，「天人合一」的新轉向，只是在高度整合之一元整體秩序的內部，開創出一個與普遍王權平行共生的精神世界，但不代表中國傳統已經發展出具有

（續）————————————————————

看法。他後來討論儒家政教一元或二元的論文，主要在解釋為什麼這個看法無法落實。見張灝，〈世界人文傳統中的軸心時代〉，收入其《時代的探索》（台北：中央研究院／聯經出版公司，2004），頁1-29，尤見頁22-23；張灝，〈政教一元還是政教二元？：傳統儒家思想中的政教關係〉，《思想》第20期，台北：聯經出版公司，2012年1月，頁111-143。

真正二元性質的秩序結構。在這個意義上,「天人合一」的新轉向,
只能說在理論上／或論述上弱化了君王權力的強度與神聖性,但沒
有完成在「結構」上的「創造性的轉化」。因此,孔子開啟的「創
造性的轉化」就成了一個沒有真正完成的轉化。

　　本文的討論,主要是說明余英時所論證春秋戰國時期完成的「軸
心突破」,確實讓我們看到這個突破如何為中國文化開創出具有普
遍意義的一個價值系統。但是,當我們審視中國的歷史,卻發現要
在中國大陸落實這樣的價值觀,從來都是無比艱難。如果從跨文化
的角度,或是採用「創造性的轉化」對傳統與西方都開放的多元思
考角度來看,我們可以看到建立有效的機制對於普遍意義的落實確
實是一個根本的關鍵。這裡可以參考的一個例子就是西方教會在中
世紀的轉化。根據研究,我們知道西方如果沒有經過中古教會本身
的改革與轉化,並且對教皇行政權力,與其聖品權力的來源,以及
教皇應如何受限制的情況,都建立了不同的理論與實踐機制,使得
中古教會發展成為西方現代國家興起的先驅模本,基督教教義中具
有普遍意義的價值系統是否能夠逐步落實,其實相當難說[83]。

　　回過頭再來看中國的近現代歷史軌跡。在清末傳統秩序全面解

83　關於西方教會在11、12世紀展開的內部改革所建立的法理與制度如
　　何成為西方現代國家最早的實例,Harold J. Berman 在其著名的專
　　作中有極為精到的解析,見其*Law and Revolution: The Formation of
　　the Western Legal Tradition*, Harvard University Press, 1983, vol. 1, pp.
　　113-119. 錢永祥在探究西方憲政源起的一篇論文中亦根據Berman
　　之研究提出有關中世教會內部改革及其影響的深入分析,是中文世
　　界中有關此一議題的代表作。見其〈個人抑共同體?──關於西方
　　憲政思想根源的一些想法〉,收入錢永祥,《縱慾與虛無之上:現
　　代情境裡的政治倫理》(台北:聯經出版公司,2001),頁151-177,
　　特見頁160-168。

體之後，五四初期提倡的「民主」可能是提供了一個完成孔子開啟「創造性的轉化」的真正契機。但是，歷史的狡獪，與「天人合一」整體一元思維結構的弔詭，以及其它各種外部與內部因素的交相作用，卻讓五四與其面對之傳統對話出現了激進的轉向，導致在不同的想像之下，產生了完全不同於五四初期與清末新政追求的以自由民主為路徑的現代性。從歷史經驗來看，回到五四初期的追求來繼續進行和傳統或是跨文化的對話，也許是一個比較合理的，或者說最不壞的方法。當然，這樣的對話，是必需有其它客觀條件的配合才可能有穩定紮實的積累。我們雖然無法預知歷史，但是，如果能在繼續的對話中來追求並完成孔子開啟，但只完成一半的「創造性的轉化」，以逐漸建設並發展保障個人尊嚴與價值自由的民主機制，應該是關心中國現代化路徑的一個合理做法。歷史的經驗告訴我們，事實上也唯有如此，中國幾千年歷史存留下的「天人合一」概念，與其中所含自由及平等的普遍意義，才有可能在全球化的今天繼續跟時代發生積極正面的良性互動，中國文化也才能真正成為一個使人心悅誠服的「軸心文明」！

　　丘慧芬，加拿大不列顛哥倫比亞大學亞洲學系副教授，著有研究陸贄英文專書（2000），以及唐代婦女與當代中國思想史多篇論文。另合編余英時著《中國歷史與文化》英文論文集2冊（2016），合譯葛兆光著《中國思想史》2冊，（2014、2018），所編《林毓生思想近作選》將於2019年冬季出版。

受壓迫者的在場：

「民眾劇場」作爲革命預演的歷史*

王墨林

　　提到「民眾劇場」，又不能不從奧古斯圖·波瓦的「被壓迫者劇場」[1]說起時，我們就必須從最先的源頭，也是保羅·弗雷勒《受壓迫者教育學》的「識字運動」[2]開始，目的在於釐清現在通用的「民眾劇場」（Theater of the People）所具有的一種文化政治學及批判性民主，都是爲了要讓受壓迫者自覺成爲政治主體，與社會的

---

* 本文原爲2018.12.13-15在交通大學「亞際社會民眾劇場工作坊」所提交之文稿：〈受壓迫者的在場〉，後因之前倉促趕稿，發現文中某些資料有引用錯誤或不足之處，更有某些觀點需要加強進一步延展，以求在韓嘉玲論文〈80年代左翼文化下的民眾劇場〉發表之後，透過本文對中國大陸／台灣自身的民眾劇場發展脈絡，與近代史中屬於中國大陸／台灣在民眾反帝／反殖民的行動實踐併行結合，希冀兩文互爲文本在亞洲的語境下，創造出被我們言說出來的「民眾劇場」話語。在此並感謝老戰友林寶元及亦師亦友的曾健民醫師，提供關於「民眾劇場」的寶貴資料，期使本文論點更能臻於一定的開展性。

1　奧古斯圖·波瓦（Augusto Boal），*Theater of the Oppressed*, 1974，賴淑雅譯，《被壓迫者劇場》（台北：揚智出版社，2009）。

2　保羅·弗雷勒（Paulo Freire），*Pedagogy of the Oppressed*, 1971，方永泉譯，《受壓迫者教育學》（台北：巨流出版社，2013），本文所說的「識字運動」在書中並未出現此一專有名詞，系本人對弗雷勒在拉丁美洲教導不識字者的教學方法的統稱。

關係連結起來。受壓迫者若只能被動地接受既定的現實,任何通過
文字所呈現的論述,對他們皆無任何意義。誠如弗雷勒所言,當每
個人可以說自己的話,去命名這個世界,他們才能贏回自己的世界。
「識字運動」發展到奧古斯圖‧波瓦的《被壓迫者劇場》,這正是
1970-80年代的亞洲,各地學生引發起的政治運動蜂湧而起時,與同
時新興的一股民眾文化運動結合,也可說是一場被稱之為亞洲「民
眾戲劇」運動的開始。其中《被壓迫者劇場》的「工作坊劇場」,
也與傳統的亞洲文化特色逐漸進行融和,並成為新的一種現代劇場
表演形式。

一、拉美民眾劇場的歷史脈絡、背景及實踐經驗

　　拉丁美洲各國都有極大貧困比率的低下階層民眾,國家及社
會的不公正體制造成結構上的壓迫都由他們來承擔,他們又要為
特權階級享有的現代化生活,付出讓少數人剝削、壓榨多數人的
代價,貧富階級常常處於對立的緊張狀態,以至易於牽動社會動
盪不安的局面。民眾反抗的主要動力,來自少數人享用的現代化
帶來日益增多的階級性排除,其中原住民瑪雅人賴以維生的蔗
園、玉米等田地,被以國家之名強迫徵收用來建設鐵路,或被白
人大莊園主併吞,使得他們淪為雇農。不只瑪雅人,還有對黑人
的壓迫使他們處於貧困的狀態,也都會引起農民革命式的反抗行
動。

　　只有認識到拉丁美洲這個歷史背景,再進一步去了解從弗雷
勒的教育學到波瓦的劇場,所形成「民眾劇場」在反抗體制上的
一套論述脈絡,才能掌握到「民眾劇場」源起之初被稱為是「革
命的預演」(Rehearsal Revolution),乃建立於民眾一體協作的

反抗動力，來自共同爭取一個平等社會作為生存的手段，亦是革命或是起義之前，民眾在集體意識中引發自身動能的召喚儀式。

1. 透過新語言學習認識世界的方法

當我們從歷史轉向面對現在流傳於台灣的「民眾劇場」時，所看到的各種論述很少提到今世「民眾劇場」的前生，是「識字運動」與「被壓迫者劇場」之間的重要關係，也就是後來波瓦在創立他的「被壓迫者劇場」第一個階段，提出「被壓迫者詩學」，強調把作為觀賞者的民眾轉化成為表演的主體。這與當今正流行於劇場所言的觀眾「參與」有所不同，可以說波瓦更是讓民眾佔領這個表演場域，予以自主的發言權。民眾從介入的行動到引導劇情的身體表現，同時也是特定的政治主體表現，讓民眾重拾一個失去自我表敘的語言，不管是文盲或其他弱勢階級，如農民、工人，都在表演參與中有可能因此找到一種反抗的身體能量；可以說「識字」於民眾在劇場更是要為受壓迫者面對的世界命名。

若「民眾」意味的是受壓迫者階級，從弗雷勒的「識字運動」可以溯源至中國革命建立無產階級專政之後，毛澤東於1950年提出「開展識字教育，逐步減少文盲」的政策。當時他們嘗試的方法有一種是「速成識字法」，也是把字音轉化為注音符號，逐漸再用漢語拼音，最後嵌以簡體字。中文雖與其他文字的學習方法有其差異性，但中國「識字運動」在當時影響第三世界的意義是，國家將掃除文盲定位為一場政治運動，是人民翻身當家的必備條件；這跟弗雷勒的諸多說法非常相似。台灣於1949年發生戰後包圍台灣省政府的第一場工運，要求不分省籍同工同酬、平等待遇，即是由台北郵局郵電工會讓員工參加以學習國語為名的「國語補習班」所領導，該補習班不只是一般語言學習，更是通過如高爾

基、魯迅、簡國賢[3]的文章作為教材,讓員工自身被壓抑的勞動階級意識接受啓蒙。翌年白色恐怖興起,「國語補習班」具有左翼思想的教員遭到槍決,參加請願遊行的員工亦被監禁於獄中15年至7年不等。從當年參加工運的員工事後所作的口述歷史,可看出學習新的語言對他們的人生觀、價值觀與世界觀都有很大改變[4]。

弗雷勒在受壓迫者的「教育計畫」中說:「受壓迫者會揭露這個壓迫的世界,並且透過實踐將自己投身入改造世界的過程中。」[5] 這似乎便是毛澤東在推行文化大革命時的一項基本考量。波瓦在《被壓迫者劇場》書中指出:「透過新語言的學習,人們會因此學到一套認識世界的方法。每一種語言都是絕對無可取代的,所有語言也都彼此互補,俾使認識真實世界時達到最寬闊、最完整的世界。」[6] 所謂「新語言」就是受壓迫者用來命名一個「新世界」。

從認識文字到自己的文化是受壓迫者對自我的「存在意識」開始覺醒,原先只靠口傳的傳統表演來作民眾的自我表現,隨著環境改變愈來愈失去活力,而現在因為文字打開了雙眼,他們用的語言可以使得歌謠及身體動作更為豐富,也使得他們跟外在世界的對話更能傳達。波瓦的「識字運動」就是要將歌謠、戲劇及身體樣態等予以融和,形成多姿多彩的民眾文化行動,波瓦稱之為「受壓迫者的詩學」;這是布萊希特的教育劇場對階級啟蒙的

3　簡國賢(1917-1954)是台灣戰後左翼劇作家,曾於1946年與導演宋非我合作演出《壁》台語舞台劇,卻為當局藉挑動階級鬥爭之理由強迫停演,1954年被逮捕並處決。

4　中華民國台灣地區戒嚴時期政治事件處理協會,《五〇年代白色恐怖郵電管理局案調查研究暨口述歷史案》,期末報告,頁77-79(未出版),2018年4月。

5　同注2,《受壓迫者教育學》,頁87。

6　同注1,《被壓迫者劇場》,頁163。

方法，讓受壓迫者自己站出來，用身體樣態來書寫自己的世界，而不是讓受壓迫者用角色去扮演一個他者的身體。

「識字運動」更重要的啓蒙是「受壓迫者教育」的身體論，它不只是從認識文字開始，更是從認識身體開始。受壓迫者面對外在複雜的階級結構，及自身如何面對權力的壓抑，他們在工作坊之中通過集體的互動，以身體作為行動力的表現，又以表現力找到行動的身體能量，身體在互動之間產生交流的能量，與另一方的身體即權力抑制的力量，形成物理性的矛盾作用，這種矛盾張力讓在實際生活中的受壓迫者，在工作坊能用身體感受到抵抗矛盾的能量。中國革命家毛澤東在他著名的《矛盾論》中說過：階級矛盾「發展到了一定階段的時候，雙方採取外部對抗的形式，發展為革命」。波瓦從弗雷勒的「受壓迫者教育」理論，發展出他「被壓迫者劇場」的方法，他自稱為「預演的革命」，就是讓受壓迫階級成為一個共同行動中的參與者，同時在參與中延伸出創造角色的行動，又使參與者逐漸移位成為詮釋者。當受壓迫者既是參與者又成為詮釋者的主體性這樣慢慢形成後，他們跟外在世界的對話也慢慢形成。重要的是，他們使用的話語不是文字，而是自己的身體，也是具有主體意味的一種政治象徵。

從弗雷勒的「識字運動」到波瓦「被壓迫者劇場」的戲劇運動，主要在於受壓迫者從表演作為一個文化行動的創造過程之中，進一步學習到用參與對話的方法，跟他們面對的世界之間重新建構新的關係，不再以壓迫者的角度來詮釋自己的生命，也是從馴化到覺醒再發展到反抗，創造出一個對自我認識的過程。這種改造受壓迫者建立他們反抗的主體，使身體原本附屬於他者（being of others），轉變為身體有能力生產出「自己」的主體性（being of themselves），若是有意無意去掉了這種反抗的主體，

避而不談複雜的階級、種族或性別等社會上種種壓迫基礎的問題，卻以建立個人主義的單一體意識作為主體意識的置換，這是弗雷勒譴責新自由主義個人主義所促成的歷史終結及階級終結。

2. 讓民眾在劇場裡找回自己的語言

因此，民眾對於劇場的「參與」，基本上用的是以自己的身體樣態作為受壓迫者的語言，以行動能量作為受壓迫階級反抗的表現；這有別於消費觀賞的參與式劇場，只能在缺乏想像力的套路之中，呈現中產階級熟悉的世界。所以波瓦的「被壓迫者劇場」一直強調作為觀賞者的民眾，必須走出一般景象式劇場的封閉觀看系統，從而要民眾多思考自己的問題，也要多表現自己身體的動能。從這裡回顧「民眾劇場」長年在台灣的發展，更多走上的是為資本主義分崩離析的社會，以民眾劇場之名，卻不過只是讓民眾通過劇場的心靈洗滌之後，重返慣性的日常生活，仍然無力在對社會壓抑的反抗上，呈現出應該呈現出來的民眾主體。此乃自1990年代「小劇場已死」之後[7]，似乎已失去體制外劇場作為它的獨特地位，而無力反抗一個走向生產關係被收編的文化體制。

弗雷勒說過，「受壓迫者教育學」若切斷跟批判性民主的連結，民眾劇場工作坊的「對話教學」其實就無法進行，很容易讓參與者只是在表現個人問題，使教學不過是提供一個團體治療的空間而已。弗雷勒的意思是，我們若無法把個人跟事物衝突的原因，放置在從歷史發展出來的特定意識型態所產生的對立，就無

7　王墨林曾公開宣稱「小劇場已死」，自1985年前後發生的小劇場運動，至1990年代已從非主流文化漸走向體制化生產。因此當香港記者陳炳釗採訪時提出小劇場已死，見陳炳釗，〈終有人革台灣的命！台灣小劇場運動興衰〉，《影藝半月刊》，1990，第2期。

法去找出受壓迫者的定位，那麼我們所作的民眾教育「不只是一種欺騙，它也是一種漂白。」[8] 從弗雷勒堅持他的馬克思主義立場，我們來看波瓦傳承下來的《被壓迫者劇場》，首先他在「受壓迫者詩學」開章明義指出，劇場是酒神的歌舞慶典，這話鏈接列寧說的：「革命是被壓迫者和被剝削者的盛大節日。」[9] 上下文建構出的一個關鍵詞就是具有行動力的「民眾」，更點出只有激發起民眾的身體動能，才能產生打破階級對立的革命。

　　每個人都有自己對革命的想像，波瓦說這是很個人化的革命觀念。因此，他在「形象劇場」[10]工作坊，希望參予者能創造出想像的「自我實現」。但須通過怎樣的過程才能讓民眾達到將真實的自己表現出來？波瓦強調的不是小市民個人化的「理想形象」，而是在工作坊具有共同階級屬性的其他參予者，共同形成一個團體內部的心理空間，通過共同的運作將個人的「理想形象」轉換為共同面對的「現實形象」，直至這種形象重塑的工作，如昇華的過程到了最終才能完成共同辯證這個「理想形象」的雕像。這是完整的「自我實現」過程，隔絕了外在因素對形塑自己的影響，而通過民眾集體讓「自我實現」成為一股帶領所有參予者的力量，共同面對每一個人都在被撕裂了的「自我」中尋求平衡之道，一起走向那個不能容忍的當前現實。

8　同注2，《受壓迫者教育學》，頁19。

9　列寧，《社會民主黨員在民主革命中的兩種策略》（1905），中央編譯局《列寧選集》，第一卷（北京：人民出版社，1995），頁616。

10　形象劇場指「參與者被要求把他的意見表達出來，但不是用嘴巴講，而是透過其他參與者的身體，將他們『捏塑』成一組雕像（statues），透過這種方式使他的意見和感覺具體可見。同注1，《被壓迫者劇場》，頁188。

3. 從參與到對話的預演革命

　　個人在精神世界所感受到的解放之需要，是劇場重要的昇華作用，而劇場又是一個要讓觀眾「喜聞樂見」的場所，所以劇場從古至今在歷史推進中，一直承擔著這個任務，只是在不同的社會性質發展階段，它所承擔的任務性質也不同。1938年毛澤東在延安成立「民眾劇團」，以戲曲演出新的革命的內容，民眾的反應是：「它能叫我們娛樂，又能叫我們懂得打日本的事」；這個例子也說明從第三世界拉丁美洲農村生長出來的「被壓迫者劇場」，傳到亞洲復以「民眾劇場」命名。外在形式可以變換，但不管是1938年在中國稱之為「民眾劇團」，或是1970-80年代在亞洲發生的「民眾劇場」，其實這支脈絡都顯示出活在歷史中的個人，在精神世界感受到解放之需要，而在劇場裡的解放也都必須沿著這支脈絡，形成一條自然而然的道路，引領著受壓迫者走上解放需要的必然性。

　　波瓦在秘魯所進行的「整合性識字計畫」，開創出影響亞洲在所謂「民眾劇場」名義下流傳至今的「社區劇場」、「教育劇場」、「論壇劇場」等工作坊。與其說是「識字運動」，勿寧更可以說是不只讓農村文盲，也是讓更多人在劇場裡找回自己的語言，通過各種工作坊，進而看到這個階級對立的世界，甚至可以說，在劇場裡大家都是文盲，不要用劇本，而是要用身體行動更有效地突顯出現實問題。依據波瓦說的，若是把受壓迫者日常承受的壓制剝削說成個人的問題，原本受壓迫者被抑制的社會學，工作坊就很容易變成了「漂白」的心理學，如何通過特定情感拓展為普遍性的情感，只有受支配階級的解放才是破除個人抑制的方法。

　　所以在波瓦的心理劇工作坊，破除不同階級之間的抑制，其實要通過「形象劇場」發展出主角從「現實形象」到「理想形象」，讓參與者看到這種身體改變身分轉換的可行性，是因為團體內部共同運作出來的一種「預演革命」的反抗力量，使其發生改變，而這種教導反抗並不是只拿來作為直接顯露社會矛盾而已，以為這樣可以拆解霸權體制。波瓦說過，他的方法是要在小團體的帶領中，逐漸在實驗行動中建立起一套對話的機制，讓這樣的對話機制可以從「形象劇場」發展到「論壇劇場」[11]而被建構出來。

　　個人的「參與」代表的不是一個人，而可能是一個階級或一個社群，因此在「論壇劇場」裡的個人「參與」，其實也是群體中的個人對一次「預演革命」的「參與」，使得「參與」這詞在「民眾劇場」裡是具有獨特的隱含意義，與時下在「參與式劇場」裡表現的觀眾介入迥然相異。在新自由主義建構的世界新秩序裡，個人治理的技術超越集體主義的價值，原本如個人在「被壓迫者劇場」與社會有其連結，然而，心理劇工作坊傳播到了美國變成「心理劇場」，到了英國則變成「參與式教育劇場」，卻把個人的壓抑在參與集體中被救贖，以自我修補替代社會介入，那麼從「受壓迫者劇場」過渡來的「民眾劇場」到了台灣，它又變成了什麼呢？也許這是我們開始要面對的問題。

4.「參與」代表的是個體還是群體？

　　波瓦在〈被壓迫者詩學〉篇章中論及「參與」，其意即為賦

11　「論壇劇場」指「介入演出的參與者……可以提出任何的解決辦
　　法，但是必須在舞台上完成它，在台上工作、表演、處理事情，而
　　不是舒服地在觀眾席上講。」，見注1，《被壓迫者劇場》，頁195。

予工作坊的參與者，具有這種建構從「自己的希望」到「自己下決定」的主體表現。他說：「每個人都可以提出任何的解決辦法，但是必須在舞台上完成它，在台上工作、表演、處理事情，而不是舒服地在觀眾席上講」[12]。此乃民眾若要成為一個共同意識群體，有必要以這種「有機團結」作為連結人與人之間的表現。若是在「民眾劇場」的語境下強調「社區劇場」的社區參與，首先應被視為是社會對民眾的賦權，使得在這方面受壓迫的弱勢民眾在參與過程中獲得知識、方法，學習到自主的能力，並可以用自己的身體動能改變既成的客觀環境。

依據弗雷勒所言：這種主體的建構並非來自主觀上是一個受宰制的「我」，去改變一個客觀存在的「我」，因為宰制你的體制並沒有解放你失語的主體。只有通過在彼此「對話」中建立起合作互動的關係，才能漸漸召喚出作為獨立人格的自身甦醒；而另一方的參與者，也同時產生一樣的變化時，我們想要表現的這個主體，遂成為複數的主體，兩個主體彼此相遇，並一起為世界命名，目的在於一起來改造世界；格瓦拉強調與民眾融為一體，他要說的是：只有雙方的合作才能融為一個堅實的整體[13]。

「參與」一詞在不同語境之下，也延展出不同的行動理論，當代藝術或現代劇場則以「情境主義」（situationist）替代具有相似詞義的「參與」，1970年代曾在英國盛行一時的社區藝術運動，由各種不同創作類別的藝術家與社區民眾合作，試圖通過參與式的創意實踐，譬如：幫助貧窮地區的住宅短缺問題，或是蒐集口述歷史、文獻和照片，建立社區的文物中心。克萊兒・畢莎普在

12　見注1，《被壓迫者劇場》，頁195。
13　見注2，《受壓迫者教育學》，頁217、221。

其書：《人造地獄：參與式藝術與觀看者政治學》中，提及這些「參與」式的藝術所謂社會實踐，創作者與觀賞者的關係重新被定位成共同生產的參與者，可以說是藝術作為象徵資本的想像，「對於新自由主義的世界新秩序所採取的批判性距離」[14]。但是到了1990年代之後，劇場也開始流行這類稱之為「情境建構」的沈浸式劇場（immersive theater），觀賞者參與性的投入卻變成消費性賣點，可以說是完全無涉於現實問題的反映。「參與」行動無論是屬於一種觀賞者投入的「情境建構」，或是屬於「民眾劇場」中民眾意見的參與，兩者在美學意識型態上可說是完全對立，應避免魚目混珠造成論述上的混淆不清。

二、亞洲民眾劇場的歷史脈絡、背景及實踐經驗

1.亞洲農村共同體的民間文化

繼而我們從奧古斯圖・波瓦 的「被壓迫者劇場」連接到亞洲的「民眾劇場」來看，最早出現在亞洲的應該是1967年在菲律賓馬尼拉成立的PETA（Philippine Educational Theater Association，菲律賓教育劇場協會），他們最初走的是農村路線，以工作坊發展歌舞說唱的傳統文化dulatula[15]作為主要表演形式，並在其中提出因受美、日資本主義侵略的支配，而造成社會不平等的現狀，並鼓吹成立共同體經營的經濟領域，都是早期PETA在各農村推廣

---

14 克萊兒・畢莎普（Claire Bishop），*Artificial Hells：Participatory Art and The Politics of Spectatorship*，林宏濤譯，《人造地獄：參與式藝術與觀看者政治學》（台北：典藏藝術家公司，2017.10），頁37。
15 PETA從菲律賓稱之為dulatula的一種以聲音、音樂、舞蹈融和為詩劇的民間劇場，發展成為他們的「民眾劇場」主要表現形式。

的「民眾劇場」之作法。後來受到弗雷勒和波瓦的影響，也在工作坊採用「識字運動」的方法，將其整合於基本的教育計畫之中，展開民眾的自我教育，配合本土文化啟發民眾的社會意識，開創一波民眾文化結合社會運動的新啟蒙運動。

　　1980年在他們首次舉辦的國際劇場工作坊中有日本、印度、印尼、泰國、馬來西亞、菲律賓等六國參加，翌年改名「亞洲劇場會議」之後，韓國、巴布亞紐幾利亞及新加坡計九國參加。菲律賓率先提出亞洲「民眾劇場會議」（Asian Theatre Forum，ATF）的構想，並開發出一套工作坊的技術操作，與東南亞各國共同推行。1983年的ATF在菲律賓舉行「民眾戲劇節」時，更擴及到非洲及中南美的國家邀請其民眾劇團參加。這些地區除韓國及非洲以他們民族的傳統表演所發展出來的民眾文化外，韓國的「廣場假面劇」（Madang）[16]及奧古斯圖・波瓦的「被壓迫者劇場」是這次亞洲連帶為主要的工作坊課程。

　　「民眾劇場」從菲律賓的PETA，到巴西的「被壓迫者劇場」，再開花散枝為亞洲的ATF，所形成與亞洲「民眾劇場」的連繫，不只是要面對先進國高度發展的消費文化對於本國政治、經濟的侵略，使得本土文化變得喑啞沈默下來，更要面對從傳統的、民族的屬於民眾共同體的藝術文化，也在這樣沈默的文化之中失聲匿跡。因此，我們看到「民眾劇場」在亞洲發展的這個脈絡，有幾個特色：一、有別於中產階級觀賞劇場的第三世界性；二、因著重民眾參與，故開拓出以對話機制的工作坊為主；三、發揚民族傳統文化表現的亞洲性，其中尤以韓國的民眾文化最為典型。

16　Madang，古代朝鮮農村共同體，歲時祝祭在廣場表演一種對貴族地主予以嘲諷的歌舞假面劇。

2. 對抗文化冷戰的巫祭文化

從「被壓迫者劇場」的亞洲性，或者我們更要談到冷戰下的亞洲民眾劇場的特性。1970年代波瓦的「受壓迫者劇場」與第三世界民眾的左翼運動結合，通過民眾在被壓迫者劇場的參與，從身體生產行動力的能量，被轉化成為抵抗體制的力量。1980年代冷戰下的亞洲，由菲律賓及韓國民眾揭竿而起的民主化運動，尤以菲律賓PETA從被壓迫者劇場、韓國廣場假面劇，及本民族傳統的歌舞說唱dulatula，而發展出亞洲民眾劇場的連帶關係，面對因冷戰而形成以美式資本主義的現代性，作為亞洲地緣政治的文化冷戰策略，若以此與亞洲民眾劇場對自身民間巫祭文化的強調相較，亞洲民眾文化突顯的是在日常中被資本主義現代性的包圍，只能另闢一條以民間巫祭文化所具有的非日常性為蹊徑，強調對於資本主義現代性的對抗，是為當代更具進步性的民眾現代主義。

1988年2月甫離解嚴半年，台灣小劇場人士在蘭嶼與當地原住民達悟族民眾，一起發動一場島內首次發生的反核運動：《驅逐蘭嶼的惡靈》，反對島內核電廠將核廢料儲藏於蘭嶼。因達悟族每年此時都在舉行部落的惡靈祭，選擇於祭典當日進行的這場反核運動，毫不衝突地就將民眾信仰與現代性對民眾日常生活的壓制連結在一起。「惡靈」所意味著自然界信仰上的禁忌，通過咒語式的聲音及舞蹈式的動作，而產生一種「驅逐」的行動力把身體的能量表現出來，將巫祭文化中的「惡靈」挪借到核廢料所形成一場沒有祭師的反核運動，根據農村共同體共有的祭典在自然運行下，終究完成更為進步的民眾現代主義。在1930年代中國共產黨解放區推廣的民眾鬧秧歌，及1970年代韓國民主化運動所推廣的廣場假面劇，都可以看到這種亞洲民眾劇場對民間巫祭文化

的強調，也許從這裡可以讓我們思考民眾劇場的亞洲性。

　　韓國的民眾文化基本上以假面具的歌舞為主，它在古時就是流浪在農村間作場的戲班，又是對官僚富人予以冷嘲熱諷的常民文化。在1970年代隨著民主運動的反抗政治，廣場假面劇乘機對民眾文化重新探求而興起，終形成韓國民眾劇場的文化運動。到了1980年代在濟州島隨著另一波反獨裁運動，民眾對抗國家權力及資本家的勢力，廣場假面劇的民眾文化也跟著花開遍地，同時又連結到工人運動與農民運動，假面劇遂成為民主化運動的象徵。

　　廣場假面劇構築了民眾共同體，通過在廣場上作場的鑼鼓歌舞，民眾在愉悅的狂歡氛圍中沈浸，從陶醉的精神狀態把反抗惡政的神助之力召喚出來，這種「神明論」與波瓦在「受壓迫者詩學」中提到，劇場是酒神的歌舞慶典，都是在相同的身體脈絡中，反映出民眾在自然中的身體更具豐富的行動能量。然而到了1990年代，「民眾」作為關鍵詞，原本鏈接了民主、階級等話語的語境，與社會主義圈的崩壞一樣，這樣的民眾文化都漸漸被大氣候湮滅灰揚，「民眾」一詞也從激進的、解放的概念脫離。

3. 民眾作為現代性一種身分政治的遭遇

　　在民眾劇場不能不提到「現實」是一個重要的概念，不同歷史階段的現實性都會有其修正，縱觀弗雷勒的「識字運動」到波瓦的「被壓迫者劇場」，再由此發展出亞洲的民眾文化運動，這個脈絡的延續，已非只用戲劇技術可以操作出另一種戲劇形態的分類，尤其我們今日在台灣所言之「民眾劇場」，是否更需要思考我們對現實社會性質的認識，如何在我們的民眾劇場裡能夠反映出台灣民眾在現實間的處境是什麼？

　　若是從日據時代的反殖、1945-1949從反殖轉向為反法西斯、

1950年代的冷戰戒嚴一體化，至1987年解嚴之前約近百年的民眾
史清算始起，台灣民眾在現實性中對自己身分認同充滿支配層論
者的觀點，宰制者的政治權力首先來自於經濟的支配層，例如：
日據時代利用台灣民間資本家成立的「新興會社」，對台灣蔗農
的壓榨、剝削，及光復後國民黨在各地農村成立的法人團體「農
會」，都是以外圍組織的名義予以兩者權力合一化。這種被包裝
的政治掌控權力的隱形化，對底層民眾而言卻不是輕易可以識破
其權術的操縱，從日殖到光復後的統治者，都以這樣所謂民粹政
治的形式作為障眼法，民眾因對世界的失語而不自覺地陷入這種
集體馴化教育之中，正是波瓦在「被壓迫者劇場」用來揭櫫民眾
共同體在現實受到他者歷史壓迫的現象。

　　從帝國主義到資本主義受盡西方現代性壓迫的亞洲民眾文
化，殖民現代性超越封建體制的亞洲論甚囂塵上，但所謂「亞洲
觀點」不只是建構怎樣的歷史視野，因而用怎樣的方法論建構主
體史觀就顯得特別重要。從近代史的發展來看，亞洲專制體制帶
來民主政治的停滯，容易陷進生產力的落後，殖民主義給亞洲帶
來的是在資本主義下階級體制的凝固化，以奪取或剝削的方法提
高生產樣式的優越性，更任意開發龐大的地理、自然的環境，作
為殖民者的生產資料。1988年底由台灣史研究學者韓嘉玲擔任總
策畫，製作演出《台灣農民組合第一次全島大會六十一週年紀念
大會》報告劇，即為重現日據時代台籍左翼人士於1927年成立的
「農民組合」，並將日本殖民主對台灣農民的壓迫予以寫實的反
映在劇中。

三、台灣民眾劇場的歷史脈絡、背景及實踐經驗

1. 從反殖民到反封建的民眾文化史

　　台灣於1945年脫離日本殖民，至1949年國民黨政府遷台這四年間，卻是國共內戰進行到已近攤牌的最高潮階段，也是左右各種勢力在這座島嶼上衝擊出最激烈的政治動盪，台灣在歷史轉捩的此時此刻，隨時都有爆發人民革命的可能性。在台灣的日帝殖民時期，及相對引發台灣民眾反殖民運動的燃媒，民眾文化是重要的星星之火，其中新劇運動更是把劇場作為不只對外部的反殖民，也作為對內部的反封建、反法西斯，同時指涉出日據時代的民眾文化運動已然孕育出兩者合為一的左翼思想。尤其這支反抗運動的文化脈絡發展到1945年戰後，又受到當時中國大陸左翼革命思潮的影響，而繼續延伸出反映革命的、反帝國主義、進步性的民眾文化，從當時左翼文化如雨後春筍一一冒出即可看出。正如台籍作家楊逵，在他主編的《新文藝》第四期（1948.8）寫的〈人民文學〉一文所寫道：「人民的作家應該以其智慧來整理人民的生活體驗，幫助人民確切地認識其生活環境與出路……」[17]。

　　楊逵指出的這條通往民眾文化之道，同一時期在其他文化活動中都曾顯示出來，例如：由進步學生組成的「台大麥浪歌詠隊」（1948），帶起演唱民間歌謠的「新音樂運動」，他們要發揚的是人民的音樂。當時《新生報》副刊有評論即提及：「他們並不在表演技術，他們是在傳播，在耕耘。」[18] 尤其由左翼意識型態的知識分子，為宣揚他們革命的理想主義而組成的「鄉土藝術團」

17　曾健民，《黎明的歌唱：1944年文化的一側面》（台北：台灣社會科學出版社，2014），頁401。

18　同上注，頁423。

（1948），將當時認為只在底層傳誦的〈六月田水〉、〈丟丟銅仔〉、〈車鼓調〉等市井歌謠，通過他們的推廣予以傳播，讓曾在日殖壓迫下無法抬頭的民眾歌謠，重新「表現出台灣人民特有的性格，嚴肅、樸實而真誠。」[19] 其中他們最受注目的是「改良歌仔戲」，將〈白蛇傳〉改編為威權專制的法海，與受壓迫的白素貞兩者鬥爭的故事[20]。前述具有左翼色彩的台北郵局郵電工會，1948 年五一勞動節在中山堂以郵電、鐵路工人擔綱演出《民主閻羅殿》一劇，利用原為流傳民間的閻羅王故事，改編為現實社會中的工人四處伸冤都遭各判官判決枉死，死者不服，最後只能向閻羅王伸訴：人間黑暗，雖不滿遭受社會不公的對待，但政府規定不能罷工抗爭，叫工人如何生活下去[21]！ 這些例子都說明民間文化與民眾劇場之間的連接。

綜觀民眾文化在台灣發展的這個歷史脈絡，雖然隨著國民黨政府於1950年代掀起的白色恐怖將其鎮壓，主要領導人物都予以逮捕處刑或槍斃犧牲及逃亡海外，使得台灣民眾文化運動脈絡就這樣完全切斷，但至今若與弗雷勒《受壓迫者教育學》或波瓦《被壓迫者劇場》相互參照，方法即使因時代不同而有異，然教育民眾在解放與封建的矛盾之中，反抗受壓迫體制而興起的啟蒙運動，卻是台灣人世世代代都不變的。尤其連接1960-70年代的亞洲民眾文化運動，更能看出台灣這段左翼運動歷史所顯示的，只有從生活中生長出來的民間文化，與教育民眾認識現實受壓迫問題的結合，才是構築民眾劇場重要的方法論。

19　同上注，頁435。
20　同上注，頁436。
21　同注3，頁122-124。

　　1948年曾有署名「梧葉」[22]之作者，在5月16日的《公論報》
以日本新劇發展的歷史為例：「一、對封建主義的鬥爭，二、對
劇場商業主義的反抗，三、反映著勤勞大眾的藝術欲求而發展。」
為文，並提出台灣話劇所應發展的路線是「越完整的藝術，本來
不是空虛的，本來是在人民大眾中間建立起來的。」[23] 然而這支
自日據時期「新劇運動」承襲下來的台灣左翼思想，在其中反映
其進步性的民眾文化脈絡，先在1947年228事件，接著是1950年代
冷戰、戒嚴這一段白色恐怖歷史之後，已被完全清洗殆盡。

2.用身體樣態書寫世界的受壓迫者詩學

　　直至1985年台灣政治情況隨著反對勢力的崛起，在各種議題
下產生不同名目的社會運動，當時所稱的「小劇場運動」亦在其
中應運而生，也是1987年解嚴前夕與現實的政治、社會、文化各
層面連結的一場新文化運動。作家陳映真於1985年創辦《人間》，
以報導文學及攝影為主，主要路線合乎前敘「梧葉」所提出的三
個條件，也可以說基本上就是一條左翼思想的路線。重要的是陳
映真通過雜誌所推廣的歷史「報告劇」，以民眾史通過形式普及
化的表現，應為接續1950年代之後，被隱沒在戒嚴體制所排除的
民眾劇場。1986年7月由陳映真等人的推動下，日本石飛仁劇團來
台演出的〈花岡事件報告劇〉，是為首次在台灣出現的「報告劇」，
之後這種戲劇形式與「行動劇」一樣，因具有非常機動的組合性，
不只在各種社會運動場合可以用來作為主題訴求的媒介，更成為
1980年代台灣民眾史的主要表現形式，從日據時代左翼運動至

22　梧葉是為日據時代新劇及新文學運動重要參與者「吳坤煌」的筆名。
23　梧葉，〈話劇大眾化問題〉，《公論報》，1948年5月16日。

1950年代犧牲在白色恐怖下的革命者，都成為被國家暴力壓迫者的歷史證言劇場。

以陳映真為首的左翼文化戰線，更從「報告劇」開始，至「行動劇場」、「工人劇場」的進展，並擴及至當時在「小劇場運動」中活躍的新世代劇團。然而囿於當時以有機行動為主，尚不足以生產能促使戲劇表現走上成熟的形式，同時，官方亦開始陸續成立各種名目的補助機制作為收編策略，使得當時仍在孕育期的民眾劇場，雖留下走過的足跡，卻無力生產出茁壯的體質。

1989年《人間》雜誌不堪虧損而停刊，陳映真轉而支持《人間》部分同仁與亞洲韓國、菲律賓民眾劇場進行連結，並於1990年9月在《人間》辦公室成立「民眾文化工作室」，短短一年在參與者合力的推動下，已運作出基本的發展模式。然因當時從戒嚴的禁錮年代，一轉而為解嚴的開放社會，代之而起的卻是一個急劇變化的消費社會全面來臨，再度抑止民眾文化生長的契機。從1986年「報告劇」首次在台灣的發生，到1990年「民眾文化工作室」的結束，在陳映真帶領下以「民眾文化」之名而打造出來的這段民眾文化史，至今雖漸告消逝，其過程顯示從日據時期的新劇運動以來，歷經台灣光復後的民眾文化運動，再藉由解嚴前夕興起的小劇場運動中召喚而出的「報告劇」、「行動劇場」、「工人劇場」，已然通過台灣對外部的反殖、反帝，並對內部的反封建、反法西斯這樣特定歷史，從中形塑成一支「民眾劇場」在台灣的本土脈絡。以上所敘，若需進一步了解其脈絡發展的具體內容，則可參考韓嘉玲所著論文〈80年代左翼文化下的民眾劇場〉[24]。

24　韓嘉玲，2018.12.13-15在交通大學「亞際社會民眾劇場工作坊」以〈留在歷史腳步中的台灣民眾劇場〉所提交之論文，後以〈80年代

3.受壓迫者在公民社會治理中消失

按韓嘉玲在論文中首次提出，自1986年開始，民眾劇場在台灣已歷經三十年。她的研究為我們提供了台灣民眾劇場的發展軌跡，也進一步耙梳出它的歷史脈絡，乃至於它在台灣小劇場運動中到底如何被定位、它的發展脈絡如何被建構，或如何為它總結政治與美學關係的論述？諸此等等問題都應在台灣劇場界有人為文繼續討論的，但不知是否因「民眾劇場」的分類仍被「小劇場」的大論述統攝於其中，卻未能發展出「民眾劇場」的獨立論述？或在「民眾劇場」的語境下所延展的議題，仍被限定於社區劇場、教育劇場之類應用的劇場性而已？

以目前可見有關台灣民眾劇場發展之材料來看，大都呈現兵分兩路的說法：一是以賴淑雅源自奧古斯圖‧波瓦的「被壓迫者劇場」的方法，而發展出台灣強調社區性的應用劇場；另一是以鍾喬在他「差事劇團」揭揚的民眾劇場之旗，發展出所謂左翼作為對現實批判的，融和小劇場表現形式為差事劇團的特色。若要稱兩者皆為「民眾劇場」，首先他們民眾劇場的方向與日據時期的外部反殖、反帝歷史，及與台灣光復後內部反封建、反法西斯的左翼行動，內外之間尚未建構出以民眾劇場作為革命預演的歷史，而產生在地與人民記憶的辯證關係，作為在地民眾史的脈絡沿續。乃至又產生的另一個問題是，他們不能逃避在與社區互動之間，如何穿透國家政策、社會資源與公民意識等不同位階的相互矛盾，也許其結局如波瓦後期1980年代在歐洲，他所推廣「慾

（續）────────────

　　左翼文化下的民眾劇場〉為題，發表於《思想》36期（台北：聯經出版公司），2018年12月。

望的彩虹」[25]一樣作為所謂民眾戲劇發展的路線。

　　鍾喬曾於2005年發表過一篇文章:〈視線:裸露、錯叉或交匯:亞洲民眾戲劇的迴流〉,他通過書寫點出「我們恰恰從中發現了民眾戲劇的一些軌跡。它的基磐根植於『在地化』與『跨亞洲』的兩個面向上。」然而,從他為本文所作出的總結,卻指出另一個面向是:「一直以來,民眾戲劇的『在地性』始終朝向社區問題意識與民眾身體美學的辯證。這樣的問題意識的形構,迎面受到國家經由社會資源營構公民意識的衝撞,自不在話下。可遇見的將來,相信亦將形成一股主流的風潮。」[26]鍾喬歷經八〇年代,在1996年揚起民眾戲劇旗幟組成「差事劇團」,他總結出民眾戲劇與社區連結的生產關係,勢必受到體制的收編而引起如他所言之衝擊,事實如何猶待檢驗。

　　台灣於1980年代已從戒嚴的威權體制,置換為解嚴後全球化的資本主義體制,迄至1996年鍾喬成立自己的「差事劇團」之前,台灣民眾劇場的發展都是以陳映真的《人間》雜誌為行動的根據地,並結合解嚴後被解放的民間力量,使其落實於本土化的民眾劇場推展,從中表現出左翼劇場反抗體制的進步性;1994年12月由台灣林寶元與香港莫昭如合編的《民眾劇場與草根民主》一書出版,似乎就為在1980年代由《人間》雜誌、小劇場運動匯合而成這段本土化的民眾劇場歷史作出總結。至今回顧這段民眾史或

25　慾望的彩虹是波瓦在歐美創造的一組劇場技巧與練習,他到歐洲時面臨的不同壓迫環境不同而做的轉換與移植。見于善祿,《波瓦軍械庫:預演革命的受壓迫者美學》(台北:黑眼睛文化,2007),頁74。

26　鍾喬,〈視線:裸露、錯叉或交匯──亞洲民眾戲劇的迴流〉,《人間思想與創作叢刊》,春季號,人間出版社,2005年4月,頁333。

因論述不足，顯得語境力有未逮，從而有關台灣民眾劇場的歷史漸告萎化，終至中斷，造成後來居上者在民眾劇場的實踐上，就很輕易發生一種論述語境中空化的歷史斷裂現象。

　　我們在此要問的是：對壓迫性體制的反抗是不是民眾劇場的必然呈現？對支配性社會的批判又是不是民眾劇場的應然條件？當前台灣劇場對〈民眾劇場因普遍的誤讀，而導致難以建構一定的脈絡，對其三十年的發展進一步作出一個三十年後的階段性總結；若讓這種誤讀再如此發展下去，很可能我們的戲劇史對民眾劇場的認識更為誤會重重，或將變成自說自話。最可能的情況是它的進步性完全喪失，只能淪為政府與社區或社群之間，通過各種項目分配的官方補助，形成民主社會所謂的公共政治，其實只是市民社會（civil society）化的公民參與，並與國家協同治理而搭起的一種被支配的生產關係。「被壓迫者劇場」在這個已然結構化的不平等交換之中，原本具有再建受壓迫者主體化的表演功能，並從中激發出受壓迫者身體動能中的反抗性，卻已然在分配與交換的社會關係中徹底消失。

　　「社區」在第三世界可以用「農村共同體」的概念來理解，但用在現代化城市卻需換成「社會共同體」來認識市民的多元階級，所謂「社區」因由不同階級而構成，在意義與內容上也各有所異。一般所指城市的「社區」具有國家管理區域的地理特徵，如：市民社會就是一種如費孝通言之「機械團結的法理社會」，他說是「為了要完成一件任務而結合的社會」，鄉土社會是「有機團結的禮俗社會」，費孝通說則是「在一起生長而發生的社會」。保羅·弗雷勒在《受壓迫者教育學》亦如此言道：「他們在接近農民與城市中民眾時所欲實行的計畫，可能只符應於他們自己的

世界觀，而不是民眾的世界觀。」[27] 他並引用毛澤東的話：「……
這裡是兩條原則：一條是群眾的實際上的需要，而不是我們腦子
裡頭幻想出來的需要；一條是群眾的自願，由群眾自己下決心，
而不是由我們代替群眾下決心。」[28]

　　其次，民眾劇場與公部門資源在分配部署上的生產關係，也
是一種經濟基礎與上層建築的矛盾關係，要改變這種矛盾的生產
關係，只有用反抗的動力才能真正實踐出民眾的主體性來。波瓦
用了地主與農民的生產關係，透過彼此的身體語言作例子，他說
「被壓迫者劇場」就是要揭露這種階級矛盾的原來面貌。然而在當
前民眾劇場另以「社區劇場」之名，在國家「社區總體營造」政策
之下，不過是把原來政府作為唯一主體的政治管理，走向以多主體
協同治理的里民社區，將社會力量納入公共治理（public governance）
的結構，「民眾劇場」在此與「社區劇場」的意義已大為不同。

結論：以左翼劇場召喚民眾的身體政治

　　以波瓦的「被壓迫者劇場」為例，從他1978年流亡歐洲近十
年之久，已不再將自己的「工作坊劇場」繼續沿用「被壓迫者劇
場」的課程，而另創以「欲望的彩虹」作為心理治療工作坊之名。
這當然顯示「被壓迫者劇場」隨社會體制不同，運作方向也會改
變其社會關係／生產關係以適應之。原初「被壓迫者劇場」賦予
左翼反抗的「民眾劇場」之成分，亦改變為將政治問題轉型成為

27　同注2《受壓迫者教育學》，頁135。
28　同注2《受壓迫者教育學》，頁136，弗列雷並沒有使用毛選原文而
　　是與毛選有點出入的翻譯本。原文直接引用《毛澤東選集第三卷》，
　　〈文化工作中的統一戰線〉（北京：人民出版社，1991）。

另種社會問題，使以受壓迫者為主體的馬克思主義論述也將「階級」被置換為「社區」（community），農民、工人所意味的無產階級更被擴及至女性、同性戀、貧民區少年等人權問題。通過「慾望的彩虹」，波瓦將被壓迫者劇場中拉丁美洲的農民、工人，轉化為歐美被現代文明壓迫的小資產階級。

早在1970年代，波瓦受邀至美國紐約大學講學時，他所傳授的「被壓迫者劇場」教育運動，已被戰後美國自六〇年代後興起的心理治療學科中所發展出應用於美國現實環境的方法，用個人的獨立存在代替集體的相助，更為強調個人意識的重要，切斷受壓迫階級的集體意識[29]。1991年波瓦回到巴西並當選里約市議員，他所成立的「立法劇場」，也漸走向NGO式社區／群的團體。[30] 我們雖不能據此蓋棺論定說：奧古斯圖・波瓦《被壓迫者劇場》的歷史階段已告結束，但民眾劇場在當代以人權弱勢者取代底層民眾的身分政治，而將民眾劇場的對象均質化為一般小資產階級的現象卻已非常普遍，甚而政府或NGO從中介入的支持，在在使得現在通用的「民眾劇場」，與當初《被壓迫者劇場》成立在「預演革命」的意義上實在大相逕庭。

面對台灣1980年代在戒嚴／解嚴之間的社會騷動，後戒嚴青年一代在反體制的文化實踐上，曾引發一場前衛、顛覆的小劇場運動，又因社會不同領域力量的介入，同時也延伸出混搭著另以工人、農民、原住民之名的社會運動，與1990年代之後，陸續從菲律賓、韓國、香港等境外傳來台灣有關民眾劇場的各種資訊前

29　日本黑帳篷機關誌《評議會通訊》，NO. 29，「亞洲民眾會議」專題，東京，1983.2，頁38。

30　謝如欣，《波瓦的民眾劇場之路》（台北：新銳文創出版社，2018），頁167。

後銜接。但是兩者如何形成台灣自己「民眾劇場」的脈絡,這種討論似乎已在小劇場運動的各種論述中皆告湮沒、消逝。甚而到了三十年後,波瓦「被壓迫者劇場」已變成是我們今天在討論「民眾劇場」時,所不能不參照的正典文本;然而台灣1980年代自戒嚴到解嚴以來,「民眾劇場」雖不是在「被壓迫者劇場」脈絡下被論述化,然而也能自行發展出民眾對戒嚴體制的反抗,從而在各地掀起社會運動的浪潮,或可看出民眾在示威的街頭或廣場,無論是現場的「行動劇場」或其他另類表演型態,都能表現出民眾身體被四十年戒嚴史抑制的突破,與波瓦「被壓迫者劇場」的對照,反而更突顯出亞洲「民眾劇場」在冷戰歷史中的獨特發展。

　　韓嘉玲在〈80年代左翼文化下的民眾劇場〉中提到,「在台灣1980年代小劇場運動史中,從報告劇、行動劇場到民眾劇場,構成一支重要的脈絡,在左翼劇場的脈絡中,具有承先啟後的作用。」[31] 她並進一步闡釋這個時期台灣的民眾劇場「這個名詞只能算是作為特定意識型態表現化的載體,到了後期報告劇及行動劇場通過具體實踐,成為獨立的表現形態,並發展為各自一套論述時,實已脫離民眾劇場所限定的範疇,但必要時它仍可放置在民眾劇場的脈絡之中,以顯示其具備民眾性的性質。」[32] 從韓嘉玲的論述中,展現出1980年代台灣民眾劇場以「民眾性」作為建構左翼劇場的言說文脈,而不以波瓦「被壓迫者劇場」引導我們對台灣民眾劇場的識別,卻另闢以左翼劇場」為表現冷戰到戒嚴在現實中的歷史情境,尤其1980年代正值波瓦在歐洲轉向至「慾望的彩虹」之時,反而該時台灣左翼劇場卻從小劇場運動包含報告

31　同注19,頁43。
32　同注19,頁43註腳56。

劇、行動劇場的實踐經驗，總結出革命預演及走上街頭的激進性，而不必依賴從「被壓迫者劇場」翻譯其身體樣態的形塑方法，拿來作為反抗身體的樣版；因此，我們是否可以發展1980年代左翼文化下的民眾劇場這個脈絡，據此召喚出民眾的身體政治呢？

我們也看到中國大陸在急速轉向消費型態社會同時，體制外小劇場或藝術家對生產線上的工人予以協助，將他們在勞動時遇到一定的剝削程度，展開所謂「民眾劇場」的形式予以公開化[33]。反觀在台灣這種受壓迫者被支配的生產關係，都尚未能取得合理的變革，而波瓦「被壓迫者劇場」在台灣，卻已於1990年代後變體為民眾劇場，演進至今更替之以政府「社區總體營造」政策下的「社區劇場」，若與大陸目前出現所謂工人的「民眾劇場」互為文本的參照，我們是否可將之以雞兔同籠的套路，將兩岸不同性質的生產關係都統稱之為「民眾劇場」呢？若說大陸作為社會主義體制，生產關係也會發生落後於生產力，但不可能沿用「市民社會」這種以私有制為基礎的社會型態來解決社會受壓迫階級的問題。所以，藉從大陸體制外小劇場或藝術家搞出來的所謂工人「民眾劇場」，倒讓我們更能寬闊地反思台灣怎樣建構從「行動劇場」到「民眾劇場」的論述空間呢？

王墨林，台灣當代劇場導演，劇作有《荒原》、《軍史館殺人事件》、《哈姆雷特機器詮釋學》、《脫北者》等達十餘部，多以民眾在冷戰戒嚴史中的反抗行動為主題，並受邀於東京、首爾、上海、香港、澳門等地演出。

33 趙川，草台班在北門──〈從《世界工廠》到工人劇場的五年戲劇實驗〉及〈北京行為藝術家王楚禹，在身體、社會與劇場的邊界〉，發表於台灣交通大學，「亞際社會民眾劇場工作坊」，新竹，2018年12月13-15日。

從五四再出發：
八〇年代劉曉波的思想起點

崔衛平

引子

　　一般人們知道劉曉波與六四的關係，但很少知道劉曉波與五四有著同樣深刻的關係。1997年，劉曉波在大連勞教所時，寫過一首給劉霞的詩，是以劉霞的口吻寫給劉霞的外公——〈給外公——給從未見過見過外公的劉霞〉。在詩的題記中劉曉波寫道：

> 他早年在高師讀書，參加過「五・四」運動，是被逮捕的學生之一。後來他成了開明鄉紳，做過民國時期的縣長，辦過農場和學校。四九年後被定為「歷史反革命」，五十年代初孤獨地死於紅色監獄中。……久而久之，你的外公也就成了我的外公——不是家族遺傳上的而是精神血緣上的外公。在監獄裡，我給你寫了很多關於外公的文字，他的亡靈真成了我的祖先。[1]

---

[1]　劉曉波，〈給外公（模擬劉霞）——給從未見過外公的劉霞〉，《劉曉波劉霞詩選》（香港：夏菲爾國際出版公司，2000），頁153。

　　劉霞的這位外公叫向大光，湖南衡山縣人，在北京高等師範學校時讀博物館學系，1921年畢業。1919年5月4日當天，他在數千人的遊行隊伍裡面，也很可能是進入曹宅的學生。當天政府出動軍警抓了三十二人，向大光是其中之一。與向大光同行的同學陳藎民後來回憶道：「我們被關進牢房後，被嚴加監視，不許交談，不許走動，不給飯吃，不給水喝。」「被捕的人分幾間房間關押。我和高師同學向大光及其他學校學生共七人關在一間牢房，公用一盆洗臉水，待遇十分惡劣。」[2]

　　三天之後，在北大校長蔡元培等人的斡旋之下被捕學生全部釋放。5月7日由警方派兩輛車送8位被捕的北高師學生回校。剛到校門口，就被歡迎的同學和附近的居民圍住。人們給他們帶上大紅花，把8個人一個個抬起來，高高舉起。有人攝下了這個珍貴鏡頭。

圖中從右往左、穿深色衣衫、舉起左手的那位正是向大光。

2　〈陳藎民：回憶我在五四運動的戰鬥行列裡〉，《北京師大》，1979年5月8日。

一、從古典轉向現代

　　1982年2月，劉曉波從長春來到北京師範大學報到入學，不久前他被錄取為該校中文系文藝理論教研室研究生，導師鐘子翱（1923-1986）。鐘老師的特長是中國古代文論，劉曉波的碩士論文也是關於古代文論的，題目為《試論司空圖的「詩味說」的美學意義》。司空圖（837-908）為中國晚唐時期的詩人和詩評家，著有《二十四詩品》。他深受道家和玄學家的影響，將詩歌分為二十四種風格，推崇自然沖淡的詩歌境界，他的名句「不著一字，盡得風流」（不需要看到落實在紙面上的字詞，更能夠與宇宙間神秘的力量溝通），釋放的是超然出世的玄學傾向。

　　碩士期間劉曉波寫作和發表了四篇論文：1.〈中國古典美學的表述方法〉（《百科知識》，1983年第10期）；2.〈我國古代審美的主客體關係〉（《百科知識》1984年第12期）；3.〈藝術直覺初探〉（《國際關係學院學報》，1984年第2期）；4.〈論莊子的自然全美觀〉（《文藝論稿》，總第13期，1984）。最後一篇系統地闡發了莊子從自然出發的宇宙觀、人生觀、美學觀，長達一萬字。碩士三年並拿到學位之後，1984年12月，劉曉波留校在本校本系本教研室當教員，有著一個中國古典學者的起點和志向。在思想上，他深受莊子傲然物外的精神自由的影響。

　　他開始適應一名文藝理論教員的角色，也閱讀大量西方哲學、美學、詩歌、小說。除了開課，他動筆寫一個文藝心理學的系列文章：〈天空紅得像馬賽曲──審美與通感〉、〈你看那遙遠的地平線──錯覺、幻覺與審美欣賞〉等，陸續發表在一個叫做《名作欣賞》的雜誌上面。除了調動自己的古典文學修養，西方藝術家比如

莎士比亞、梅特林克、卡夫卡的名字也開始出現在他的寫作中。除
了文藝心理學，他還發展出一個萌芽的志向：比較美學。1985年10
月份，劉曉波完成一長篇論文〈表現與再現——中西審美意識的比
較研究〉，他發現西方古代藝術中有「天使」，中國古代藝術中有
「飛天」，都體現了自由精神，但是西方的天使是人與鳥的結合，
有寫實的基礎；中國式的飛天是寫意式的，沒有科學比例，也無逼
真的羽翼，如同乘虛而上（此為莊子的概念）的太空中的仙女[3]。無
論如何，到這時看不出一點他要造反的苗頭。

這之後他的想法發生了變化。發表於《名作欣賞》1986年第1
期的這篇〈審美與人的自由〉中，超出了文藝心理學的範圍，是關
於美學的形而上的沉思。這篇文章經過擴充，後來成為他博士論文
的緒論，這個標題也成為他博士論文的標題。該文一開頭便引用了
盧梭的名言「人生而自由，卻無往不在枷鎖之中」，這是一個關於
現代的信號。這批文藝心理學的文章，彷彿是一本書的計畫，然而
沒有寫完。最後一篇〈赤身裸體，走向上帝——審美與潛意識〉（一），
應該還有一個（二），但他的注意力轉到別的事情上去了。

他第一篇發難的文章，發表的時間與他在《名作欣賞》最後一
篇文章重合：1986年第4期的《中國》雜誌，發表了他〈無法迴避的
反思——由幾部知識分子題材的小說所想起的〉。他發現在張賢亮
的小說〈男人的一半是女人〉（1985）以及〈靈與肉〉（1981）、
女作家諶容的〈人到中年〉（1980）以及徐遲的〈哥德巴赫猜想〉
（1978）這些一度被人們高度稱讚的作品中，存在著對於知識分子
角色的過度美化、也是自我美化的傾向。陳景潤心如水晶，堅貞高

3　劉曉波，〈表現與再現——中西審美意識的比較研究〉，《東西方
文化研究》（創刊號），開封：河南人民出版社，1986年10月。

潔；陸文婷任勞任怨、無私忘我；許靈均（〈靈與肉〉主角）有過軟弱、章永璘（〈男人的一半是女人〉的主角）有對異性的渴望，但前者最終還要昇華為對祖國不離不棄，後者也要走到了人民大會堂的紅地毯上，修成正果。他們身上釋放出來的忍辱負重、忠誠如一、樂觀向上，在很大程度上，仍然是回應中國傳統儒家的人格理想，如孔子的弟子顏回所說「一簞食，一瓢飲，在陋巷，人不堪其憂，回也不改其樂」（《論語・雍也》），或者孟子所說「故天將降大任於斯人也，必先苦其心志，勞其筋骨，餓其體膚，空乏其身，行拂亂其所為，所以動心忍性，曾益其所不能。」（《孟子・告子下》）。在塑造這樣的理想人格──劉曉波稱之為「人格神」──時，既迴避了導致知識分子悲劇的深層根源，也放棄了知識分子本人在這場悲劇中所要承擔的責任。

> 天安門前那一次次狂熱的歡呼中，難道就沒有知識分子真誠地揮動紅語錄的手臂嗎？難道大多數知識分子所寫的一張張大字報是完全出於逼迫嗎？文革之所以能在中國大地上發生，與全體公民、特別是知識分子的不覺悟，與沒有像五四那樣對封建意識進行徹底否定有著很大的關係的。[4]

在很大程度上，劉曉波評論的這些作品，其熱點已經過去。這篇稱之為「無法迴避的反思」，原來有一個標題為「遲到的反思」，在當代文學批評方面，劉曉波確實是一個後來者。而他之所以獲得這樣的視野，一個本來做古典學問和小範圍文藝學的年輕學者，貿

4　劉曉波，〈無法迴避的反思──從幾部知識分子題材的小說所想起的〉，《中國》，1986年第4期。

然闖進十分熱門的當代文學批評領域，在於他獲得了一個新的視野
──重新回到五四，以五四新文學已經達到的思想和文學水準來看
待當代中國作家。

劉曉波拿五四作家與新時期作家相比較。他看到，在五四時期
作家的筆下，出現了一批覺悟的形象。他們是個性解放的先行者、
現實秩序的叛逆者，在向社會環境進行大膽挑戰的同時，他們也會
深深剖析自己，反省自己身上傳統的負擔、自身的矛盾和軟弱。不
管是傾向於現實主義的作家魯迅、茅盾、葉聖陶還是傾向浪漫主義
的作家郭沫若、郁達夫、馮沅君等，「他們筆下的知識分子形象極
少理想色彩。辛苦淒迷、迷茫徬徨、孤獨寂寞、鬱悶憤怒、虛榮清
高、軟弱自卑、甚至麻木愚昧……也許在中國思想史上，從來沒有
有過一個如此充滿著發自肺腑的真誠的時代，中國知識分子也從未
進行過如此大膽的、嚴峻的有時甚至是殘酷的自覺的自我剖析、自
我批判和自我否定；中國文學也從未對人的內心世界進行過如此深
刻的開掘。」[5]

「從自我否定開始的自我重建」，劉曉波指出：「魯迅所做過
的一切足以給當代知識分子提供一個自我反思的起點」[6]。

在劉曉波看來，五四知識分子的覺醒不僅體現為嚴厲的自我反
省，還包括對於魯迅所說的國民劣根性的批判。魯迅筆下的一些小
人物，如阿Q、祥林嫂、閏土、華老栓等，他們既是傳統專制的犧
牲品，又是傳統專制的承載者，因此也是傳統專制得以存在的土壤。
而新時期的作家們，除了自我美化，同時也美化人民群眾。當章永
麟作為右派流落偏遠荒涼的封閉山村時，他遇到的是樸實真摯的人

5　同上
6　同上。

們，在他／她們略顯粗野的性格中，流露的是正義感和同情心。劉曉波分析道，作家之所以讚美勞動群眾，除了缺乏自身反思之外，還是傳統文化的因素在作怪：中國傳統文化注重「和」，主張「與民同樂」（《孟子・梁惠王上》）。在某種程度上，共產黨讓知識分子放棄自己的思想和專業，走與工農相結合道路，也有這個上下「和諧」、結果把人拉到同一水準的意思。

　　在這些分析中，劉曉波熟練自如地使用他所掌握的古典知識。這至少表明，很快要宣布自己向中國傳統文化發出挑戰的劉曉波，對於中國傳統文化並不是一無所知，而是下過許多功夫。只是他的態度發生了改變，一改此前的溫情脈脈。如他自己所說，他也「曾在內心為新時期文學唱過讚美詩，但我現在不想再唱了。」[7]這個轉折是如何發生的呢？

　　促使他這個明顯變化，離不開社會大背景，然而有一個具體的因素是，他與同時入校的中文系現代文學博士生、後來又同期留校的王富仁先生之間持續不停地對話。他倆在同一棟宿舍樓裡有著許多長時間談話，有時候徹夜不眠，為某個問題爭論到天亮。曾經目睹他倆談到天明的另一位同學羅鋼在2017年王富仁去世之後的懷念文章裡寫道：「談話中的許多思想火花，後來都被他們吸收到各自的文章中去了」[8]。

　　王富仁讀博士期間於1983年發表〈中國反封建思想革命的一面鏡子——論《吶喊》、《徬徨》的思想意義〉一文，在學術界引起強烈反響。他針對此前極左思潮下籠統地說魯迅是中國革命的一面

7　劉曉波，〈危機，新時期文學面臨危機〉，《深圳青年報》，1986年10月3日。

8　羅鋼，〈長歌當哭——懷念富仁〉，《名作欣賞》2017年第12期。

鏡子的說法，提出魯迅是中國思想革命的一面鏡子。王富仁提醒人們——「五四時期是這樣一個歷史時期：它是中國政治革命運動的低潮期和間歇期，是中國思想革命運動的活躍期和高潮期」[9]。魯迅的小說，其實是寫在辛亥革命失敗的條件下來反思其教訓，從魯迅筆下先行者的孤獨、民眾的愚昧中可以見出，僅僅有政治革命是不夠的，尤其需要一場深刻的思想革命，王富仁將它總結為：「根除封建等級觀念對廣大人民群眾的精神束縛，斬斷殘酷虛偽的封建倫理道德觀念無形地絞殺無辜者的魔爪。」[10]

王富仁重提魯迅有一個現實指向，那是他認為1978改革開放之後中國重新回到現代化，然而僅僅有外部工程是遠遠不夠的，也需要一個思想文化的革命與之相匹配；介於文革中大量踐踏人權的現象，需要繼續提倡尊重個人，反對皇權和精神奴役，即重新回到魯迅，回到五四的思想解放個性解放。在這個意義上，魯迅對當下仍然有著十分迫切的現實意義：「《吶喊》和《徬徨》對我們認識新的歷史條件下的反封建鬥爭仍有不可磨滅的啟示和借鑑意義。」[11]。王富仁後來將他的這篇文章擴展成了他的博士論文。與劉曉波討論期間，王富仁正在為他的博士論文出版單行本做最後的修訂，這本書1986年8月由北京師範大學出版社出版。

王富仁所用「反封建」這個詞，是共產黨意識形態對於五四新文化運動的敘事，共產黨把自己看作是這場運動的天然繼承人。運用馬克思對於原始社會、封建社會、資本主義社會、社會主義社會、共產主義社會的歷史階段的劃分，共產黨用「反封建」來呼喚和標

9　王富仁，〈中國反封建思想革命的一面鏡子——論《吶喊》、《徬徨》的思想意義〉，《中國現代文學研究叢刊》，1983年第1期。

10　同上。

11　同上。

榜某種告別歷史、開創未來的「現代性」。在不同的歷史時期，「反封建」有著不同含義。在1949年之前，反封建主要指改天換地的社會改造，然而到了1976年毛澤東時代結束之後，在目睹毛澤東時期個人崇拜到了登峰造極之後，「封建意識」這個詞又被共產黨人用來指稱共產黨制度內部傳統忠君乃至愚忠以及特權現象，「反封建」於是成了共產黨人自己政治反思的重要詞彙，注入了更多的政治內涵[12]。同時也不能不說，它是一個曲折迂迴的表述。

　　王富仁是在這個背景之上使用「反封建」。劉曉波接受了王富

12　黎澍（1912-1988）於1975年擔任《歷史研究）》雜誌主編。1976
　　年10月粉碎四人幫後的第二年，黎澍在該雜誌連續發表〈評「四人
　　幫」的封建專制主義〉（《歷史研究》1977年第6期）、〈消滅封
　　建殘餘影響是中國現代化的重要條件〉（《歷史研究》1979年第1
　　期），使得」「反封建」成了撥亂反正、解放思想第一批政治語言。
　　1980年8月，中共中央政治局舉行擴大會議，鄧小平在會上作題為〈黨
　　和國家領導制度的改革〉的講話，《人民日報》向全社會公布了鄧
　　小平的這篇講話，它被稱為「中國政治體制改革的綱領性文件」。
　　鄧小平承認，「我們進行了二十八年的新民主主義革命，推翻封建
　　主義的反動統治和封建土地所有制，是成功的，徹底的。但是，肅
　　清思想政治方面的封建主義殘餘影響這個任務，因為我們對它的重
　　要性估計不足，以後很快轉入社會主義革命，所以沒有能夠完成。
　　現在應該明確提出繼續肅清思想政治方面的封建主義殘餘影響的
　　任務，並在制度上做一系列切實的改革，否則國家和人民還要遭受
　　損失。」（《人民日報》1980年8月18日）。
　　中共領導人最後一次提到文革與「封建思想」的聯繫，是前國務院
　　總理溫家寶於2012年3月4日在剛剛結束十一屆全國人大五次會議
　　之後，面對記者關於「政治體制改革」的提問時表示：「這些年我
　　多次談到政治體制改革，應該說已經比較全面和具體了。如果問我
　　為什麼關注這件事情，我出於責任感。粉碎『四人幫』以後，我們
　　黨雖然作出了若干歷史問題的決議，實行了改革開放。但是『文革』
　　的錯誤和封建的影響，並沒有完全清除」。 http://lianghui.people.
　　com.cn/2012npc/GB/239293/17385323.html

仁「新的歷史條件下反封建鬥爭」的分析框架，他也認為文革是「傳統的封建意識在當代中國的登峰造極的發展，是醒來的封建猛虎對現代國人的一次大反撲」[13]，只有五四才第一次斬斷了與傳統之間的這種聯繫。他認為自己略為遲到的反思「不僅關係到文學、也關係到當代文化在中國的發展，更關係到當代的中國知識分子能夠繼承五四傳統，在推進改革的同時，完成旨在改造國民劣根性、清除傳統的封建意識的思想啟蒙。」[14]

　　從沉浸於古典學問一下子跳到當代中國文學，劉曉波是不是過於跨界或不守本分？不是的。反過來應該說，劉曉波埋頭於古代學問才是他循規蹈矩，過於約束自己。他從小是一個製造麻煩的孩子，多次因為頑皮被父親暴打。後來遇到了同班的好學生陶力，他才開始轉變。來到北京讀古典文學，在很大程度上是為了適應陶力，她的父母已經於1979年從東北師範大學調入北師大，她本人與劉曉波同期大學畢業分配至國務院文化部少兒司創研室工作，1985年下半年調至北京語言學院任日本文學教師。在這種環境氛圍下，做一對學術夫妻是人們所期盼的。雖然劉曉波博聞強記，刻苦多產，他應該擁有一個不錯的學術前程，然而劉曉波發現這不是自己所要的，他本是一匹野馬。

二、審美的現代性

　　劉曉波把五四文學看作是現代文學，而新時期作家在精神上與

---

13 劉曉波，〈無法迴避的反思——從幾部知識分子題材的小說所想起的〉，《中國》，1986年第4期。

14 同上。

古代文學更為接近。比較起王富仁看重文學的思想意義，劉曉波的文學眼光更為深入，或者用他當時習慣詞彙的來說，他更關注文學的「審美」形態，此時他目光的落腳點仍然在美學上面。18世紀的德國人鮑姆加登發明的這個詞Aesthetics，本意是「感性的」，它流經席勒之手之後，加進了「自由」的含義，流經馬克思之手之後，加進了「解放」的含義，劉曉波則在這三層含義上使用這個詞。「審美」這個詞在劉曉波所屬文藝理論界乃至全社會範圍內的流行，是人們從試圖從大一統的意識形態中掙脫出來、尋求主體內在世界自主性的努力。

劉曉波發現，五四作家和他們筆下的人物，有一種深刻的孤獨感。在內心覺醒之後，人們發現自己正處於與周圍環境的衝突之中，感到孤立無援，某種迷茫的情緒始終縈繞著他們。他以一連串遞進的排比句式，來形容這種情緒的演進及其沒有出路的結局：「由孤獨而軟弱，由軟弱而迷茫，由迷茫而徬徨，由徬徨而冷漠，由冷漠而悲觀，由悲觀而沉淪，由沉淪而絕望，甚至於毀滅時都沒有一聲呻吟。」[15]如此入骨的描繪，他應該很熟悉魯迅筆下的呂緯甫、魏連殳。在這種小人物身上發生的，「沒有刀光劍影的拼搏，驚心動魄的犧牲，壯烈激昂的獻身，崇高人格的毀滅；只有在最瑣碎、最平庸、最無聊的生活中的理想漸漸熄滅，感情慢慢冷寂，精神悄悄僵死，心靈默默腐爛。」[16]。因此，這樣的幻滅給人的不是詩情畫意的古典美，而是一種他稱之為「現代式的怪誕美」。

劉曉波熟讀魯迅，他可以稱為魯迅在20世紀下半葉的知音。他能夠敏感地抓住魯迅性格和寫作中的「苦」和「冷」，尤其欣賞魯

15　同上。
16　同上。

迅描繪絕望和幻滅引起的心靈沉痛：「沒有事情的悲劇」。看上去
極平常，什麼也沒有發生，然而在這平常中蘊藏著巨大的悲劇，心
靈死亡的悲劇。因而表面上越平常，便越是荒誕。劉曉波意識到，
這已經超出了一般所說個人與環境的格格不入，而包括了個人對自
身的無奈，無法超越自身的苦惱，因而有著形而上的、本體論的內
涵。在這種焦慮、危機和幻滅中，個體生命意識變得更加突出；絕
望中震顫的心靈，有著更敏感、更細微的感知能力，更像是有自主
活動的心靈。

　　鑑於此，劉曉波認為五十年前去世的魯迅比當代作家更加現
代。比較起來，當代作家筆下陸文婷、許靈均和章永璘的精神世界，
仍然停留在傳統的「廉潔、淺薄和軟弱的樂觀主義」[17]，在經歷了
十年浩劫之後，居然對苦難的體驗如此淺嘗輒止、將悲劇處理成大
團圓式的喜劇，劉曉波認為當代文學的這些做法，重新彌合了由五
四文學撕裂的與傳統之間的裂痕，重新回歸到傳統中國的人生趣味
及審美趣味中去：「知足常樂」、「哀而不傷」。

　　從思想資源上來說，劉曉波這期間的其他寫作中，逐漸出現尼
采、佛洛依德和叔本華這些西方思想家和比如杜思妥也夫斯基、波
德賴爾以及畫家戈雅。影響他的應該還有一位，那便是日本作家川
端康成。這是他的妻子陶力的研究對象。川端康成筆下的世界，其
基調也是冷漠、悲哀、絕望。劉曉波在大學裡學的外語是日語，1985
年3月號的《名作欣賞》，發表過劉曉波翻譯的川端康成的一個短篇
小說，題目是〈禽獸〉，關於一個孤僻淒涼的中年男人對於籠中的
鳥兒所產生的牽掛，字裡行間，彌漫著一種虛無厭世的味道，那是
一種清新純淨的絕望。在小說譯文發表的同時，陶力寫了一篇關於

17　同上。

這篇小說的鑑賞文章，這是他們夫婦惟——次公開的合作。

　　一個月後，劉曉波發表了他的第二篇當代文學評論〈一種新的審美思潮——從徐星、劉索拉的三部作品談起〉，登載在當時最權威的文學評論刊物——《文學評論》1986年第3期上面。劉曉波從三位年輕作家的作品——徐星《無主題變奏》、劉索拉的《你別無選擇》（1985）、陳村的《少男少女，一共七個》中，發現了一種新的美學樣態，它體現為一種無處不在的「嘲弄」的精神，既嘲笑他人，也嘲笑自己，與當時流行的「萬眾一心奔四化」的積極精神背道而馳。他發現某種偏離首先體現在作家們所使用的語言風格當中，比如陳村是這樣寫的，這是中學生眼中老師和家長們勸說他們刻苦學習考大學的一系列經典表述：

> ……為改革為「四化」為祖國為人民為社會主義為革命和建設為鞏固國防反擊侵略者為對外開放為國共第三次合作為收回香港為祖國統一為世界和平為人類幸福而努力努力再努力地一心一意專心致志聚精會神不驕不躁不屈不撓奮不顧身見義勇為顧頭不顧腚地雖尖嘴猴腮蓬頭垢面形容枯槁九死一生而不悔地發憤地學習學習再學習。

　　劉曉波發現其句法層面和語義層面之間，存在著巨大的扭曲和壓力。而一旦人們熟悉的嚴肅的詞義（「為祖國為人民為社會主義」），被納入一種非邏輯的、近似於荒唐的句式中，其中的嚴肅性立即消解，變成一堆做作的、滑稽的東西。同樣，劉曉波也舉例說，在劉索拉和徐星的作品中，這種扭曲也經常出現，它們造成的顯著效果是「對被世俗觀念和傳統觀念視為神聖的、崇高的、有價

值的東西的嘲弄。」[18]

　　不難想見，這三部作品在當時是極富爭議的。看似荒誕的語法，與作品中年輕主人公種種「冒犯」的言行正好般配。他們看上去全都偏離了正道，說令人喪氣的話，做不靠譜的事情：陳村筆下的七個落榜高中生離開舒適的家庭，去租一間破舊的農舍，做模特、販西瓜，缺乏遠大志向；徐星筆下在飯店當服務員的「我」稱自己喜歡各種桌布、高腳杯和五彩繽紛的酒，而對上大學等世俗的成功不屑一顧；劉索拉筆下的音樂學生森森衣冠不整，看上去瘋瘋癲癲，與令人窒息的環境形成強烈對比。有評論家把這些年輕人歸於行屍走肉一類。劉曉波卻對他們表示肯定。從年輕人離經叛道的古怪行為中，他發現了強烈的追求個人自主性的要求。他們不是渾渾噩噩；相反，某種玩世不恭正是個性覺醒、不受束縛的標誌。

　　有意思的是，在言及這些反叛的年輕人的做法時，劉曉波談起了中國歷史上的自由傳統：「中國歷史上那些具有個性意識和反抗精神的人物，又有哪一位不是採取不修邊幅、玩世不恭、放浪山水的生活態度呢」。劉曉波提到了莊子起頭的道家自由傳統。他的古典知識在這裡再次發揮作用：「莊子作為中國歷史上最早的徹底否定一切禮教的叛逆者，寧可在污泥中、在荒野上與禽獸（相）處，也不願去『兼濟天下』，他筆下的『真人』、『聖人』大都是外表極端醜陋、行為毫不檢點的畸人。」[19]他提到的古代自由自在的人物還有陶淵明、李白、竹林七賢，甚至小說《紅樓夢》中虛構的人物賈寶玉。竹林七賢是魏晉時期（西元240-249）七位著名的宴酣

18　劉曉波，〈一種新的審美思潮──從徐星、劉索拉的三部作品談起〉，《文學評論》1986年第3期。

19　同上。

飲樂的人物，既嗑藥（長生不老藥）又喝酒，其中有一位劉伶，與劉曉波的父親同名同姓。

劉曉波甚至提到了一個叫做「接輿」的人。他的故事出現在儒家經典《論語》中。這位古老的隱士和狂士，自耕其食，披頭散髮，裝瘋不肯做官。有一次他經過孔子面前，竟然大聲歌唱，嘲笑孔子積極想要做官。至少此時的劉曉波並不是要否定一切中國傳統，他只是特別煩中國儒家正統，認為其板著面孔從事一樁叫做「克己復禮」的事業，追求等級秩序及其中的個人功名，並不惜犧牲女性和兒童的利益，而道家則不一樣。劉曉波在這一點上完全繼承了魯迅。魯迅也同樣喜歡莊子，魯迅為那七位放浪形骸的名士寫過文章〈魏晉風度及文章與藥及酒之關係〉，是中國現代散文中最好的名篇。

具體到眼前的幾部小說，劉曉波又認為徐星、劉索拉、陳村筆下的年輕人遠遠超出了古代道家的做法，即在放棄世俗功名之後，僅僅在美麗的山水之間尋求內心的超脫和安逸，在大自然尋求一種虛幻的和諧。劉曉波分析道，這些年輕人所表現出來憤世嫉俗、玩世不恭和冷嘲熱諷，其實是一種抗爭和追求。在回答這些作品是否受當時熱門的西方現代派文學的影響，──「荒誕派」戲劇，「黑色幽默」、「垮掉的一代」等，劉曉波認為在這些西方作品中，往往是一些抽象的人類處境，而徐星等人的作品中所體現出來的，實際上與中國的五四文學更為接近，其「內在精神還是五四時期的個性自由的意識」，「中國當代文學中所出現的新的審美思潮是五四時期的啟蒙運動的延續和發展」[20]。

這篇註明寫作日期為1986年1月初稿、3月改定的論文中，劉曉波對於「尋根文學」也表示了許多肯定，認為是另外一種嘗試。與

20　同上。

描寫城市青年的審美新思潮比較起來，尋根文學把筆觸伸向了「偏遠的荒山野林」，「是為了重新發現傳統文化中能夠統一當代國人的信仰的價值觀念」[21]。

三、反傳統／文化熱

　　僅僅兩篇文章，使得劉曉波在當代文學批評中引起矚目。尤其是這篇關於新的審美思潮的文章，使得他受邀參加1986年9月7日至13日在北京舉行的「新時期文學十年學術討論會」，主辦單位是這份雜誌的上司中國社會科學院文學研究所，所長和這份雜誌的主編均是劉再復。與其他一些年輕作者一樣，劉曉波並沒有被要求為會議準備論文，他在會議上做了兩次即興發言：會議的第三天下午，劉曉波由小組會上被推薦去大會發言；這天當晚又有「南北青年評論家對話會」，劉曉波接著放炮，當時均沒有錄音。後來流傳甚廣的劉曉波在該會上的發言，實際上是會議結束多日之後劉曉波對著答錄機說出來的，那是他的大學同學徐敬亞所工作的《深圳青年報》需要稿件。由另一位大學同學整理出來的錄音稿有一萬多字，發表時被徐敬亞砍掉一半，在「編者按語」裡，徐敬亞稱劉曉波為「黑馬」；「危機，新時期文學面臨危機」這個標題也是徐敬亞加上去的。徐敬亞並寄了兩百份報紙讓劉曉波自行處理。

　　這份稿子是劉曉波事後回憶出來的，許多內容被徐敬亞給刪掉了，留下來的應該多是吸引眼球的部分。當時東道主劉再復在談「人道主義」、「人的主體性」和「文學的主體性」，劉曉波應該就人道主義的話題發表了他的批評看法。該刊後來發表關於這個會議的

21　同上。

發言紀要，提到「劉曉波（北京師大）則認為人道主義儘管是一種理想主義，但在某種程度上也能擊中要害，如果從醫療救人的精神奴役創傷角度出發，保有這種人道主義的光環，還是有必要的。」[22]，只取了劉曉波對人道主義的勉強肯定，不見劉曉波登載在《深圳青年報》上的其餘那些激烈表述。會議有自己的權威和延續的話題。一個月前（1986年8月），中共最權威的理論雜誌《紅旗》發表近兩萬字文章〈文藝學方法論問題〉，批評劉再復的「文學主體論」，認為劉再復的立場取消了馬克思主義的反映論，問題嚴重到了關係到社會主義及馬克思主義在中國的命運。

就這篇〈危機，新時期文學面臨危機〉而言，劉曉波在思想上的進一步發展是把「尋根文學」納入他的批評對象。他指出在新時期那些開拓性的作家出現了大批「懷舊」現象。王蒙的《布禮》，《蝴蝶》、李國文的《月食》、陳世旭的《小鎮上的將軍》都把對文革之後出現的黨風民俗的墮落，歸結為中共民主革命時期及五十年代純樸傳統的喪失。另一批有實力的中青年作家鄧友梅、劉心武、賈平凹、劉紹棠、韓少功等，都把眼光投向了1949年之前的傳統社會、傳統的人與人關係、倫理人情、田園風光等，尋求一種心靈上的安寧和寄託，迴避了生命在當下的苦難、衝突和危機。他不無譏諷地指出，「魯迅是最早的尋根者，但他是在尋找支撐著中國封建社會這棵參天大樹千年不倒之根，他時刻琢磨著用利斧砍斷它。」[23]他認為北島的詩歌及朦朧詩，星星畫展以及高等院校大學生的自辦刊物和文學社團等，表現出與五四文學傾向基本一致的審美思潮。

22　〈歷史與未來之交：反思 重建 拓展──中國新時期文學十年學術研討會紀要〉，《文學評論》，1986年第6期。

23　劉曉波，〈危機，新時期文學面臨危機〉，《深圳青年報》，1986年10月3日。

而他本人曾經是吉林大學中文系學生刊物《赤子心》的七個成員之一，其中除了詩評家徐敬亞，還出了兩位重要的當代詩人王小妮和呂貴品。

這篇追加的發言還有一個重要的信號，那就是他把此前的重要概念「反封建」替換成了「反傳統」。這個變化不只是從劉曉波這兒開始，而是當時的時代氣氛使然。甘陽在《讀書》雜誌1986年第2期上發表文章〈傳統、時間性與未來〉，其中寫道「我們正處於歷史上翻天覆地的時代，在這種巨大的歷史轉折年代，繼承發揚『傳統』的最強勁的手段恰恰就是『反傳統』！……有幸生活於這樣一個能夠親手參與創建中國現代文化系統的歷史年代，難道我們還要倒退回去乞靈於五四以前的儒家文化嗎？」這篇文章的結尾給人印象深刻：「天不負我輩，我輩安負天？！」[24]可見那時候「狂」和「狂」成那樣的不只是劉曉波。

甘陽的表述洩露了他創建所謂中國現代文化的巨大野心，「反傳統」是落實在文化的意義上。比較起來，早些時候的「反封建」則具有更多的政治含義。這種轉變可以看出年輕知識分子的一個策略：政治是臨時的、沒有收穫的；文化是永久的，可以名垂千秋的。而將努力的重點從政治轉移到文化上來，這一點倒是的確與五四更加接近了，政治上處於低潮的五四主要是一場新文化運動。因此，人們又有關於1980年代「新五四」的提法，而「文化熱」的說法則更流行，主要是西方文化熱。

「文化熱」一個重要的、看得見的成果是大量西方文化、文學著作的翻譯出版。1984年開始的《走向未來》叢書和1986年甘陽本人和他的朋友陳嘉映、周國平等創辦的《文化‧中國與世界》編委

---

24 甘陽，〈傳統、時間性與未來〉，《讀書》雜誌，1986年第2期。

會，組織翻譯和出版了一百多種西方現、當代文化作品，包括馬克斯‧韋伯、尼采、海德格爾、維特根斯坦、沙特、佛洛依德等人，他們在1949年被逐出中國的大學和書店。上海譯文出版社1983年出版的《西方現代派作品選》，一套八本，其中包括Ezra Pound、T. S. Eliot、Kafka、Strindberg、Eugene O'Neill、Sartre、Camus等，這套書成了大學年輕教師手中的法寶，劉曉波在黑馬發言中便提到過T. S. Eliot的《荒原》。

當劉曉波9月中旬在新時期文學會議上造反的時候，他有一個底氣——他還有一篇新的長文〈與李澤厚對話——感性、個人、我的選擇〉，正躺在《中國》編輯部裡有待發表。當徐敬亞寄來的兩百份報紙傳遍北京不同的高校，劉曉波的這篇新文章帶著油墨的香味正好面世，互相呼應，他於是引起了更多人們的關注，超出了僅僅是文學的圈子。

劉曉波發現自己曾經心儀的哲學家李澤厚（寫過一本關於康德的書）對於傳統文化也表現出溫情脈脈的態度，在他的《中國當代思想史論》和《中國美學史》（第一卷）中，以較多篇幅肯定了孔子和他的儒家，認為孔子較早運用道德理性引導人們的日常現實，這種理性逐漸沉澱到中國民族性格、文化心理包括藝術創作之中，形成了中國文學藝術特有的風格。劉曉波提出反問：「難道被五四新文化運動徹底否定的傳統文化真的像李澤厚描繪的那樣詩意盎然嗎？」[25]

針對李澤厚解釋藝術作品是理性積澱為感性的說法，劉曉波提出感性才是更重要的，他一向追求的「獨立個人」在「感性」這個

25　劉曉波，〈與李澤厚對話——感性、個人、我的選擇〉，《中國》
　　1986年第10期。

概念中得到了深化表達：「審美最忠實於一切被理性、被社會所壓
抑的感性個人。忠實於一切理論概括和本質規定所要捨棄的和無法
概括的東西，忠實於活生生的、具體的、豐富多樣的、具有不可探
測的深度和無限可能性的人，忠實於人的潛意識。」[26]劉曉波的眼
前是一個正在打開的、疆界不斷朝外拓展的世界，他的「個人」也
是全新的、充滿生機的小宇宙。

　　最早對李澤厚的「積澱說」進行批判的是美學家高爾泰，1983
年高爾泰發表的文章〈美的追求與人的解放〉中，高爾泰提出「感
性動力」和「理性結構」之分[27]，認為推動藝術創作的主要是前者。
劉曉波將高爾泰的「感性」向前推進許多，他引進了文化熱中最熱
的這幾個人——尼采（酒神精神）、佛洛依德（潛意識）和沙特（人
沒有固定本質）。前兩者對他影響更大，然而在他內心中，真正引
導他的旗幟是「五四」。尼采則是他與魯迅之間的秘密通道和暗語。
當他越靠近魯迅，越表現出在這篇文章中說的「深刻的片面」：「要
想確立當代中國的真理，就必須與傳統觀念實行徹底的決裂。」[28]他
甚至故意模仿五四時期的一些極端提法。

　　劉曉波開始寫作這篇文章是在這年的5月份，他先是與《中國》
的編輯們討論。而李澤厚的文章〈啟蒙與救亡的雙重變奏〉，則發
表在1986年8月《走向未來》雜誌的創刊號上面，其中李澤厚也談五
四談個人，他指出五四時期的「啟蒙」主題後來被日本入侵引起的
「救亡」主題所中斷；啟蒙提倡個人，救亡卻提倡集體和統一。到

26　同上。

27　高爾泰，〈美的追求與人的解放〉，《當代文藝思潮》，1983年第
　　5期。

28　劉曉波，〈與李澤厚對話——感性、個人、我的選擇〉，《中國》，
　　1986年第10期。

後來越演越烈——「從五十年代後期到文化大革命,封建主義越來越兇猛地假借著社會主義的名義來大反資本主義,高揚虛偽的道德旗幟……這終於把中國意識推到封建傳統全面復活的絕境。」[29]

顯然,當李澤厚談「封建主義」、「封建傳統」時,部分地回到了政治語境,在認為五四推崇個人而共產黨文化壓抑個人這一點上,他與劉曉波差別不大。後來這兩人分別談到了文化熱裡面的政治含義。李澤厚說「文化熱實際上是借文化談政治」[30]。劉曉波說得更直接:「當時的西化熱實際上是借文化談制度,借說歷史來論現實,借反傳統來批判中共的黨文化傳統。」[31] 劉曉波後來把這篇與李澤厚的對話擴展成一本書,《選擇的批判:與李澤厚對話》,在該書的「引子」部分他寫道:「以魯迅為起點的反傳統必須能夠在深度上、廣度上超越以魯迅為代表的五四新文化運動,使單純的思想啟蒙與社會整體(政治、經濟)的變革結合起來。……我也許會失敗,但我並不悲哀,我為自己能夠投身於反封建運動的激流之中而慶幸。」[32]顯然,劉曉波更傾向於「反傳統」的社會、政治含義,他的「反傳統」與「反封建」更相重合,而不僅僅是甘陽所說的文化意義上的傳統。

這年6月,為劉曉波博士論文答辯來到北京的王元化見到了高爾泰和王若水,他們商量想辦一份雜誌《新啟蒙》,於1988年10月

---

29 李澤厚,〈啟蒙與救亡的雙重變奏〉,《走向未來》創刊號,1986年8月。

30 李澤厚、陳明,《浮生論學——李澤厚陳明2001年對談錄》(北京:華夏出版社,2002),頁123。

31 劉曉波,〈把大陸民族主義梳理回八十年代〉,《民主中國》,2002年4月號

32 劉曉波,《選擇的批判——與李澤厚對話》(上海:上海人民出版社,1988)。

出版了第1期。劉曉波應王元化之邀在第一期發表文章〈形而上學與中國文化〉，他因此進一步被納入「新啟蒙」的思想脈絡。2008年王元化先生去世時，劉曉波寫懷念文章，提到1989年2月《新啟蒙》第三期在北京都樂書屋開會，方勵之出席該會議引起風波，中共宣傳部長王忍之乘機發難，說「五四啟蒙運動產生了共產黨，新啟蒙運動就是要建立反對黨」[33]。看來在「六四」之前，「五四」也曾經作為中共的一塊心病，後來則有了兩塊心病。

　　1988年8月份劉曉波出國之後，他寫過一些關於反思五四啟蒙運動和魯迅的文字[34]。但是，無論如何，五四在他心裡是一個抹不去的情結，如同後來的六四。1989年4月22日他決定從紐約回國，便是考慮到要在5月4日五四紀念七十周年這個日子之前抵達北京，他覺得那時候肯定會有好戲看。售票員告訴他，只有4月26日這一張了，他當即拍板決定拿下。

崔衛平，原北京電影學院教授，寫作文學電影評論及社會政治評論，現居美國洛杉磯，為獨立學者。

33　劉曉波，〈寫給王元化的在天之靈〉，《人與人權》，2008年6月。
34　劉曉波，〈啟蒙的悲劇──「五四」運動批判〉，《中國之春》，1989年第1期；《中國當代政治與當代知識分子》（台北：唐山出版社，1990），頁156。

再次為歷史學辯護：
面對東亞的互相嫌惡感及帝國論述[*]

白永瑞

一、到現在還必須談歷史學的危機嗎？

　　「爸爸，請告訴我所謂的歷史到底有什麼用呢？」這是馬克·布洛克的《為史學辯護》*Apologie pour l'histoire ou metier d'hitorien*序文的第一段。筆者於1970年代初進大學歷史系就讀，第一次讀到這個段落，引發很深的感觸，至今仍記憶深刻。在切身感受到「歷史學的危機」的今日，想要確實了解歷史學（或歷史學者）角色的迫切心情依舊。所以，我想現在正是需要再次為歷史學辯護的時候。

　　作為分科學問的歷史學（作為制度的歷史學）的危機從大方向來看的話，也是整體人文學危機的一部分。在新自由主義席捲全球

---

*　本稿是大幅修改以相同題目在東亞地區歷史學者交流溝通平台國際學術會議「東アジアにおける歴史認識と歴史教育：人文・社会科学の課題と可能性」（京都：2016年11月4-5日）口頭發表的文章而成。
　　另外也在中央研究院中國文哲研究所主辦的「文化的概念釐清與方法論」學術研討會（2018年10月18日）以「東亞的互相嫌惡感及帝國論述」為題進行口頭發表。感謝參與討論的各位先進。

的威勢下，市場萬能主義稱霸學術界，懷疑人文學有用性的氛圍高漲，因此歷史學受到影響是無可避免的。然而在人文學整體面臨的危機狀況之外，我們尤其必須要承擔的包袱是東亞國家間的歷史紛爭，還有各社會內部與這些紛爭相關而激化的歷史爭端。像這種歷經全球性的、區域性的、單一國家層次的三層危機狀況下，歷史學究竟可以如何來說明其有用性呢？

筆者對於作為制度的歷史學所面臨的危機狀況，曾提出「公共性的歷史學」來作為克服的方法。此構想是以「作為21世紀實學的社會人文學」這個新學術研究項目的一環所提出的[1]。雖然是從筆者的專攻領域即歷史學出發，但期待以「公共性」作為媒介，讓自我革新的學術活動出現在許多分科領域中且彼此交融，在重構既有分科學問的結構時，能使社會人文學提前獲得實現。筆者想要強調的是，這個要求的核心是，藉由維持「批判性的運動」特性來使自身存在的理由獲到肯定。即，歷史研究者以批評地參與現實的方式，將社會實際的議題當作學術議題，再將該學術議題帶回社會，這才是最重要的。我的期待是，透過這樣的方式或許就能展現歷史學的有用性。

為了檢驗這種方式的可能性，在此想要關注的是現今東亞許多社會中高漲的所謂互相嫌惡感。雖然這是起因於歷史與領土爭議的現實問題，但若更深入探究，可以知道這是回溯至清日戰爭之後自有淵源的東亞分斷結構的產物。此點已在其他期刊上做過說明[2]，在

1　拙著，《共生への道と核心現場：實踐課題としての東アジア》（東京：法政大學出版部，2016），頁222-239；《橫觀東亞：從核心現場重思東亞歷史》（台北：聯經出版公司，2016），頁233-253。

2　拙稿，〈沖繩という核心現場から問う東アジア共生の道〉，《平和研究》（日本平和學會），第46號，2016年7月。

此想要將重點放在作為此分斷結構之一軸（即，韓國—台灣—日本），刺激現今東亞國家之間以及與其連動的各社會內部互相嫌惡感的眾多因素之一的「中國因素」上[3]。不過我的主要目的並不是分析現象本身，而是在於分析作用於現象上的認識框架即帝國論述的作用。換言之，我的做法是連結一個會影響如何看待中國的爭議性論述來進行分析。

　　歷史研究者在參與東亞現實的實際議題之時，同時也把檢視其自身日常生活的方法和視角當作問題，藉此來確認歷史學的actuality（或歷史研究者的認同）；這是一個雙重的課題[4]。

二、「帝國的轉換」與中國因素

　　韓國的某個中國學者說：「現在朝貢的幽靈正在韓國徘徊」[5]。這是一種比喻性的敘述，描述現在韓國圍繞著21世紀的中國對韓半島的影響究竟是正面還是負面的爭論趨於白熱化的現象。也就是以「朝貢」制度為中心，質疑歷史中的「中國帝國」是否復活，來說明現在和未來中國的角色。筆者認為此朝貢制度的討論也是帝國論述的一個樣貌。

3　所謂的東亞人的相互嫌惡感，當然包括中國、台灣和日本的厭韓以及中國和韓國的反日情緒在內，因此也應該對此加以分析，不過本稿沒能做到這一部分。另外，在分析中國因素造成的嫌中感情時，（若看最近的情勢）理當包括香港的例子，但這個課題只能期待下次機會了。

4　歷史學研究會編，《歷史學のアクチュアリティ》（東京：東京大學出版會，2013）。尤其受到其中序文和岸本美緒文章的啟發。

5　安致穎，〈評21世紀「朝貢論」〉，《慣行中國》，2016年10月號。（http://aocs.inu.ac.kr/webzine/app/main.php）

　　事實上，如眾所周知，以帝國這個語彙來稱呼中國王朝是近代的產物。為了結束清日戰爭，李鴻章和日本談判時，因應「大日本帝國」的稱號，為了提高國格而使用「清帝國」這個國名，自此之後即廣為傳了開來。另外在西洋的中國史研究者之間，從1920年代開始，也開始透過「帝國」這個用語來解釋中國史，到了1960年代達到巔峰，之後又慢慢衰退。但到了1990年代以後，又再次受到矚目，發生了所謂的「帝國的轉換（imperial turn）」。尤其是2001年9.11恐攻事件之後，為了說明美國掀起伊拉克戰爭等單獨主導世界秩序等霸權行為，「帝國」的概念再度成為眾人關注的焦點。之前帝國因為被視為是「前近代形態的概念」，長久以來沒能引起學界或論壇的興趣，後來才又重新受到關注[6]。不過通過帝國來眺望中國的工作，看來與因為美國的霸權而引起的思潮鮮少有直接的關聯。也許是對照衰退中（尤其是2008經濟危機之後）的美國，面對以大國姿態扶搖直上，甚至被稱為G2，在全世界地位不斷提升的巨大中國，世界對於其歷史的獨立性（乃至連續性）的關注，比任何時期都來得更高，在此過程中，「帝國」的概念也大幅增長成為主要的說明工具[7]。

　　所謂帝國的概念不論是否直接使用，又不論對帝國是持正向或負面的態度，都不是過去作為現代性指標之一而受到重視的「國民國家」，而是不單只是從（甚至具有後現代性格的）帝國的視角來討論中國的歷史，還包括討論現實和未來的思潮，筆者將之統稱為

6　歐立德，〈「帝國」概念的轉向及其對中國歷史研究的意義〉，「鳳凰網大學問」第267期（2015年12月15日）。（http://news.ifeng.com/a/20151215/46683983_0.shtml，2017年5月7日檢索）

7　拙著，《共生への道と核心現場：實踐課題としての東アジア》，頁11-145；《橫觀東亞：從核心現場重思東亞歷史》，頁121-156。

帝國論述。

作為廣域國家的帝國其特徵是包容和膨脹，帝國論述在狹義上是指重新檢視典型呈現這種帝國特徵的清朝，也就是「新清史」（New Qing History）的研究。不過ա擴張成為廣義的帝國論述，將傳統文化、習慣及制度應用到現在和未來中國的研究項目上。最近在中國內外受到關注的朝貢制度論、天下體制論、文明國家論等，都是代表性的例子。

以下將有系統地說明「中國因素（the China factor）」對互相嫌惡感所產生的影響。「中國因素」指中國的大國化和其影響力對其他國家的外交、內政和文化產生的影響，與對此的回應。雖然中國因素同時具有正負兩個層面，各國對此的反應也各有差異，在此主要採取的方式是探討並比較韓國、日本和台灣知識界對於中國帝國論述的因應。畢竟，這個論述乃是在了解中國因素上起作用的框架。

三、中華帝國論的東亞漣漪（1）：韓國的例子

2016年7月8日韓美兩國一發表將在韓半島部署薩德飛彈（THAAD，高空防御飛彈）的消息，馬上在韓國內部引起贊成與反對的爭論。尤其中國也以薩德飛彈事實上是（越過北韓）瞄準自己而發出譴責，逼迫韓國政府放棄部署。於是在費心想要在美國和中國兩大強國之間取得平衡的韓國內部，也展開了關於中國角色的論戰。

在2017年初大選過程中，薩德問題是總統大選候選人之間最大的爭論點。5月選舉勝選的文在寅總統上任之後，站在不讓親美政策被認為就是反中政策，或親中政策就是反美政策的線上，努力想要推動平衡的政策。不過，與其將重點放在政治、安保、外交上的爭

議本身，我想將焦點集中在如何看這些爭議的視角問題，主要是如何看待中國的爭論上。

例如，持保守論調的朝鮮日報2016年9月1日以「中國與左派東方主義」為標題，在署名編者的專欄中指出「薩德飛彈爭議的本質是有關韓國安保、對外戰略的「親中」與「親美」的路線對決」，並且批評、反問反對部署薩德的韓國左派是不是同意中國的「新朝貢秩序」。對此，進步的報紙韓民族新聞報（The Hankyoreh）9月7日署名編者的專欄反駁說，保守媒體和團體為挺身反對部署薩德的人貼上標籤，批評他們是「親中左派」、「親中事大主義」、「親中東方主義」都是無端的猜疑，並且明白指出「這些人將反對薩德說成『親中事大主義』，他們巧妙地掩飾著一個事實，那就是因為部署薩德得到最多利益的是日本右翼、美國軍需企業和韓國內親美、親日勢力」。

在像這種「親中」或「親美」的輿論炒作現實磁場裡，中國研究者也很容易被捲進去。上述朝鮮日報的專欄裡引用了中國現代哲學研究者趙京蘭的論文。趙京蘭主張西歐或日本的左派知識分子無法掙脫20世紀形成的所謂近代超克的「理念過剩」的慣性，並且寄託中國的帝國論來尋找世界資本主義的替代方案。他批評的焦點在於，他認為柄谷行人在將美國的帝國主義和中國的帝國作為善惡對立的工具之餘，還深陷「必須以中國的帝國來超克美國帝國主義的過度的目的性」裡，同時也指出在日本的中國研究系譜裡，這種潮流存在已久[8]。他想說的核心是，如果中國帝國論想要具有說服力，首先應該要正視中國現實的（經濟成長悖論的）眾多問題，也就是

8　趙京蘭，〈中國可以提供「帝國的原理」嗎：對柄谷行人《帝國的構造》的批判分析〉，《歷史批評》，2016年秋季號。

強調客觀的態度。不過,這樣的立場也只能站在(雖然還沒正式形成的)潛在論戰磁場的一邊,再加上雖然不是本人的意圖,但就像朝鮮日報專欄中引用的例子,可以想見的是,這甚至有風險鼓動了緩慢抬頭的嫌惡風潮。

在韓國,這樣的嫌中風潮至今(至少與日本相比)還不是那麼嚴重。幸好到目前為止,韓國不同於日本,書店裡鮮少有煽動嫌中論的大眾書籍出現,即使有,也不會特別受到關注。不過除了(上面提到的)薩德爭議(與其餘波──中國政府的限韓令)之外,中國人在濟州島的投資和觀光客的增加引發和當地人的糾紛,還有黃海上經常發生的中國漁船的攻擊行為,這些都會刺激韓國大眾自清日戰爭以來對中國負面的歷史記憶(韓國近代史上三種對中國認識類型之一的「卑賤的中國」[9]),並且容易挑唆起中國威脅論。這種大眾情緒如果被韓國部分的政治家或媒體在(因北韓核武等)惡化的南北韓關係上暗地裡再加以煽動,那麼中國威脅論就可能會更加擴散。近來大眾們尤其是年輕人對中國的負面觀感有逐漸擴散的跡象,這讓人感到憂心。

在這樣的現實裡,包括歷史研究者在內的許多分科的中國研究者們,總是被要求回答在中國威脅論、中國機會論、中國待望論[10]的

9　筆者曾將19世紀末以來韓國人對中國的認識分為卑賤的中國、作為改革典範的中國及作為勢力平衡軸的中國等三種類型。拙著,《思想東亞:韓半島視角的歷史與實踐》(台北:台社,2009),頁178-182;北京:生活・讀書・新知三聯書店,2011),頁214-219。

10　中國威脅論和中國機會論很容易理解,因此就不另外再做說明。中國待望論是指期待中國可以成為對於既有世界秩序或文明的解決方案。這種積極的立場,和將中國的大國化當作是機會、立場較為中立的中國機會論不同。當然這是單純的類型化,而且在現實上也是互相重疊的。

類型中究竟採取哪個立場，經常處於被壓迫的狀況下。但是要回答
這個問題並非易事，因為中國現實本身是流動的，不宜對不確定的
未來下某種斷定的判斷。尤其該過程有政治的利害關係介入，如果
急於下結論，會有很高的風險。

我們需要的是，即使對中國現實發言，與其對中國進行中的變
化做短期的分析和預測，不如樹立可以中、長期的眼光來掌握的認
識框架。對於必須推動在中國和美國兩大強國之間取得平衡政策的
韓國，中國的變化不能只是單純從中韓關係的視角來理解。這個問
題必須從和（包括北韓在內的）韓半島分斷體制糾結在一起的東亞
分斷結構（更進一步是世界體制）這個更寬廣的視角來掌握，同時
也與韓半島的發展戰略（grand strategy）直接相關。

顯而易見的，必須要具有這種認識框架，才能將逐漸在韓國擴
散的反中情緒或認識，轉換成為平衡的視角——即歷史的、結構的
視角，打開大眾溝通之路。

四、中華帝國論的東亞漣漪（2）：日本的例子

對於前近代的日本人而言，中國是通過古典書籍被理想化的規
範之鏡。中國是作為基本教養必須要學習的對象，即可稱為「作為
教養的中國」的形象。然而到了近代，尤其日本在清日戰爭取得勝
利後，中國就成為蔑視的對象[11]。從那時開始，對於中國的羨慕感
衰退並逆轉成蔑視論，這種中國觀已顯露無遺。此與日本遭扭曲的
歐化主義有表裡關係，不僅在帝國時代，在第二次世界大戰結束後，

11　中島隆博，〈教養としての中國：規範の鑑と蔑視の對象の間で〉，
　　頁123-124。

其內容雖然有改變，但作為日本人的中國認識系譜之一，這種認識框架本身仍然延續至今。不過，在帝國時代也曾有過想要克服這種蔑視觀的思想工作，這是我們不能忽視的事實。為了深入了解中國，將中國和日本視為對等的存在來與日本做比較，或者重新理解中國的民族主義，出現了結合一種追求日本改革現狀的革新取向的中國觀點[12]。然而，不論是何種門類的系譜，全都有一個共同點，那就是中國作為構成日本人認同的他者，在日本代現代史上擔任了重要的角色。今日這樣的情況依然沒有改變。

例如台灣・中國文化研究者丸川哲史就指出，日本媒體總是努力在和中國的比較中展現優勢，想要藉此消除1990年代以後出現的一種焦躁和不安感。這種情況最常見的形式就是強調深化中國是「沒有自由」、「不民主的」政治體制的印象。他也認為這就是嫌中論述或嫌中情緒在日本高漲的原因。

不過丸川哲史的主張核心是，這種形式的中國觀只是基於冷戰式思考（反共思考）的局外人觀點的產物，為了真正了解中國民主主義的問題，必須要確實掌握歷史的、內在的觀點，因為在中國內部對民主存在著自己的思考方法和慣行。中國的民主主義和民族主義是不可分的，其根源是生存權和保障生存權的分配結構的重組。丸川哲史批判說，無法確實掌握這個事實的人存在於中國內外，他們認為隨著中國的經濟成長伴隨市民社會形成的進展，以西洋型為範本的政治改革將會展開，同時還指責中國統治的不合理性[13]。

由於丸川哲史有這樣的觀點，所以他也對諾貝爾和平獎得主劉

---

12 更詳細的說明請參考松本三之介，〈近代日本の中國認識：德川期儒學から東亞協同體論まで〉（東京：以文社，2011）。

13 丸川哲史，〈日本媒體的嫌中和中國的「民主」〉，《日本批評》，6號（首爾：首爾大學日本學研究所），2012年2月。

曉波和簽名支持劉曉波的日本知識分子提出批判。日本思想史家子
安宣邦則站在與他對立的立場。

　　子安宣邦批評日本政府或大多數的知識分子沒有對中國政府打
壓劉曉波提出抗議且保持沈默，還說因為大國中國是不民主的一黨
專政國家，懷疑中國是否能成為一起實現亞洲和平的鄰居。儘管如
此，在無法確實了解中國面貌方面，日本人的中國觀是有其歷史淵
源的。子安宣邦主張，戰後親中國派知識分子們批評日本以冷戰下
中日關係為主軸的日本國家戰略，同時在人民中國（和亞洲民族主
義）中尋找替代之路，結果基於強力支持毛澤東的革命和人民中國
的中國觀帶來了「人民中國的特權化」，而且這種結果到現在還在
發揮作用，讓人習慣性地認同這個由一黨專政的國家官僚主導的資
本主義大國中國[14]。

　　兩人的對立也顯現在對於帝國論述本身的批評上。丸川哲史肯
定汪暉的論點，他將帝國經驗解釋成統合周邊許多政治、社會體制
不同且文化和風俗也不同的領域或政治體，使之與中國成為一體，
是一種具有彈性的關係模型。而且他還認為，其帝國性從1990年代
後期開始慢慢在中國大陸顯現出來，可以適用在與台灣和香港的統
合上。一言以蔽之，中國革命是從帝國的基礎出發的，而且也是根
據革命的手段想要恢復其廣大範圍的一種運動[15]。相反地，子安宣
邦則認為帝國經驗是「汪暉所說的依照『朝貢關係』式模型的『中
華帝國』式的統合，就是在中國共產黨一黨專政下，朝向具全體主
義式政治社會體制的經濟大國中國的統合」，「說繼承明清朝中國

14　子安宣邦，〈日本知識分子與中國問題〉，《日本批評》（首爾大
　　學日本學研究所），6號，2012年2月。

15　丸川哲史，《思想課題としての現代中國：革命・帝國・黨》（東
　　京：平凡社，2013），頁58、70、82。

的『帝國』領域的正統性，並且說與中華民族的復興有更強大發展
的現代中國，已經自認是帝國了」[16]。

像這樣，這兩位中國研究者之間存在著巨大的差異。儘管如此，
兩人還是可以找到共同點，即兩人都把中國因素直接與日本國內的
民主主義問題連結。丸川哲史斷定地說，沒有對日本自身的民主具
實踐性觀點的人就沒有資格談論中國的民主，子安宣邦也強調中國
和日本是藉由共同自我革新來尋找真正的亞洲連帶，以這種方式來
關注日本內部的問題。這樣的共同點，也清楚地顯現出中國因素與
戰後日本的民主主義問題糾葛的事實。結果兩人對於帝國論述不同
的診斷，可能也是源自於日本的民主主義觀乃至於發展戰略，或更
進一步地，是世界觀的差異。我們並不清楚這兩人的論戰在日本的
中國學界，甚至於在知識分子社會中具有何種影響力，不過作為可
以呈現出中國研究者的中國認識光譜之兩極的例子，其意義應該可
以獲得某種程度的肯定吧。

然而不同於這些研究者的中國觀，也有人認為，一般日本大眾
對於中國印象的惡化程度已經到了令人憂心的地步。有學者指出，
這種情況起因於部份人因為1990年代以來泡沫經濟的崩潰而喪失自
我，想要藉由美化過去來尋找內心的安定[17]。由於現實是如此，尤
其適逢中日建交四十週年，部分日本的中國研究者創立了「思考日
中新關係的研究者集會（新しい日中關係を考える研究者の會）」，
極力呼籲非暴力及克服排他性的民族主義。在他們看來，1972年中
日建交後四十多年的中日關係，是仰賴中日政府間高層的交易而

16　子安宣邦，《帝國か民主か：中國と東アジア問題》（東京：社會
　　評論社，2015），頁58、82。

17　井上正也、高原明生、服部龍二編，《日中關係史 1972-2012 I 政
　　治》（東京：東京大學出版會，2012），頁311。

成，因為沒能立足於堅固的制度上，很難視為成功而且也不安定，不過是「脆弱的成功故事」罷了[18]。

因為有這樣的認識，他們反省並且打算重新建構至今所推動的中日學術交流，同時認知到由研究者發送訊息給市民社會不該是研究者的專利，而提出要具體與市民合作的課題[19]。然而學術交流的重構和與市民的合作當然是重要的，但更要緊的是要關注到日本惡化的中國印象與中國惡化的日本印象之間有連動的關係。正因為此點，更有必要從東亞分斷結構（更進一步是世界體制）這個更廣闊的視角重新檢視中日關係。如此，才能確實掌握到日本人的嫌中論述和情緒，有煽動強化美日同盟邏輯[20]這種東亞分斷結構作用的樣貌。另外，在這種脈絡下，必須要討論中日關係，才能以批判的角度參與中國的帝國論述，同時「既是大國也是周邊帝國的」[21]日本的中國研究者，可以在中日之間獲得「間主觀性、共同主觀性」（intersubjectivity，在台灣譯為互為主體性、主體間性或互為主觀性）的獨特角色，就可以取得能夠發揮實質效用的現實基礎，而不只是在原則論層次上探討而已。

---

18 高原明生、菱田雅晴、村田雄二郎、毛里和子，《日中關係なにが問題か：1972年體制の再檢證》（東京：岩波書店，2014），頁132毛里和子的發言。

19 平野健一郎的發言「發題」，上揭書，頁2。

20 羽根次郎，〈論調七月〉，《週刊讀書人》，2015年7月3日。

21 川島眞，〈中國における國際政治研究の展開：「中國モデル」という課題〉，《國際政治》，第175號，2014年3月，頁111。

五、中華帝國論的東亞漣漪（3）：台灣的例子

　　不同於韓國或日本，在台灣「中國因素」這個詞彙正成為社會與社會運動圈的流行語[22]。如果我們把通常用（非兩國關係的）「兩岸關係」這種中立用語來表現的台灣與中國的關係，視為東亞分斷結構的一部分（小分斷），那麼在外部也很容易會認為，在當事者之一的台灣，「中國因素」會被視為理所當然。實際上，中國的影響力自1949年以來，經過冷戰和後冷戰直到今日，一直都在台灣持續產生著作用。關於中國的討論自然不少，但是在台灣強調台灣自我認同的社會氛圍很強，還是不能忽視台灣仍缺乏正面討論中國崛起的意義和效果的事實[23]。也許這是因為圍繞著和中國的關係產生了激烈的統獨論戰，在此過程中強調台灣獨立性認同的社會氛圍變強，才會如此吧。

　　然而，進入2010年代，「中國因素」被拿來用在以批判角度討論更能切身感受到的中國影響力，卻成為台灣論壇重要的爭議[24]。在此種氛圍下，也許對於帝國論述的抬頭出現排斥性的反應也是無可厚非的。作為證據之一，首先比較顯眼的是在台灣有種新思潮抬

22　曾昭明，〈歧路徘徊的中國夢：民族國家或天下帝國？〉，《思想》
　　第25期（2014年5月），頁25；陳映芳，〈國民身分差異制度與「中
　　國因素」：評吳介民《第三種中國想像》〉，《思想》第24期（2013
　　年10月），頁308。在大陸出身的陳映芳介紹了台灣和包括大陸在
　　內的國際性討論上流行的現象。

23　曾昭明，〈歧路徘徊的中國夢：民族國家或天下帝國？〉，頁25。

24　黃偉國，從「中國模式」到「中國因素」，學者文稿，2015年1月
　　16日（http://www.liberalstudies.hk/blog/ls_blog.php?id=2470，2017
　　年1月29日檢索）

頭，即拒絕從大陸發送的中國夢，對於台灣的「小確幸」，即日常生活中「雖然小但確實的幸福」卻充滿感激的心情。[25]（同時「天然獨」思潮也因為反映出最近台灣青年世代的心情而受到關注。）此與台灣人的本土意識相互作用，並且與反對兩岸特權階層獲得利益的情緒結合而發展成為社會運動，藉此造成了擴散「反中」論述和情緒的氛圍。

　　不過筆者首先想要關注的是這種反中情緒和認識的歷史因素。有關於此，有主張認為，在對於台灣人所經驗過的大東亞戰爭、抗日戰爭和國共內戰等一連串戰爭的認識框架上，敵視中國的集團記憶被延續下來，而這也在台灣社會內部造成區分本省人和外省人的分裂。尤其1990年代以後民主化和本土化同時展開，感覺到北京政府「侵略」台灣或有可能被「併吞」的威脅時，就繼承大東亞戰爭和國共內戰的戰爭架構，敵視北京政府，轉換成將台灣設定為戰爭主體的認知。這種看法可以作為了解反中意識淵源的參考。[26]然而，歷史根源深厚的反中情緒同時也有因台灣人的歷史成就而產生的自豪感作為後盾，這是我們不能忽略的事實。可以說對於過去藉由經濟成長的成果和民主化所達成制度上的、程序上的民主主義的驕傲，以及對於落實在日常生活中的自由和人權的感覺，形成其基礎。這也可以用「文明國家」台灣對「專制國家」中國的優越感來說明[27]。

---

25 據說小確幸是出自村上春樹的隨筆集《ランゲルハンス島の午后》（2002）。儘管「小確幸」這個漢字語彙在韓國是陌生的用語，仍以原來的漢字在韓國流行。

26 汪宏倫，〈東亞的戰爭之框與國族問題：對日本、中國、台灣的考察〉，汪宏倫編，《戰爭與社會：理論、歷史、主體經驗》（台北：聯經出版公司，2014），頁197-210。

27 其明顯的例子是台灣前文化部長龍應台寫給當時中國國家主席胡錦濤的公開信〈請用文明來說服我〉（2006年1月26日）。關於此

結果，「我們是台灣人，不是中國人」的想法成了台灣的民主化運動——2014年的太陽花運動是一個頂點——的原動力。而且，這種情緒或認識也讓許多年輕世代產生一種傾向，那就是他們認為「創業」是台灣可以成為中國發展模型另類方案的創意發想，同時也是台灣的驕傲和文明的表徵。（儘管這多少是無政府主義式的發展想像，然而它也強調小生產規模、當地生產，以及社會網絡作為發展樣式，希望能提供結合生產和人類生活樣態，以社會網絡的創意空間，作為小確幸的未來面貌。）

不過台灣人對大陸的這種自豪感，有時也會以輕視大陸政權和人民文明的態度呈現，並且容易在台灣激發出反中、恐中風潮，其中也有部分包括「排斥中國人」的傾向。對於中國的發展只具有「粗暴的共匪」乃至無法接受現代文明洗禮的支那人的印象，或將之比喻為蠶食台灣的「白蟻」[28]。像這種文明－專制的對立結構雖是冷戰的遺產，卻在後冷戰時期存續下來，這是因為面臨兩岸經濟統合的台灣具有特殊的經濟社會條件。即經濟統合的好處不僅不能讓台灣一般民眾受惠，還讓中下層階、中小企業及中南部民眾（所謂的三中）受到打擊。在新自由主義的獨占，國民黨特權階層以及中國巨大的軍、政經互相勾結的接合構造（articulation）對峙的局面下，反中、恐中的風潮也會擴散[29]。

（續）

　　更詳細的說明請參考白池雲，〈中國將成為怎樣的國家：看台灣香港問題的一種視角〉，《黃海文化》，2016年秋季號，頁15-153。

28　SEALDs，《日本X香港X台灣若者はあきらめない》（台北：太田出版，2016），頁192-193。曾為太陽花運動的領導人陳為廷參與對談的發言。

29　徐進鈺，〈兩岸可以和解嗎：和中國夢與台灣發展糾葛的對話〉，《歷史批評》，2016年春季號，尤其是頁175、182。

　　無論如何，這種對於台灣人歷史經驗的自豪感作為台灣人的共同認識，成為台灣人形成認同的重要因素，但這並不只是表現在小確幸的思潮上。挪用中國夢談論，認為只有台灣才擁有實現中國夢資格的論述也在抬頭。換言之，別說拒絕帝國論述了，反而（和以前不同）試圖以積極談論中華文化在台灣的方式加以重構，這點可以從有關「1949年禮讚論」的討論一窺端倪。

　　儒學研究者楊儒賓在去年（2015）出版的書[30]中，不將1949年中華民國敗退台灣看做是失敗或是恥辱，而從大中華歷史的脈絡上重新作有創意的解釋。1949年將中華文化帶到台灣，提供建設台灣主體文化的豐富內容和安定的場所，證明了中華文化（尤其儒家傳統）擁有發展（包括民主在內的）現代價值的潛力，同時反饋給大陸。台灣在傳承「中國夢」的同時，也擁有了可以開創的希望。一言以蔽之，讚揚1949年是歷史上中華文化反覆「南渡」的「終點」。

　　他的觀點的主幹是大中華歷史的脈絡，不難看出那就是超越作為現存政治實體的中國人民共和國或中華民國，即超越既有國民國家的框架擴張成為流動體的中華。儘管如此，他著重（與政治中國分離的）文化中國的主張，很明顯地一定會與台灣獨立派、自由派、國民黨、共產黨等光譜的各種文化政治立場產生衝突，成為一種爭論。無論如何，筆者將之視為帝國談論的台灣版本之一[31]。

30　楊儒賓，《1949禮讚》（台北：聯經出版公司，2015）。

31　台灣的張崑將評論1949年禮讚論說「本台灣以開中華」是重要的視角。張崑將，〈《1949禮讚》中的「中華禮讚」〉，《文化研究》第22期，2016年春季號。大陸的自由主義知識分子許紀霖評論《1949禮讚》說「在政治上兩岸分治，但文化上有『一中同表』的可能性空間」，並且展望「大陸與台灣携手，正在創造中華的未來」。許紀霖，〈雙向內在化的台灣文化與中華文化〉，《思想》第30期（2016年5月），頁298。

　　像這樣不論是想要創意地挪用中華帝國論述的1949年禮讚論，或是反駁它的小確幸論述，中國因素正在其中產生強力的作用，這是非常清楚的。在此，正面處理大國崛起以後的中國問題，並且突顯「中國因素」概念打開「新起點」而受到關注的[32]吳介民，他的觀點值得我們討論[33]。他將台灣一般既有的中國論述分成兩種，一種是將中國當作賺錢的對象，無批判地擁抱的中國機會論（第一種中國想像），另一種是害怕被合併或共產化，不分青紅皂白批判的中國威脅論（第二種中國想像），同時作為超越前兩種的方案，他也提出基於台灣人的現實感和進步價值的「第三種中國想像」。根據他的看法，由於中國已經非常接近官僚國家資本主義（有時也稱為「權貴資本主義」），在中國造成不平等的社會低層和環境污染，中國的國家官僚資本和台灣的獨寡占資本結成聯盟，在台灣社會內部產生很大的影響力。因此，現在台灣的處境來到了「主權受挑戰的民主國家」（sovereignty-contested democratic state）。台灣和中國為了完全擺脫這樣的困境，兩岸的公民社會必須形成連帶，展開社會運動，那時，期待台灣人可以藉由活用自己的民主經驗，掌握「價值高地」，在（非民族主義概念的中華民族的）文化政治概念的華語世界爭取「文化領導權」。

　　他的論述看來主要似乎是強調中國負面的影響力，想當然會立即被捲入激烈的爭論當中。他的論述的核心是對於「中國因素」——即通過中國國家官僚資本和台灣獨寡占資本的聯盟這種機制——對台灣產生的影響力進行批判。然而這個發想也成為被攻擊的焦

32　曾昭明，前揭文，頁42。

33　以下敘述是根據吳介民，《第三種中國想像》（台北：左岸文化事業公司，2012），頁數就不再一一標註。

點，因為他這種論點與他所批判的中國威脅論相去不遠，而且被囚封在台灣政治現實的框架中，這種中國想像只是膚淺地掌握中國現實。尤其「價值高地」和「文化領導權」的說法，也被批評說顯露出台灣人的傲慢[34]。甚至連中國因素論也被批評說是屬於一種將中國「惡魔化」的「中國陰謀論」架構[35]。

對於這類的批評，吳介民反問說，如果台灣無法擺脫中國，那麼在文化領域，尤其在所謂民主的價值上和中國競爭並且積極主張自己的存在感，怎麼說是傲慢呢？另外，他又說明說，不論在世界任何地方一定都是從在地觀點來看中國，自己從兩岸的脈絡來認識中國是理所當然的，並不是說台灣已經獲得領導權，而是提議兩岸公民社會在文化領域互相合作和競爭，並且共同對抗專制政治，這才是自己的本意[36]。

由於在此無法再深入探討有關第三種中國想像的爭論，筆者僅提出有關本稿主旨的一個意見來結束這個討論。筆者完全可以了解在與中國具非對稱關係的周邊社會談論中國時的困境，因此某種程度上可以認同他強調中國因素的問題意識。但是，如果要擺脫中國因素，在政治上更容易去依賴「美國因素」——或美國這另一個帝國論述——的東亞脈絡，是不能被忽略的[37]。在此有必要接受筆者

---

34 王超華，〈從更新台灣想像出發：讀吳介民《第三種中國想像》〉，《思想》第24期（2013年10月），頁274。

35 趙剛，〈危險的「中國因素」〉《隋大每月評論》（*Suida Monthly Review*）No.2，2012年12月26日。（http://wen.org.cn/modules/article/view.article.php/c12/3816. 2017年5月7日檢索）

36 吳介民，〈從台灣出發的中國想像〉，《思想》第24期（2013年10月），頁329、337-338。

37 從這點來看，吳叡人的觀點值得我們關注。提倡「進步本土主義」的吳叡人認為，2005年以後中國在世界展現新帝國主義的樣貌，對

一再強調的東亞分斷結構的觀點，唯有如此，對他所謀求的「經略中國」有所貢獻的中國知識的生產和傳播，才有可能出現。換言之，不只是在大學這個制度內生產，而是傳播到公民社會，和一般大眾好好共同討論的「健康又平衡的中國知識」[38]，他想要追求這種中國知識的努力，強化其在台灣內外的說服力之路，就在這裡。

六、再回到歷史的有用性！

如同已經在上述討論中顯現的，對於中國的嫌惡感，若更深入探討，各種觀察（作為帝國的）中國的觀點是與各社會內部的歷史爭議（更進一步是發展模式）相連結的。那麼，對於這種現象，歷史學究竟可以扮演何種角色呢？

人文學究竟是不是有用的這個問題所引發的爭論，已經在許多社會上被提出。筆者認為人文學有其有用性，並且也感覺到有積極加以說明的責任感[39]。對此已經有很多的討論，筆者想要將焦點縮

（續）

台灣進行「無血侵略」是其一環，他同時也對另一個帝國即美國提出批判。吳叡人，《受困的思想：台灣重返世界》（台北：衛城出版，2016），頁332-334。日本的台灣史研究者駒込武也很重視這一點，請參考吳叡人，〈黑潮論：台灣ナショナリズムとヒマウリ運動の歷史的政治經濟の分析〉，《思想》，2016年第10號，頁54譯者的解說。感謝駒込武教授介紹這個日文版本給我。不過，吳叡人也被趙剛批評說他的思考是「脫中入美」，即他最後的結論就是入「美國及其『大美利堅秩序』（pax Americana）」。趙剛，《「新右派」出現在台灣地平線上了：評吳叡人的〈賤民宣言〉》，《隋大每月評論》No. 10，2013年4月16日。（http://wen.org.cn/modules/article/view.article.php/c12/3816. 2017年5月7日檢索）

38 吳介民，前揭書，頁29。

39 在日本形成相關論議的對立可參考吉見俊哉，《「文系學部廢止」

小至歷史學的有用性，整理自己的論點。即，關鍵是必須可以說明
如何將歷史學的方法論應用在觀察世界的現象上。那麼，對於本稿
的關注焦點即東亞高漲的互相嫌惡感現象之一的反中論述與反中情
緒，作為歷史學者的筆者打算如何來談呢？

　　在本文的開頭筆者提到過以批評參與現實的方式，將社會實際
的議題當作學術議題，該學術議題再重新檢視社會問題，藉此展現
歷史學的有用性。作為其中的一個例子，關於對中國的嫌惡感，以
及在韓國、日本和台灣因此而發生有關（作為帝國的）中國的論戰
的脈絡、過程和差異，是我想討論的重點。這三個社會各自清楚存
在著熱度的差異，相較於台灣熱烈的爭論，韓國是位於潛在性的爭
論階段，日本則是顯露出部分的爭論。但是在這三個社會，中國因
素和說明中國因素的認識框架即帝國論述，皆引起了論戰，論戰又
與各自的發展戰略有直接的關連。另外，這三個社會還具有一個共
同點，那就是為了消除從中國因素所衍生的反中情緒和認知，都需
要平衡的中國知識，以及生產和消費這種中國知識的中國研究者和
大眾雙向的共同討論。

　　不過耐心執行這個工作的同時，如果想要超越恐中論或嫌中
論，我們就必須改變觀察歷史現象的框架。有關於此，筆者想起兩
位日本研究者的發言。一個是平野健一郎觀察日本反中情緒高漲的
中日建交四十週年所發表的省察性發言中流露的真摯。「我的研究
及教學的大半與1972年後乍看似穩定的中日關係時期重疊。在比較
安定的氛圍中，隨著知識的好奇心，享受了研究的自由。然而我有

　　の衝擊》（東京：集英社，2016）。以及室井尚，《文系學部解體》，
　　（KADOKAWA，2016）。筆者認為有說明人文學(長期上的)有用
　　性的責任，此點與吉見俊哉的立場相近。

一種反省和疑問，那就是這種自由也許是在中日恢復邦交之後的，一種虛構之下得來的自由。」[40]

　　另外我想到的是2012年在首爾舉辦的東亞地區歷史學者交流溝通平台的研討會上，山室信一介紹尾崎秀美時的發言且極力強調的提議[41]。他想起從那時起算的八十年前，尾崎對日本中國研究者們故意──為了謀求各自的利益或為了日本的大陸政策──放任大眾對中國認知的混亂而深感憂慮的事實，並且認為現在日本也存在著與這種情況相同的脈絡。為了克服這種認知上的混亂，他極力主張要掙脫「主題或方法論的細分化這種死巷」，「設定共通的課題」和「分享分析的概念」要能優先得到彼此的諒解。筆者積極呼應山室信一的這個主張，因此筆者想要提出自己所關心的東亞分斷結構這個認知框架[42]。前面在探討韓國、日本和台灣的討論時已強調過其重要性，以下將簡單介紹其重點。

　　東亞分斷結構是根據韓國部分學者們所提出的「東亞分斷體制」論的問題意識，不過筆者也有一些變造。至今為止啟動東亞分斷體制的地緣政治上的緊張、政治社會體制上的異質性以及歷史心理上的隔閡等三種因素之中，筆者打算從歷史心理隔閡的角度，對東亞分斷結構進行概念化，這是筆者的「東亞分斷結構」的發想[43]。

40　平野健一郎，〈發題〉，前揭書，頁2。

41　山室信一，〈曼荼羅としての中國─日本からの眼差し〉，東北亞歷史財團編，〈連動的東亞文化〉，《歷史空間》（2017）。

42　當然，作為另外的認知框架，像「國民帝國」論一樣，不單獨掌握國民國家論或帝國論，而以複眼方式來看新的概念，雖然有更深入探討的價值，但在這裡還擔待不起，覺得很可惜。請參考山室信一，〈國民帝國論の射程〉，山本有造編，《帝國の研究》（名古屋：名古屋大學出版會，2004）。

43　即使在全球去冷戰的狀況下，東亞地區仍延續著由大分斷體制，即

　　東亞分斷結構重視在過去一百多年間形成的「中國與其餘地區」以及「日本與其餘地區」之間存在的歷史感覺和認識論層面上的分斷線。東亞的歷史心理上的隔閡和自清日戰爭以來的殖民和冷戰歷史經驗重疊，不斷地擴大再生產，至今還發揮著影響。日本帝國推崇西歐近代化（即富國強兵）成功之後，中國革命可以稱為「後進」（中國）對於「先進」（日本）的的抵抗，這個過程所造成的歷史觀或認同的深刻差異，將使這個地區心理上糾葛和情緒上的分斷一直持續下去。

　　在東亞所形成的歷史感覺和認識論的分斷結構，隨著不同時期地緣政治上的緊張或政治社會體制上的異質性結合樣貌的變化，產生了節奏性的變調，在其過程中，互相嫌惡感和其基礎即觀察中國的視角，也一直呈現出曲折。自1990年代以來，東亞分斷結構雖然已經進入解體的階段，但至今仍沒有穩健的替代方案。在此情況下，近來甚至有人提起「新冷戰」，面臨危機的狀況，正煽動著互相嫌惡感的發生。在東亞，雖然把重點放在刺激互相嫌惡感的因素之一的「中國因素」上──另一個是「美國因素」（以及其下層夥伴「日本因素」），但本稿無法進行具體的討論──不過有系統地來認識作為互相嫌惡感啟動框架的帝國論述的脈絡、過程及各社會發現的差異，而且通過這樣的認識將互相嫌惡感歷史化、相對化，也許這

（續）────────────

中國與美日同盟之間的分斷，以及既與這種地區層面上的大分斷緊密相連，又具有其獨立性的小分斷體制（韓半島的分斷、中國的兩岸關係、越南分斷、日本和沖繩的分斷等）構成的重疊結構，東亞分斷體制論就是從宏觀的角度來說明這一重疊結構的概念。不過筆者儘管對東亞分斷體制的問題意識有相當部分的同感，但至今仍對全面接受持保留態度。因此，筆者還是偏好「東亞分斷結構」的發想。對此更詳細的說明，請參考註2的拙稿，頁99-101、108。

才是有確實利用到歷史學方法論上的特徵[44]，同時以批評方式參與現實，說明了歷史學的有用性。在進行這種工作的期間，歷史學者也將對自己營造的日常生活現場，進行自我批判式的省察。

這種歷史學的效用並不只是單純的功能上的實用，而是繼承了「實學」精神[45]。筆者之所以在本稿以現在自身迫切的問題，即互相嫌惡感和帝國論述為中心，嘗試對東亞的現實進行系統性且實踐性認識的工作，就是因為筆者相信這是以創造性的方式繼承實學的精神，而且這也是成就歷史學嶄新一面的方法。經驗歷史的效用，不單只是停留在學界內部，和一般大眾共享之時，讓歷史性的思考日常生活化的「做歷史（doing history）」也會擴散開來[46]。這樣即使無法馬上引起巨大的社會變化，仍可以阻止為了使現實政策正當化而（以單純化或誤導的方法）擴散過去的神話化或假設。本稿如果可以得到以下引用文中霍布斯邦所說的「拿掉或稍微抬高眼罩」的效果，那麼對於在文章最前面所引用的馬克・布洛克「歷史有什麼用」的問題，應該是有稍做了說明了吧。

---

44 對於歷史學方法論上的爭論和其適用於公共政策上的可能性，請參考 Simon Szreter, "History and Public Policy," in *The Public Value of the Humanities*, ed., by Jonathan Bate, Bloomsbury, 2011, pp. 223-224.

45 參考東亞地區歷史學者交流溝通平台國際學術會議，「東アジアにおける歷史認識と歷史教育：人文・社会科学の課題と可能性」（京都：2016年11月4-5日）山室信一的論文，〈歷史學和人文、社會科學的現在，以及期待的視域〉（後來收錄在《東方學志》，第178輯，2017）。他在這篇發表文章中說明，實學是批判既有的學問或學術制度，主張要將自己的學問放諸社會，具有用性及有意義性的學問，一直是作為一種「對抗學知」而被提出的概念。

46 對此的說明請參考拙著，《共生への道と核心現場：實踐課題としての東アジア》，頁220；《橫觀東亞：從核心現場重思東亞歷史》，頁252。

煽動的歷史和作為意識形態的歷史內裝著將自己正當化而成為
神話的傾向。就像近代民族與民族主義的歷史所證明的，沒有
比這個更危險的眼罩了。

努力想要拿掉這樣的眼罩，或至少稍微抬高或偶爾掀起眼罩，
這是歷史學家的任務。如果能夠這麼做的話，就可以讓當代社
會看清一些事物。[47]

　　而且，對產生這種效果的歷史學魅力的見證可以在大學制度內
外持續下去之時，面臨經歷全球性的、區域性的、單一國家層次的
三層危機情況的歷史學，將以「法古創新」的人文學獲得希望的動
力，這正是邁向具「批判性運動」特性的社會人文學之路。

　　白永瑞，韓國延世大學史學系名譽教授。著有《中國現代大學文
化研究》（1997）、《東亞的歸還》（2010）、《社會人文學之路》
（2014）、《思想東亞：韓半島視角的歷史與實踐》（2015）、《橫
觀東亞：在核心現場重思東亞歷史》（2016）、《共生への道と核
心現場》（2016）等書。

47　Eric Hobsbawm, *On History*（London: Abacus, 1998）, p. 47.

思想訪談

思想與治學的取向和方法：
林毓生先生訪談

范廣欣

引言

　　2010年6月和2011年5月我在威斯康辛大學麥迪森校區歷史系以治學的經驗與方法爲主題多次訪談林毓生先生，本訪談便是在這些當面詢答的基礎上完成。訪談之前林先生建議我先細讀他的兩本文集《思想與人物》和《政治秩序與多元社會》作爲準備。我根據文集設計了一組問題（見文後附錄），先呈交林先生審閱，再約時間訪談。閱讀林先生的著作，再跟林先生交談，好像跟他上了一門專題研究課（independent study），使我對他治學的取向和方法有了比較深入的了解。訪談涉及許多有趣的話題，事後根據錄音和筆記整理時，爲了突出主旨，與方法不直接相關的內容只好忍痛割愛。我對答問的次序和內容也做了一些必要的調動和整合，並適當添加注釋幫助讀者了解有關問題提出的背景，整理過程也參考了林先生一些最新的文章和演講，所以現在的訪談稿並不完全是對當時情形的記錄。初稿2012年12月完成，林先生肯定我花了不少心力，覺得訪問稿基本可用，同時也想找時間親自做一些修訂。2017年6月林先生託他的學生將修訂稿轉交給我。訪談從醞釀到最後定稿整整七年的時間過去了，但是，人文社會科學治學方法的問題並不容易過時，希望以下文字可以幫助好學深思的年青學者解決一些困惑，少走一些不必要的彎路。

關於方法論的偏頗和誤區

范廣欣（以下簡稱范）：您如何看待方法論？一方面您對方法論和所謂「科學方法」抱有懷疑，另一方面您多次提到您所受的方法論的訓練，治思想史也非常講究方法。您指出，韋伯談方法論，是爲了糾正偏頗[1]。這樣糾偏的工作是否仍有現實意義？您要糾正的是什麼樣的偏頗呢？

林毓生先生（以下簡稱林）：我在方法論上的基本態度希望自己跟讀者免於五四以來形成的偏頗和誤區，尤其是實證主義和科學主義。實證主義的前提是只有感官接觸的材料才是實在的，否則便是情緒，追求真理只能從實在，而不能從情緒出發。科學主義源於由於科學進步所產生的自豪感，對科學的內涵却多有誤解。

與西洋接觸以來，中國人發現對手不僅有強大的武力，而且有複雜而深刻的文明，不能迴避，但是了解很難。根據人類學的觀點，當兩個文化接觸時，被衝擊的文化不可能平衡地接受強勢文化，往往先入爲主的因素使它容易接受與自身相承的部分，因而不可避免具有選擇性。比如考據學的發展曾經包含了若干科學的傾向，到晚清却流於瑣碎，缺少思想活力，這個衰落中的傳統却成爲中國人接

1　林先生在〈中國人文的重建〉一文中介紹韋伯寫作方法論的理由：「（一）、他有關方法論的著作，不是爲了強調方法論的重要而寫；（二）、他覺得一些人的研究已經誤入歧途，他底有關方法論的文章是爲了矯正別人的錯誤，使他們更能清楚地知道他們工作的性質而寫的。至於個別的重大與原創問題的提出，以及如何實質地解答這些問題，不是方法論所能指導的。」林毓生，《思想與人物》（台北：聯經出版公司，1983），頁45。

受科學的本土資源。事實上，中國知識分子往往用考據理解科學，
胡適這方面的傾向很強。

什麼是科學？科學的關鍵是立足於科學傳統，發現原創性的問
題，提出正確的假設。科學的發展最重要的來源和動力是演繹法，
即通過邏輯方法推衍正確的假設，所以問題的豐富性與原創性至關
重要。19世紀科學方法論的大師英國經濟學家杰方思（W. Stanley
Jevons）著有《科學原理》。其核心論點爲，科學方法包括演繹法
和歸納法，「歸納法是演繹法的反面運作」（「Induction is the inverse
operation of deduction」）。這句話，所有五四學者都沒看懂。科學
與玄學論戰，兩個主要人物丁文江和張君勱都根據《科學原理》，
他們英文都不錯，卻讀不懂這句話。以下是這句話的正解。歸納是：
不是演繹的演繹。科學發展的真正動力，是先產生真問題，它導出
正確的假設，再根據這個假設尋找證明材料。沒有正確假設，世界
上各種相關性的東西太多，通過歸納不能找到答案。科學家必須有
見識（insight），真知灼見導致科學家產生新的正確問題，正確問
題導致科學家尋找材料，證明該問題不僅是好問題，而且可以找到
答案。如果僅僅基於各種歸納，科學家不可能出成果。所以說，歸
納是：不是演繹的演繹。

范：可不可以這樣理解，歸納法首先是對正確假設的演繹？先
有正確的假設，再根據正確的假設在林林總總複雜的關係中選擇一
個有一些意義的關係作爲因果關係，再通過歸納加以證明。

林：對。五四知識分子包括胡適和丁文江等人對科學的理解都
錯了：他們認爲科學建基於實證和歸納法。我在台大主要是受這些
思路的影響。台大歷史系當年的風氣是實證主義和科學主義，中國
史的老師很多都在做考據。遇到殷海光先生，我才明白，要解決中
國的問題，必須對問題本身有系統理解。這一點，光靠考據是不可

能達到的。

范： 系統的理解，讓我想起意識形態，因爲意識形態是往往最系統的。您可不可以稍加解釋科學的系統與意識形態的差別？

林： 意識形態與非意識形態的區別在於其對外封閉程度。意識形態的確是因應某種現實需要而產生的系統。特點是基於假定，推衍出理論，對內有系統，對外封閉，不接受系統之外相反證據和邏輯的挑戰。按照其封閉程度不同，可以分爲強勢或弱勢意識形態。強勢意識形態完全封閉，成爲政治宗教，動輒訴諸前提，與現實完全脫離。科學的系統是開放性系統，不可能封閉，不可能與現實分離。科學的傳統是一代代相互替代和進步。除非科學主義，把科學當作宗教崇拜，譬如五四知識分子就是這樣，其實質是宗教，而不是科學。不是所有宗教都封閉，但是有些宗教特別封閉，比如原教旨主義（fundamentalism）。總而言之，系統不保證正確，越封閉，越錯。

范： 您現在如何看待當年所受方法論的訓練呢？

林： 回到方法論的問題。台大的教育令我不滿足，因爲即使殷先生也受實證主義影響。直到就學於芝加哥大學社會思想委員會，經過複雜的奮鬥過程才脫胎換骨。但回想起來早年所受方法論訓練，也不無裨益。殷先生尊崇邏輯實證論，強調語言要清楚表達思想，他的教誨令我對觀念比較敏感，對文字敏感，對矛盾不矛盾敏感。正式討論學問方面，我的長處主要來自社會思想委員會和史華慈先生的影響。

凡是有成就的學者，如果他有大問題，有資源，有才能，有好的老師和朋友討論，不必然需要方法論的背景。因爲方法論是形式（formal）的，再學多少形式，與實質問題（substantial question）也沒有多少關係。而且有才能的頭腦，自然知道矛盾，不一定非要

學方法論才行。方法論作爲形式，並不必然幫助實質思考。相反，有資源的學者，自然而然可以找到適合的方法。

個人關懷、支援意識與問題意識

范：您剛才提到在美國求學使您「脫胎換骨」，可否與我們分享您在芝加哥大學社會思想委員會的訓練，尤其是您的幾位主要老師和學術前輩，如何影響了您的思想取向、思想模式和研究方法？比如哈耶克談「個人關懷」與知識追求的關係應該如何理解[2]？

林：真正的原創貢獻都與個人基本關懷有關係。如果一個學者或思想家，沒有個人關懷，「爲學問而學問」，他的學問很難變成深刻、原創的系統。個人關懷，不是偏見，而是一個人所執著的艱深的問題。這個問題與他個人的生命和成長的時代都有關係，不是人云亦云。解答這個問題非常艱難，因爲首先要滿足學者自己的要求，解決個人的困惑。反思的成果與問題的潛力有密切關係，越有內涵的問題，越重大、越複雜的問題，經過反思越能產生系統的想法。因爲只有重大而原創的問題，才能推動系統性的理解，只有系統性的理解，才能產生系統性的解決問題的辦法。最深刻的思想家都有困擾一生的大問題。比如阿倫特真正有個人關懷，身爲德國猶太人，她關心的是爲什麼一戰以後希特勒靠迫害猶太人起家。這是關係20世紀人類文明的大問題，牽涉到種族主義、民族主義、共和主義和自由主義的互動，牽涉到西方公共秩序的沒落。她追問猶太人是否要爲自身的悲劇負責任，因爲他們只參與社會經濟，而不參

2　我本來擬的題目將personal concerns 譯爲「個人感受」，林先生提醒我改譯爲「個人關懷」。

加公共（政治）生活。

康德哲學與個人關懷也息息相關，小時候他的母親爲照顧鄰居而染病身死，這一經歷促使他形成一生的大問題：一個好人道德的來源是什麼？什麼是道德？

范：博蘭霓所謂「集中意識」與「支援意識」關係如何[3]？兩者有無可能互相轉換？如何培養「支援意識」？「個人關懷」與「支援意識」的關係應該如何看待？

林：「互換」有語病。「集中意識」就是「集中意識」，當它作爲「集中意識」的時候，當然不能與「支援意識」互換。可是當它作爲研究者背景知識與技能的時候，它可能變成研究者「支援意識」的一部份。下面我試著用個人的研究經歷解釋一下二者的關係。讀韋伯方法論並未真正使我掌握高明的方法。但是回想起來，我的

---

3 林先生在〈什麼是理性〉一文中指出：「思想中的意圖與關懷用博蘭霓（Michael Polanyi）的話來講是『集中意識』（focal awareness），我們意識中有一個集中點。另外一層是，在我們思想的時候，往往受了我們在潛移默化中所受的教育的影響，用博蘭霓的名詞來講，是受了『支援意識』（subsidiary awareness）的影響很大。一個人在思想的時候，雖然他在想他的意識中集中要想的東西；實際上，後面的根據是他過去在成長過程當中，一些經過潛移默化所得到的東西。」林毓生，《思想與人物》，頁67-68。另外，他解釋社會思想委員會的經典教育對「支援意識」的培養：「經由當代傑出的思想家們親自指導和在他們的耳提面命之下，與具體的經典相接觸的過程是一個能使得自己的『支援意識』在潛移默化中增進靈活性與深度的過程。當研讀原典的時候，原典的內容是自己『集中意識』的一部分；但當自己專心研究自己底問題而這個問題表面上與過去所研讀的原典並沒有直接關係的時候，當初與研讀原典有關的那部分『集中意識』便已轉化成爲『支援意識』的一部分，『支援意識』因此變得更爲豐富而靈活，由這種支援意識支持下的研究工作自然比較容易深入。」林毓生，《思想與人物》，頁303。

著作受韋伯影響非常大而當時不自覺。當時面臨的研究問題非常複雜，爲追尋問題的解答產生巨大的焦慮（anxiety）和動力，使我全心全意投入到研究過程中而不知道自己受了韋伯的影響。這就是支援意識的功能，潛移默化。我在社會思想委員會各方面的訓練，表面上與我後來的研究一點關係都沒有。浸潤在西方傳統中，離中國非常遠。讀柏拉圖、康德、韋伯、哈耶克、阿倫特，通過潛移默化產生的資源，原本不是爲了應用，但是追求問題的焦慮支配著我，逐漸彙聚成思路，由模糊變清晰。研究問題，不是根據方法論套公式。方法論不能證明假定，只能從假定出發。我的幾位老師，比如哈耶克、博蘭尼，都曾在他們的著作中著力反對科學主義、實證主義。他們都有大建樹。

范：如何形成深刻的問題意識，提出並思考重大與原創的問題？如何通過嚴格訓練培養「支援意識」和「未可明言的知識」[4]？ 社會思想委員會的教育如何回應了上述問題？如何幫助您研究中國思想史？與歷史系的教育相比，其長處在哪裡？

林：問題意識是支援意識和個人關懷互動的結果，很難用公式闡述。洞見是主觀還是客觀？科學主義和實證主義對主觀、客觀的區分特別機械（主觀即偏見和客觀即正確）。人的想法、困惑，大都要求解答。結果存在兩種可能：一種可能沒有解答；另一種可能，

4　林先生在〈中國人文的重建〉一文中指出：「在真正的人文世界與科學世界中，研究與創造活動的關鍵是博蘭霓所提出的『未可明言的知識』。（博氏更喜歡用『未可明言的知』(tacit knowing) 這個具有動態的術語來表達他的意思。）這種『未可明言的知』並不是遵循形式的準則可以得到的。『未可明言的知』是否豐富、有效，與『支援意識』是否豐富和深邃有關。」見林毓生，《思想與人物》，頁42。

問題帶來洞見，其理論潛能比你期待得還豐富。這是主觀還是客觀呢？博蘭尼指出，真正的洞見既是主觀，又是客觀。洞見是個人的知識（personal knowledge），是個人生命的一部分，但是真正的洞見具有客觀有效性，證明出來可以解釋許多客觀現象。所以關鍵不是區分主觀和客觀。關鍵是，如何產生好問題？追求知識的動力往往是個人的。需要許多資源，需要潛移默化，需要有獨立的精神，還需要客觀的機遇。我在社會思想委員會主要研讀西方經典，而不是當時流行的社會理論。現在看來，經典裡有資源，每部經典就像一棵大樹，讀熟了，讀多了，樹與樹之間自然連成森林。資源的建立，有許多機遇，許多曲折，不能輕易獲得。比如讀經典，由權威的老師指導，對經典要懷有敬意，隨隨便便討論難以獲益。

　　社會思想委員會特色在於「在自由中的探索」（「adventure in freedom」），不保障一定能培養出人才。其課程比較容易配合一類很特別的學生，他們性格比較成熟獨立、思想和學問均有一定基礎，而不是功課很好、循規蹈矩那種學生。社會思想委員會的特點是沒人督促，學問上却要求嚴格，老師個性強。另一特點是社會思想委員會強調讀經典，這一方面學生沒有多少選擇自由，柏拉圖《理想國》和莎士比亞四大悲劇中的一部或兩部必須選入書單。這是爲了給學生打基礎，一個遠離當下研究興趣的深厚的思想基礎。我研究魯迅所提出的問題，與當年讀柏拉圖、杜斯妥也夫斯基和莎士比亞都不無關係。社會思想委員會與歷史系不好比，不是當前西方教育傳統的一部分，而要有特別的機緣才行。要資金，要集中不少第一流的大思想家，要社會和學校大環境允許存在。

思想史的方法

范：您用「比較思想史」界定自己研究近現代中國思想的方法。什麼是「比較思想史」？跨越時空、文明的比較如何可能？能否簡單介紹「比較思想史」的由來和代表性成果？

林：人類不同文化，從細處講區別不少，但是共同點很多。比如每個社會發展到一定程度，都有國家產生，少數人獲得可以統治很多人的手段。如何面對政治權力？這是人類社會都要處理的問題。儘管差異在不同環境中愈來愈發展，人類社會基本的共同點不能否定。這是比較思想史的基礎。

比較思想史的重要人物首先是韋伯，他對現代性（modernity）有深刻的探索與洞見。《新教倫理與資本主義精神》是第一本真正比較思想史的著作。我受韋伯的影響相當深，我問基本問題的方式是韋伯式的。史華慈的嚴復研究是明顯的比較思想史，他根據嚴復對西方若干重要文獻的翻譯和評論，拿嚴復重要的觀念，如自由、民主、富強、國家、民族主義等，與這些重要文獻所包含的西方大思想家本人的想法作比較。史華慈在哈佛大學研究中國，占據主流位置，他這本書讀者很多，誤解也不少。我的《中國意識的危機》是不明顯的比較思想史。因為除了注釋介紹了一點背景（由於採取比較思想史方法而產生特殊的問題意識）以外，正文主要處理的是中國近代特有的危機。

范：與其他思想史研究相比，什麼是「比較思想史」不可替代的長處呢？

林：大部分歷史學家跟史華慈、韋伯的問題意識不一樣。韋伯理論性強，多數歷史學家本能的覺得他不是歷史學家。韋伯認為歷

史問題必須是獨特的，他以研究歷史的獨特性作為歷史學家的學術
工作，而多數歷史學家關懷歷史傳承中的問題，小者拘於細節，大
者關懷一個國家一個文化與其他國家、文化的共同點、一般性。比
如，中國史的學者會問近代何時開始？某種制度、某種思想因何產
生？極少問，根據一些標準，中國近代特別糟糕，國家不像國家，
原因在哪裡？是人本身的責任嗎？嘗試解釋其中原因的少數人，或
者像魯迅，講中國人的劣根性，淪爲意識形態，或像新儒家，講
儒家文化爲中國人提供了自由民主的資源。很少人既充分意識到中
國近代的危機，又致力於探討其特色。中國近代遭遇的危機，是一
般非西方國家進入現代社會所經常遇到的危機？可以與其他國家的
經驗比較？還是這一危機已經獨特到不太容易比較的程度？討論中
國大轉折真正有系統的理論架構，也許我所提出的「深刻的秩序危
機」的理論有一點貢獻。這一危機的背景是極端統合的中國傳統政
治秩序，即以天子制度或者說普世王權（universal kingship）爲核心
的一元論。中國文化所彰顯的烈士精神、內在超越和道德實踐，均
不能挑戰該一元論。同時，一元論籠罩之下，大多數社群的精英統
合於政治體制之內，當然，也有例外與反抗，但力量不大。

范：韋伯當年提出「歷史的獨特性」是要解決什麼問題呢？對
您研究中國近現代思想有何啓發？

林：你問的是非常大的問題。正如阿倫特指出，縱使在細節上
出現了一些現在已經改正的差錯，韋伯至今仍然是唯一的一位、以
他獨特方式提出了其深度與相關性正與其重要性相符的現代性問題
的歷史學家[5]。韋伯提出「歷史的獨特性」就是要討論現代是怎麼來

5   "Max Weber，who despite some errors in detail which by now have been
      corrected, is still the only historian who raised   the question of the

的。我關心的是我們中國的「現代」是怎麼來的。中國的現代來自大解體，大危機。因爲傳統高度統合，缺少辛亥革命式的危機，維持幾千年，基本結構沒有變，秦漢以來以天子制度爲中心的政治、社會和道德秩序沒有變，各種新問題的提出都是爲了維持這一秩序。總的來講，中國傳統所提供的資源相當單薄，不能有效而徹底處理現代社會的複雜問題。這是近代危機的根源。作爲中心的天子制度一旦崩潰，統合於其中的社會制度和道德、思想、文化制度便隨之解體。秩序解體之後產生「真空」，需要填補，因而產生極強的需要和焦慮，要恢復一元秩序。共產黨理論有很強的訴求，既可爲道德、政治、社會的改造、實現經濟平等、打倒帝國主義等多方面目標提供資源，又統合在列寧黨一元領導之下。這是共產黨成功的歷史性——我不願意用必然性，因爲歷史很多時候有偶然性，但是共產黨的成功的確有很強的理由可以解釋。

　　范：您迴避講必然性，但是認爲共產黨的成功的確有很強的理由，即傳統的失序，傳統的一元需要新的一元來代替。這是不是就是您關於韋伯「理想型／理念型分析」那篇講演所說的思想理念的東西可轉化爲現實[6]？可不可以說，傳統一元被共產黨現代一元替代的過程中，某一種觀念的力量變成現實？

（續）————————————————

　　modern age with the depth and relevance corresponding to its importance." Hannah Arendt, *The Human Condition* （Chicago& London: University of Chicago Press, 2018）, p. 277.

6　林先生關於韋伯ideal-typical analysis 的介紹，見林毓生，《政治秩序與多元社會》（台北：聯經出版公司，1989），頁63-65。另參見史若瑤整理，林先生2009年9月23日在北京大學題爲「如何形成問題意識——韋伯理想型／理念型分析三定義」的講演，http://economics.cenet.org.cn/show-2206-33322-1.html，2017年11月19日登入。

　　林：中共的立場多次變化。不過中共真正的認同是自我認同。
可參見拙文〈二十世紀中國激進化反傳統思潮、中式馬列主義與毛
澤東的烏托邦主義〉，林毓生主編，《公民社會基本觀念》（下卷）。
（台北：中央研究院人文社會科學研究中心，2014，頁785-863）

　　范：究竟什麼是思想史中的「理念型分析」？爲什麼您認爲韋
伯的《新教倫理與資本主義精神》是此類思想史的經典[7]？「理念型
分析」對您的研究有何啓發？

　　林：韋伯講ideal type經歷了幾個階段。最初ideal type是講
generalizing ideal type。他說ideal type是一種思想的抽象觀念，本身
具有烏托邦的特點，與現實不可能吻合，然而了解現實必須通過這
樣的觀念，因爲這樣的觀念，不能反映現實，却可以帶領我們去了
解現實，看現實與觀念相比有多遠或多近。比如資本主義這個概念，
同任何一個資本主義社會的實際運作一定是有距離的，但是可以充
當思想分析的工具。另一種是individualizing ideal type，即用一個
ideal type分析一段特殊的歷史，他並沒有說清楚這種ideal type是否
烏托邦。

　　《新教倫理與資本主義精神》的分析實際否定ideal type的烏托
邦性質。這一階段，韋伯強調以觀念帶領了解歷史事實，如果觀念
反映的不是事實，那麼觀念如何導致韋伯們作激烈的道德判斷
（moral judgment）？韋伯在書中的思想史分析，指向歷史真實，並
對資本主義興起與新教倫理的關係的歷史後果進行强烈批判。因爲
新教倫理具有極強的超越性，才能提供強大精神力量，幫助人克服
種種艱難困苦，進入資本主義系統。

　　後來，韋伯在1915年寫了一篇重要文章，美國學界稱爲

7　見林毓生，《政治秩序與多元社會》，頁64。

" Intermediate Reflection "。他在《比較宗教》印度部分寫了一段反思，他指出ideal type在某些歷史條件下可以極爲重要的方式出現過。我寫完魯迅的分析以後，才真正注意到這篇文章。只有自己的想法發展了，才會注意到以前看過却忽略的東西。爲什麼呢？當你獲得了特別的見識以後，這個見識就反客爲主，産生很大力量，帶領你，推動你，在理念型分析帶領下産生系統解釋。

　　范：最後還想請教您，比較思想史和歷史的獨特性是什麼關係？

　　林：歷史獨特性是通過比較發現的。韋伯的書討論的是新教倫理。加爾文教派强調人做善事沒用，人唯一的能力在做上帝的工具，只在光耀上帝。這一點特別「不合理」。相比之下，路德教比較合理。信神的目的往往在於帶領進入超越境界，解脫人間的苦難。一般宗教多有報償（reward）成分。加爾文教派認爲沒有。信仰不必然導致得救。要求報償是對上帝的侮辱，因爲有限的人不可能理解無限的上帝。韋伯通過這一點解釋加爾文教派提供的精神力量如何影響資本主義的興起。這一教派即使在基督教系統中也是完全獨特的，正因爲如此，才能産生特殊的力量。韋伯發現加爾文教派的獨特性及其能爲資本主義興起提供系統解釋，是自然演變的結果，而不是預先有一個方法論，再去研究問題的。

　　我注意歷史獨特性，既得益於韋伯，也得益於史華慈長期的教導。史華慈在爲《中國意識的危機》所寫的序言中提到，非西方各國都受西方强勢文化的極大影響，只有中國産生激烈的反傳統運動。日本、印度的主流都是要通過復興傳統文化（neo-traditionalism），來回應西方衝擊。韓國傳統結構也變動不大，引入基督教並未根除儒家思想。日、韓都是東西兩個文化並存。中國人中的激進人士不但不能接受，反而從一元論（unified system）出發，認爲東西並存的模式淺薄。

後記

　　整個訪談涉及三個部分，分別檢討方法論的誤區、正面闡述赴美留學以後在治學經驗與研究方法上的得益以及介紹思想史的方法。第一個部分是理解林先生治學的經驗與方法的關鍵。當初劉笑敢教授建議我訪談林先生時，給過我一份關於杜維明先生的訪談稿做參考，那個訪談的主題是「人文學科的方法論」，所以我最初以爲方法論也是我們這次訪談的主題[8]。可是，讀了林先生的文字我才知道，他感興趣的不是正面闡述某種方法論，而是揭示方法論的誤區，以糾正近代以來中國人在這方面的偏頗。他反復強調的是，任何方法論都不能保證精彩的研究，另一方面，錯誤的方法論却能阻礙學術的發展和思想的深入。林先生指出，五四以來學者談方法論最大的問題是實證主義和科學主義，他們誤以爲科學的基礎是實證和歸納法；其實，科學發展的真正動力是原創性的問題，科學方法是對原創性的問題所導出的正確假設的演繹，而不是對外在的感官經驗的歸納。所以關鍵是如何提出原創性的問題。方法論的訓練是形式的，對學者提出實質的問題幫助有限，相反，有實質資源、有內涵的學者自然可以發現好問題並找到適合解決問題的方法。

　　第二部分討論的是美國芝加哥大學社會思想委員會的訓練對林先生治學經驗和研究方法的影響。第一部分指出深刻的問題意識（原創性的問題）是學術發展的真正動力。林先生在第二部分解釋深刻的問題意識從哪裡來。他說問題意識是個人關懷和支援意識互動的

8　〈多元文化背景下的人文學科方法論——訪杜維明教授〉，載《中國哲學與文化》（第三輯），頁295-310。

結果。個人關懷是一個人生命中念茲在茲不可須臾忘懷的大問題、大困惑；如果沒有這樣的問題，人生是有缺陷的，生命是不完整的。許多學者都有這樣的基本關懷，儘管自己不一定意識到，或者在追求學術客觀的過程中有意無意壓抑了而不彰顯。我們所能做的不是憑空創造個人關懷，而是通過自我反省發現究竟什麼是困擾自己、推動自己走學術道路並且堅持下來的大問題。支援意識是我們平時日積月累、潛移默化得來的資源，是我們作爲研究者的基本素養，不知不覺地決定我們研究可以達到的水平。培養支援意識，不能急功近利，只能厚積而薄發，最重要的途徑，根據林先生在社會思想委員會的經驗，就是在「權威的老師」帶領下「懷有敬意」地研讀經典，以奠定「一個遠離當下研究興趣的深厚的思想基礎」。

　　訪談時我問林先生，「沒有條件接受社會思想委員會教育的青年學子如何創造條件自我提升？」這個問題林先生沒有正面回答。我自己的想法是，儘管社會思想委員會的條件不可複製，「權威的老師」可遇不可求，但是經過時間考驗的經典，不管是西方的經典還是中國的經典，都是對我們所有人開放的，我們也擁有不少「權威的老師」留下的經典詮釋，這些都爲我們創造條件自我提升提供了可能。關鍵是暫時拋開致用的心態，研讀時須全心全意沉浸於「經典的世界」。也要注意不能輕易用我們當下的標準去衡量、批判經典（以及經典的詮釋），我們必須在經典面前保持謙卑，充分感覺到自己的無知和渺小，才能真正進入它的世界。我想，這就是林先生強調「懷有敬意」的意思。

　　最後一部分具體討論影響林先生研究中國近現代思想的兩個重要概念，即比較思想史和「理想型／理念型分析」。比較思想史作爲學術方法得以成立的前提是人類社會有許基本的共同點，有共同性才有比較的基礎，但是比較思想史之所以有意義，卻是只有通過

比較才能發現一個國家或一個文化在歷史發展中出現的獨特問題，這就是韋伯所說的「歷史獨特性」。林先生以自己的研究爲例指出，在近代非西方各國都遭遇了西方的衝擊，但是只在中國發生了五四那樣的全盤化反傳統運動，這就是通過比較發現了近代中國思想史的獨特性，深究其原因，也相當特殊：由於中國傳統秩序是基於高度整合的一元論，五四一代認爲必須將全部秩序整個推翻才能使變革成爲可能。

「理想型／理念型分析」也是來自韋伯。林先生認爲，韋伯的ideal type，以與現實世界的距離爲標準，可分爲三種：第一種是通過抽象觀念認識現實，對觀念的描述因爲抽象，某些方面發展得特別充分特別完美，因此在現實中找不到原型，這一種因此可翻譯爲「理想型分析」。第二種表現於《新教倫理與資本主義精神》一書，韋伯以觀念帶領了解歷史，分析指向歷史真實，並作道德批判。第三種是韋伯晚年的發明，他認爲ideal type可以在特定歷史條件下以重要的方式在現實中出現。後兩種因爲與真實的歷史密切相連，所以翻譯爲「理念型分析」較好。林先生認爲，五四以後以魯迅爲代表的中國知識界從思想革命出發全盤反傳統，却逐漸發現思想啓蒙的局限，而不得不轉向政治革命和軍事革命，就是韋伯第三種ideal type發展的實例。

以上是小結，也希望可以充當導讀。引言和小結沒有經過林先生的審閱，完全由我個人負責。本報告參考的文獻，除了引言提及的林先生兩本文集（《思想與人物》和《政治秩序與多元社會》），還包括*The Crisis of Chinese Consciousness: Radical Antitraditionalism in the May Fourth Era*、《殷海光‧林毓生書信錄》、《熱烈與冷靜》以及《王元化林毓生談話錄》和〈韋伯「理想型／理念型分析（Ideal-typical Analysis）」的三個定義及其在思想史研究方法上的

涵義與作用〉（林先生2008年11月3日發表於華東師范大學思勉人文高等研究院第一屆中國思想史研究高級研討班，修訂於2011年4月20日，尚未公開出版）。

附錄：訪談問題（2010年6月擬定）

1. 如何看待方法論？

一方面您對方法論和所謂「科學方法」抱有懷疑，認為方法論不是解決問題的鑰匙，方法與內容不可分，另一方面您多次提到您所受的方法論的訓練，您自己治思想史也非常講究方法。您指出，韋伯談方法論，是為了糾正偏頗。這樣的工作是否仍有現實意義？

2. 能否簡單介紹海耶克奧國主體性社會科學方法論和韋伯新康德學派社會科學方法論的特點？兩種方法論如何影響了您的治學方向和方法？

3. 您的幾位主要老師和學術前輩如何影響了您的思想取向、思想模式和研究方法？

殷海光：邏輯經驗論？您一方面強調赴美以後如何反省台大邏輯經驗論的局限，另一方面在研究中表現出對邏輯關係的重視，比如邏輯在「理念型分析」中作用，魯迅「思想革命」的邏輯死結，中國現代烏托邦主義與政治權力的邏輯關係等。思想史研究中應該如何運用邏輯分析？

海耶克：「個人關懷」（personal concerns）與知識追求？

博蘭霓：「集中意識」vs.「支援意識」兩者如何轉換？如何培養「支援意識」？「個人感受」與「支援意識」的關係？

孔恩：「典範」新舊典範的轉移？

韋伯：「理念型的思想史」。

　　史華慈：「含混性」（ambiguity）和「分析性思想史」？

　　阿倫特：政治哲學的方法？她的思路在哪些方面（與Strauss相比）跟您更為契合？

　　4. 如何培養「心靈世界的豐富秩序與高超的標準」？如何形成深刻的問題意識，提出並思考重大與原創的問題？如何通過嚴格訓練培養支援意識和tacit knowledge？

　　社會思想委員會的教育如何回應了上述問題？如何幫助您研究中國思想史？與歷史系的教育相比，其長處在哪裡？沒有機會接受社會思想委員會教育的青年學子如何創造條件自我提升？

　　5. 思想史的方法：

　　a. 什麼是「比較思想史」？跨越時空、文明的比較如何可能？什麼是「比較思想史」不可替代的長處？

　　b. 什麼是「分析式思想史」的方法？為什麼您認為史華慈的嚴復研究是分析式思想史的最好的例子（《思想與人物》，頁275。）？

　　c. 什麼是思想史中的「理念型的分析」？為什麼韋伯的《新教倫理與資本主義精神》是此類思想史的經典（《政治秩序與多元社會》，64）？

　　d. 對思想文本的詮釋，各家各派強調不同，比如劍橋派重視歷史脈絡（context），Strauss派主張文本細讀，發掘微言大義（esoteric writing/reading），Gadamer 主張文本和讀者視角的融合（fusion of horizons），您的傾向如何？

　　e. 根據您的英文著作，一個人的思想包含政治、學術、人格、時代背景／思潮等諸多方面。思想史的研究多大程度上可以假設以上諸多方面的一致性（coherence）？如何處理其中的緊張？是否可以只集中某一方面，而暫不討論其他方面?

　　f. 如何處理一個人著作中明言的內容和涵蓋的意義（explicitvs.

implicit）？對他未曾明言的內容，多大程度上研究者可以運用邏輯幫他推衍？

6. 您所從事的兩項工作——中國思想史研究與西方自由主義理論介紹的關係如何？理論如何幫助史學研究，但不替代或支配史學研究？史學如何幫助理論反省？西方理論，尤其是自由主義理論，能否解釋中國思想史的特殊問題？如何避免一元的思考模式？如何處理sympathetic description 和critical judgment 之間的關係？

范廣欣，南開大學哲學院副教授。研究中國近代思想史和政治哲學。曾發表〈盧梭革命觀之東傳：中江兆民漢譯《民約論》及其上海重印本的解讀〉、〈康有為《大同書》論家與孝：對毀滅家族說的重估〉等期刊論文，並出版專著《以經術為治術：晚清湖南理學家的經世思想》（南京：南京大學出版社，2016）。

「米兔」
在中國

　　「米兔」運動起自美國，但旋即在世界上許多國家引起迴響。表面上，網路社交媒體起了極大的擴散作用；但是性騷擾問題的普世性，才是整個米兔運動的真正動力所在。

　　性騷擾在各地廣泛存在，中國大陸不會例外。中國「米兔」在2018年從大學校園擴散到公益界、傳媒界，甚至於宗教界，對於社會上習見的性別權力關係形成了強烈的挑戰，性騷擾所涉及的潛規則與明規則（法律），也引起了許多反思。至於米兔運動本身的性質、進行的方式，以及所包含的性別政治，則在廣義女權運動內外引發了既激烈又精彩的爭論。這些與米兔相關的思考有其價值，本刊認為值得加以整理，提出分析與評價，供各地中文讀者參考。

　　需要說明，「#MeToo」一詞，在中文世界有多種寫法，從直接引用，去掉標籤後引用，到音譯為「米兔」均有。經過徵詢本期各篇作者的意見，決定由作者各行其是，不求統一。但本刊為了整期刊名的需要，仍使用中文的「米兔」。

　　　　　　　　　　　　　　　　　　　　　　　——編者

該相信誰？：

性侵指控與後眞相時代

郭力特

2018年10月8日，美國最高法院新任大法官卡瓦納在白宮宣誓就職。總統川普向他鄭重致歉，申明無罪推定原則，並宣稱卡瓦納已經「被證實清白」。

卡瓦納當然沒有「被證實清白」——他只是「被推定清白」，或者說，他只是沒有「被證實有罪」。搖擺票參議員柯林斯（Susan Collins）為自己最終投贊成票作了一番解釋，大意就是關於卡瓦納的性侵指控，尚未達到一定的正當程序要求（儘管她也強調，這裡的正當程序要求可能低於刑事司法中所適用的要求）。「未被證實有罪」，所以「（暫時）被推定清白」，顯然與「被證實清白」截然不同：前者是暫時的、可被推翻的；後者卻是永久的、確定的。沒有任何一項證據或研究「證實」了卡瓦納當年不曾進行過被指控的侵害行為——人們至多只是無法確定，故而姑信其無，通過了他的提名。套用法律上的術語，是把「疑點利益」（benefit of doubt）給了他。

儘管混淆了不同的概念，川普的演說仍得到了其支持者熱烈的回應。這部分反映了反性侵運動中的一個現狀：人們根據各自的意識形態，發出斬釘截鐵、有時是言過其實的聲音，眞相在爭鋒雙方天差地別的言說中間若隱若現，似有還無。站邊的雙方，習慣性地、

不假思索地聲援自己一方的言論，而旁觀者卻由此失去了可以立身
的「中立地帶」──妄想「中立」的後果往往是被輿論的兩個陣營
同時視為「敵人」。

　　的確，性侵本來就多發生於較為私密的時間與空間，且不易留
下可印證的痕跡。這使得案件的事實判定最後常常只能依賴雙方針
鋒相對的陳詞，故而困難重重，同時也給不同的解讀與信念留下了
足夠的空間。並且，在轟轟烈烈的 #MeToo 運動中，很多事件是「史
海鉤沉」，這使得搜尋到可信的證據、證明確定的事實更加趨近於
不可能。在卡瓦納事件中，美國最專業的調查機構聯邦調查局都應
邀出馬，收效卻仍是寥寥[1]。

　　因為事實往往撲朔迷離，證據與推理便逐漸讓位於立場與意識
形態。「相信所有女性」[2]的口號言猶在耳，其意義與界線卻仍處於
爭辯之中。我當然不能接受最保守的那一種觀點，它認為所有指控
在未有足夠的證據支撐時都不應被認真考慮；但我也不敢苟同部分
運動支持者所持的較為激進的那種觀點，認為虛假指控少見且指控

1　與聯邦調查局一般的調查任務不同，在卡瓦納事件中，該局只是「受
　　僱」於白宮進行調查任務，故調查的範圍和時間都受到白宮直接制
　　約。聯邦調查局在此事件中也只能負責收集材料，沒有權限作出調
　　查結論──最終作出結論的是參議院。但就此次調查中白宮究竟是
　　否給予了聯邦調查局足夠的調查權限，輿論兩派亦存在不同的聲
　　音。

2　毫無疑問，性侵的受害者不總是女性，而加害者也不總是男性。但
　　也許部分由於現實中男性加害女性的案件居多，部分由於人們的刻
　　板印象，這場「反性侵運動」被許多人，尤其是它的支持者，有意
　　或無意地描繪或暗示為一場「女性反男性性侵運動」：一項主旨為
　　反擊違法行為的公民權利運動從其肇始就蒙上了濃重的「性別戰
　　爭」色彩。作為反例，男性指控女性性侵的事件包括 #MeToo 運動
　　家之一 Asia Argento 自己所受到的性侵指控。

者本人要承擔巨大的壓力，所以我們應當「自動相信」所有的指控，而不給受指控者任何實質性的辯解機會。

的確，每一項性侵指控，無論所指對象為誰，事件發生於何時何地，都值得我們認真對待。但從過往的經驗來看，虛假或缺乏證據的指控也時而有之，所以對指控進行事實核查、對被指控人進行調查問詢並給他們發聲的機會，這些「最基本的正當程序」要求，在 #MeToo 時代並不是過時的玩意。更何況，正當程序要求控辯雙方都得到足夠的聆聽，這與運動支持者呼籲「相信女性」、為性侵受害者得到聆聽的權利而奔走吶喊，其實殊途同歸。

近期，兩名先前因性侵指控退出公共視野的電台主持人，高梅西（Jian Ghomeshi）和霍肯貝里（John Hockenberry），先後在兩家著名雜誌上發表文章，不約而同地以受害者面目回顧了自己的事業與生活因相關指控而受到的巨大影響。鋪天蓋地的批評緊隨其後。論者們有理有據地針砭了這兩篇文章中美化過去、混淆是非的企圖。但是，一些批評不但針對這兩篇文章及其作者，還同時將矛頭指向了為文章提供版面的兩份雜誌，認為它們不該發表這種文章。其中，《紐約書評》主編布魯瑪（Ian Buruma）因放行高梅西的文章而受到激烈攻擊而致其去職。

一些人尖銳地指出，風頭過後，這些「男性既得利益者」仍可以在主流媒體上發表長文，試圖博取同情、重回公眾視野，一定程度上說明瞭 #MeToo 一年後，性侵者們所倚靠的那座男權體制大山其實仍巋然不動。筆者同意這一觀察。但是，我們的反應，真的應該從抨擊文章及其作者，上升到激烈地攻擊給他們發表機會的雜誌和編輯嗎？為性侵指控者爭取話語權，就一定要褫奪受指控者的話語權嗎？事實上，前述兩篇文章引發的批評，使得關於高梅西和霍肯貝里兩人的性侵指控更加清晰地為人知曉，正所謂「欲蓋彌彰」。

既然對這類問題的公共討論已有比較活躍的平臺和暢通的途徑，那麼給予受指控者發聲的機會，就不應該是一件太值得害怕的事。說到底，一場鼓勵一些人打破沉默的運動，不應該以要求另一些人閉嘴的方式開展。

相比之下，簡單而極端的倒向指控者的政策不但是不公平的，而且是不可持續的。2014年，當時的加拿大自由黨領袖、現在的總理杜魯多，因兩起未經證實的性侵指控而迅速將本黨兩名議員直接停職，嗣後才展開調查。今年早些時候，他還信誓旦旦地說關於性侵（指控）的「零容忍」政策也適用於他自己。然而，今年6月，當針對他本人的「觸摸門」事件真的進入公眾視線後，他的態度又發生了變化。十八年前，一名記者曾報導在一場音樂節上，當時的杜魯多對自己有不當的肢體動作。按照2000年的那篇新聞報導，當時的杜魯多道了歉，也算是委婉地承認了自己的行為或有不妥。但是，2018年，已坐上總理寶座的杜魯多卻拿出了一套「羅生門」式的說辭為自己辯護，稱「參與同一次互動的人可能會有非常不同的感受」。

作為受指控者的杜魯多得以在媒體面前為自己辯解，這符合「正當程序」要求，也是杜魯多應有的權利。但四年前被他停職的議員是否曾享受到同樣的待遇，就值得懷疑。至少，四年前那兩名議員被停職前，並沒有機會對著媒體說「參與同一次互動的人可能會有非常不同的感受」。有論者總結杜魯多的立場：「『相信女性』，除非受指控的是他自己。」

除了懷疑起杜魯多的信譽之外，我們還會發現，對待性侵指控，「疑罪從有」、不允許受指控者發聲的政策是無法一以貫之的：因為它必須仰賴一個「自動相信」所有性侵指控的高層決策者存在。那個決策者在自己受到指控時，並不會把他自己也一樣自動關進大

牢的：他只會跳將出來，動用他特別享有的體制性權力和話語空間為自己洗脫罪名。所以，杜魯多式的「零容忍」政策看似是對反性侵運動的大力支持，實際上卻通過權力對運動的背書，反使運動匍匐在了權力的腳下；「疑罪從有」只會是對權力下位者的「疑罪從有」，權力金字塔尖的人將始終受到其話語權的特別庇護。如此一來，這種政策不但有錯誤地打擊一般目標的風險，更有無奈地放過真正身居高位者的隱患；它不但無法一般性地清算和預防性侵行為，反而會使權力與地位成為風暴中的護身符。而如果特權階級能夠依靠其話語權獨善其身，那麼整場運動的正當性與有效性都將受到威脅：一方面，它在打擊對象上將不正當地偏向權力的下位者；另一方面，因為無法有效地清算權力的上位者，#MeToo 運動旨在揭露和顛覆的那套男權體制也將在很大程度上維持不變。

只有「正當程序」可以一視同仁、一以貫之地適用於針對所有人的性侵指控：它主張在「審判」之前，無名小卒與國家元首應同樣得到申辯與被傾聽的權利。在這裡，做出決斷的是常識、證據和邏輯，而非一個打著女權主義旗號但可能名不符實的有權者。只有讓正當程序護佑性侵指控，#MeToo 才可以保有對權力最高位者的一戰之力，因而才可能撼動整座權力體制的大山。「正當程序」並非像一些人認為的那樣，只是單純地保護受指控者——它同時也是在保護 #MeToo 運動的正當性及其對權力的抵抗力。

然而，這並不是當下的「時代精神」。「正當程序」被人棄之如敝履，毫無保留地「相信所有女性」、「相信所有指控者」才是新潮且「正確」的主張。但這種主張除了存在本文前述的缺陷，還有其他經不起推敲之處。已有論者指出：激烈地要求「相信所有女性」，隱含的觀點是認為女性的指控不堪一擊、經不起一點詢問與質疑，而這不啻是另一種性別歧視。另外，宗教式的「相信所有女

性」信條，在碰上下一個大的虛假指控事件時很可能就會粉身碎骨，而先前基於這一信條獲得「相信」的指控與整個反性侵運動，都會因此大大折損信用。

歸根到底，我們最需要的仍然是事實：在社會層面，性侵的橫行是一個事實；在個案層面，一個受指控者究竟有罪或無罪，是另一個簡單但需要驗證的事實。我們不得不同意韋斯（Bari Weiss）的觀點，從尊重事實的角度，「信任女性但求證」確實是一個比「相信所有女性」好得多的策略。「相信女性」或「信任女性」是要呼籲人們仔細聆聽、認真對待所有的性侵指控，它不是、也不應當是一項判定事實的規則——任何一個理智的人都不應該依靠一個人的性別來判定這個人敘述的真假，無論這項敘述是關於性侵還是別的什麼議題。我們要相信任何一項針對任何人的指控，都應該基於一定理據，而非僅僅基於指控的存在或是指控者的性別。性侵指控沒有理由例外。

比「相信所有女性」更具有誤導性的說法可能是「相信所有受害者」。我們常常忽視這種以丐題方式施加的語言魔法，它用「受害者」的指稱偷換「指控者」，悄然為資訊接受者鋪墊了「指控屬實」的心理預設。同樣經常被人忽略的是，在討論性侵指控的真實性時，「受害者所受到的（性侵造成的）痛苦比加害者所受到的（輿論造成的）痛苦更重要」這樣的論點並不切題。因為要比較「受害人」與「加害人」二者的「痛苦」，前提是他們確實是「受害人」與「加害人」。在相關指控得到起碼一定程度的核實之前，將指控者（聲稱受害者）徑稱為「受害者」、將受指控者（聲稱加害者）徑稱為「加害者」並如此看待他們，顯然是不公平的。也許我們可以容忍指控者這樣稱呼——因為指控者在大多數時候都確實相信自己的指控。但媒體和公眾若採取這種話語，則極易催生不應有的偏

見。令人不安的是，包括美國政府在內的一些公共機構都已經開始
將必要的定語抹去，公文中價值中立的「聲稱（alleged）受害者」、
「涉嫌加害者」的指稱在不少地方已經變成了預設事實的「受害
者」、「加害者」。這是 #MeToo 運動中，對真相、對事實核查、
對正當程序的關心愈發式微的又一明證。

　　一些人常用「虛假指控極其罕見」的論點來為這種現象辯護，
但這並不能令人信服。首先，虛假指控究竟是否「罕見」並無定論。
論者可能會引用一些研究數據，聲稱關於性侵的虛假指控只占指控
總數很小的一個比例。比如2010年四名美國學者所做的一項研究，
稱虛假指控占性侵指控的比例在2%-10%的區間內。這項研究曾被包
括美國白宮婦女兒童理事會白皮書在內的諸多文件引用，但是，且
不說這一區間的上限10%到底是否算得上一個很低的比例，就是數
據本身的可信度也受到了質疑：研究所調查的案例中的45%後來並
沒有進行下去，其真實與否根本無從得知。較早一篇在《劍橋法律
評論》上發表的學術文章總結了過往關於性侵指控真實性的研究，
也發現不同學者所得到的數據相差極大，難以調和。到目前為止，
虛假指控究竟「罕見」與否，「罕見」到什麼程度，都沒有足夠令
人信服的研究結論。

　　其次，儘管我們可以比較有信心地說，虛假指控究竟是少數，
但已在公共視野中發生的虛假或至少是缺乏證據的指控，也已經能
開出一個不算太短的單子。除了前文提到的案件，還有杜克大學曲
棍球隊案、《滾石》雜誌案、「床墊女孩」案、曼迪·格雷（Mandi
Gray）案、R. M. 與邦蘇（Bonsu）案、小說家高勒威（Steven Galloway）
案、主持人派金（Steve Paikin）案等等。

　　最使人不安的是，其中一些指控，即便暫且只聽指控者一方的
故事，也很難認為那是一起「性侵」。比如杜魯多將兩名議員停職

的案件，其中一項指控針對的是議員帕塞蒂（Massimo Pacetti），
而這項「指控」的內容怎樣看都更像是一次普通的婚外情——指控
者甚至主動遞給了受指控者安全套。R. M. 與邦蘇案中，指控者描
述的遭遇則更接近一次酒後的放縱，並且她自己是更主動的一方。
即便在這一類情況下，受指控者仍然受到了管理者迅速且嚴厲的懲
罰：帕塞蒂被杜魯多停職，邦蘇則遭受了學校接二連三的限制措施，
直到被完全禁止進入自己的校園。

　　冒著被認為「過度小心」的風險，筆者想要提醒，反性侵運動
中的事實核查與真相判定，已初具「後真相時代」的特點——從個
體性的扭曲真相、編造真相，到群體性的繞開真相、罔顧真相。事
實究竟如何已經不再重要，重要的是立場與姿態：你反性侵嗎？你
支持 #MeToo 嗎？你是「我們」中的一員嗎？如果是的話，你怎麼
能為「對方」，那個代表男性、代表性侵者的「他」（Him）說話
呢？

中國問題

　　中國版的 #MeToo 運動高企之後卻又近於銷聲匿跡，浮浮沉沉
斷斷續續。但與北美經驗最為不同的是輿論環境：即便性侵是一個
去政治化的議題，相關的指控與討論有時仍面臨著多方面的壓力。
在4月份轟動全國的沈陽事件中，數名要求資訊公開的北大學生就被
校方約談要求噤聲，網上相關報導也被刪除無數。7月份，針對聞名
全國的主持人朱軍的指控，相關資訊在微博上發布不久即遭刪帖，
稍後幾家媒體發布的報導也很快被撤。近半個月後，朱軍委託的律
師事務所發布聲明稱已提起名譽權訴訟，此事才重新浮上水面。然
而《新京報》對此發布的報導很快又再次被刪除。除此之外，朱軍

案的指控者之一還稱遭到其房東的施壓，刪除了手機中的部分資訊。8月初，龍泉寺兩位都監發布針對本寺住持、中國佛教協會會長釋學誠的「論文式」舉報材料之後，不但各類報導被大面積刪除，舉報材料的文檔在微信上也被用技術手段限制傳播。

與此形成對比，針對公益人鄧飛、公共知識分子熊培雲等人的指控與討論，似乎就沒有遭受太多阻礙，大家可以相對自由地討論這些事情，當事人也往往公開地作出回應。我們彷彿看到了一道牆，把一些人圍在裡面，一些人圍在外面。外面的人受到攻擊，自生自滅。而當裡面的人成為性侵指控的目標時，就會有一隻無形的手出現，沒收掉許多的投槍與匕首。另一個有趣的事實是，「中國#MeToo」到目前為止，出現的指控集中在教育界、媒體界、公益界；北美層出不窮的針對政府官員的指控，在內地至今鮮見。

如果說在西方，杜魯多式的有權者因手中的權力得到了為自己辯護的特權，那麼在中國，有權者得到的是無需為自己辯護的特權：體制機器不是為受指控者營造爭辯的空間，而是直接堵塞指控者控訴的管道。

即便如此，那些「圍牆裡的人」也只是享受到了審查機器的短暫「加持」──一旦輿論沸騰，看似鐵板一塊的體制也難以無動於衷。瀋陽事件爆發不久，事主即被南京大學文學院建議辭去教職、被上海師範大學終止聘任。釋學誠遭到舉報之後不到一個月，國家宗教事務局網站即先後發布兩則消息，分別宣布釋學誠辭去中國佛教協會會長、常務理事、理事等職務，以及有關部門經過查證，確認舉報材料的內容屬實，將對釋學誠作出相應處理。但是，在無法保證公眾知情權及監督權的情況下，體制所做出的回應與處理，總有其不讓人放心的一面。

朱軍案立案後，兩名指控者（聲稱受害者及其好友）已接到起

訴書並提起反訴。雙方已於10月底進行了庭前會議，完成了證據交換。這起「大陸 #MeToo 上庭第一案」被寄予了厚望，但同時也給人許多擔心：如果針對這名家喻戶曉的主持人的性侵指控能得到法院的認可（至少不判指控者侵犯了名譽權），則證明法律這一武器可用，中國內地已有「再而衰、三而竭」之勢的反性侵運動，或可重振旗鼓；如果法院判定指控者侵犯了名譽權且要承擔責任，則起步不久就已遭受了重重阻礙的「中國 #MeToo」可能會面臨更大的阻力，更多的受害者可能因此而不敢發聲。

　　如此看來，如果說北美的 #MeToo 已趨一個「後真相時代」的話，中國內地可能仍處於一個「前真相時代」。前者是公共言說氾濫所造成的選擇困難——「我們應該選擇相信哪一種『真相』？」後者則是信息不透明和知情權壟斷所導致的信任危機——「我們有可能獲知真相嗎？」

　　郭力特，北京清華大學法學碩士，獨立撰稿人，關注國際法問題與社會運動。譯著《先「聲」奪人》等。

中國metoo對法律的挑戰

馬姝

一

　　受源起於美國，繼而波及全球的metoo運動鼓舞，已定居國外的羅茜茜決定實名舉報她讀博士期間的副導師陳小武，後者曾在12年前對其性侵未遂。2018年清明節，美國學者王敖也在網路上發起對已在南京大學就職的教師沈陽的指認，後者曾在20年前，於北京大學工作期間，與其學生高岩發生了超越師生關係的行為，高岩則在之後以自殺結束生命。此事在接下來的時間裡持續發酵，引發了數所高校裡的反性騷擾事件。緊接著，公益圈、文藝界也爆出性騷擾醜聞，作家蔣方舟稱章文曾對其性騷擾，弦子稱在實習期間遭到央視著名主持人朱軍的性騷擾，並且，她已與朱軍對簿公堂，意欲借助法律的力量來澄清舊案要求公正。這一系列既與外邦metoo相關又有自身特點的事件，可稱為中國metoo。

　　我們看到，在諸多對中國metoo的網路發言中，受侵害女性一方的指控獲得了越來越多的人的相信與支持，歸責受害人的言論和向受害人潑髒水的陰謀論漸漸不再有市場。同時，我們也看到，有不少人對受害人延遲多年才進行舉報的行為表示不解，他們發出類似

於為什麼當時不報案，不進入法律程序的質疑，言語中仍隱含著對舉報者意圖的揣度。的確，早在2005年，我國的《婦女權益保障法》中即有明確規定——「禁止對婦女實施性騷擾」[1]，然而，從這輪中國metoo所顯示的事件來看，訴諸法律並未成為當事人在事發之後的首選救濟方案。是如揣度者所猜想的，事件另有一個版本，還是說，法律本身存在一定問題，所以無法對受害者施以援手？

二

　　性騷擾在中國是一個舶來詞。對中國大陸的性騷擾認知影響較大的是美國激進女權一脈的代表人物凱薩琳‧麥金農。1960年代，針對職場女性頻受來自上司或男性同事的騷擾而無法得到法律幫助的情況，以麥金農為代表的女權法學家構造了「性騷擾」一詞來指職場女性的此類遭遇，並開創了對性騷擾的法律追責理論。對性騷擾行為的追責之所以可能，是因為女權法學家們對美國的平權法案進行了創造性的援用。該法案的第七章（Title VII）規定，反對基於種族、膚色、宗教、性別和籍貫的雇傭歧視。性騷擾於是被構造為基於性別的歧視，受害者可以憑藉平權法案來提起對騷擾者與雇主的訴訟並要求其承擔法律責任。工作場域中的「歧視」定義，也因此而得到進一步擴展。從女權角度來看，對性騷擾的追責，能鞏固早期女權運動的勝利成果例如為女性爭取的就業權、受教育權。女性若不能在工作場所或教育領域這些公共空間自如活動，那她們尋求經濟獨立與發展的道路便要受阻，男女平等也將成為一個虛幻的

1　2005年修正的《中華人民共和國婦女權益保障法》第四十條規定：禁止對婦女實施性騷擾。受害婦女有權向單位和有關機關投訴。

泡影。

2005年8月28日通過的中華人民共和國《婦女權益保障法》（修正案）中明確地提出了「性騷擾」概念。這在中國大陸的以法律推動女權發展的歷程上是值得銘記的一筆。在這之前，相關法律中也有保護人格尊嚴權的規定，如1982年《憲法》中第38條規定，公民的人格尊嚴不受侵犯，禁止用任何方法對公民進行侮辱、誹謗和誣告陷害。1986年《民法通則》第101條規定，公民享有名譽權、公民的人格尊嚴受法律保護，禁止用侮辱、誹謗等方式損害公民的名譽，公民有權要求停止侵害，恢復名譽，消除影響，賠禮道歉，並可以要求賠償損失。1997年《刑法》第237條規定，以暴力、脅迫或者其他方法強制猥褻婦女或者侮辱婦女的，要以猥褻婦女罪論處。因此也有觀點認為，有這些法律便足以對女性的基本權利進行保護，另行訂立特別法律，如反性騷擾法或反家庭暴力法，在法律體系上顯得多餘。

這是對男權社會中女性所處地位缺乏認知的表現。性騷擾作為女性更易成為受害者的侵權行為，其性質與一般意義上的任何人皆可成為受害者的侵權行為並不相等同。女權主義法學認為性騷擾的實質是：以性的方式表現出來的男性權力的濫用。例如麥金農就將性騷擾描述為性從屬，它是在不平等的環境中進行的、違背意願的口頭的或身體上的性行為，是一個「擁有很長的過往，歷史卻很短的問題」。麥金農甚至相信，性騷擾根植於封建主義：封建領主有權享用臣民新婚妻子初夜的制度（prima noche），以及非洲裔的女奴或女性後代慣常地被白人主人性使用的美國奴隸制度[2]。因此，性

2　〈美國最高法院性騷擾案件審判概況以及美國反性騷擾立法的發展〉，載於《婦女研究論叢》第S1期。

騷擾不能內屬於抽離了性別差異的一般侵權行為之列，無性別的公民權或人格尊嚴權的侵犯認定，也無法準確表徵受騷擾一方女性的特定處境與經驗，所以以專門法律術語標記此類行為，並在婦女權益保障法中明令禁止此類行為，就顯得必要且適當。

三

　　性騷擾被明令禁止，這是性別意識和女權思維在我國法律中一次體現，也是西方女權話語與中國現實語境可以有效結合的一個有力證明。因為中國女性的就業率居於世界前列，中國女性在職場上所遇到的問題勢必與其他國家具有共通性，從公司白領到工廠女工，她們所處的性別化的空間是一樣的，需要為她們創造一個有利的環境，讓她們可以與男性平等地享有勞動的機會和權利，這也是對男女平等這一從革命時期延續至今的社會主義核心價值的保護。

　　但是《婦女權益保障法》中的這一規定的缺陷也是顯而易見的。「禁止對婦女實施性騷擾。受害婦女有權向單位和有關機關投訴」──這僅僅是確立了一個抽象的原則，除此之外，法律對性騷擾的概念、類別、責任體系等都沒有做出明確的界定。這就導致性騷擾在司法程序中不能作為一個獨立案由而存在，也就是說，「性騷擾」事件可能在立案階段就遇到掣肘[3]。在《婦女權益保障法》修正案出臺之前的2001年，西安即有童女士提起「性騷擾」訴訟，之後的2002年、2003年，武漢的何女士和北京的雷女士也分別提起過

3　值得欣喜的是，最高人民法院近期發布了〈關於增加民事案件案由的通知〉，通知指出，在第九部分「侵權責任糾紛」的「第348、教育機構責任糾紛」之後增加一個第三級案由「348之一、性騷擾損害責任糾紛」。該通知將於2019年1月1日起開始實行。

同類訴訟。這三起「性騷擾」官司在當時曾轟動全國，但是對這三起案件，法院最終都是以侵犯名譽權立的案，無一起案由是「性騷擾」。在2005年8月29日，也就是新修改的《婦女權益保障法》表決通過之日後的次日，由北大婦女法律研究中心與服務中心代理的人體模特起訴美院學生性騷擾一案向法院提起訴訟時，性騷擾的案由依然不被法院承認，最後是以「侵權糾紛」為由立的案。

　　法院的這一做法很容易被解釋為是法律執行過程不到位，因為我們還處在法治建設的過程中，起訴難和司法保護不力的現象在所難免，不僅在《婦女權益保障法》中是如此，在很多其他法律領域也存在相同的問題，所以，有觀點認為，只要假以時日，隨著法治逐漸完善，問題就會逐步得到解決。這樣的歸因實際上是缺乏對性騷擾事件立案難的深層原因的洞察。法律條文規定得過於抽象、執法水準有待提高是一方面的原因，更深層次的原因是即便是如立法者、執法者這樣的法律專業人士，也並不一定能清醒認識到性騷擾與一般侵權的區別。正如前文所述，現有侵權法體系是不能涵蓋對婦女權益的保護的，那種將二者籠而統之的處理方案無視了女性在男權社會中的特定處境，婦女權益被侵害，卻因為沒有案由而最終不得不改頭換面或者被面目模糊地歸於「侵權糾紛」的做法，實際上也是一個女性公民的「去性別化」的過程，即當女人作為公民在行使自己的訴訟權的時候，她的性別以及與性別息息相關的案件特性在法律話語中是被隱去的。被隱去性別並非意味著女性在法律上得到了與其他人一樣的對待，而是將男性經驗和男性標準置換成了所有「人」的經驗和標準，女性與男性在權力結構中的差異變成了不可見的。將涉及到男性權力的濫用的性騷擾類案件模糊化處理成一般侵權糾紛，會遮蔽女性的主體地位和獨特經驗，從而製造出對

女性不利的司法現實[4]。

　　另外，舉證難也是性騷擾事實難以得到法院認定的一個重要原因。性騷擾多發生在兩人之間，受害人除非有極強的取證意識並取到了符合證明標準的證據，否則很難令法院認定性騷擾事實成立，為自己維權。一項來自源眾性別發展中心的對職場性騷擾案件的調查研究顯示，相比較發生率極高的職場性騷擾行為，最終進入到訴訟程序的案件數量少得近乎可憐。搜索2010-2017年期間中國法院公開的裁判文書，可以發現，在近五千萬份裁判文書中，僅有34例是以性騷擾為主要事實的案例，而且這34個案例中，絕大多數是勞動爭議，不是由性騷擾受害者直接提起的針對騷擾者的訴訟，性騷擾事實的認定也是處於附屬性地位，附隨於勞動爭議解決的過程中予以處理。僅有的兩個以性騷擾受害者為原告對嫌疑性騷擾實施者提起的一般人格權糾紛訴訟，最終也皆因證據不足而被駁回訴訟請求。這一調查結果充分證明了一個殘酷事實：我國職場性騷擾受害人極少主動以訴訟的方式進行維權，並且即使受害人尋求司法救濟，也難以獲得法院的支持。

　　早在《婦女權益保障法》修正案出臺之時，就有專家學者對專門的性騷擾立法提出展望，如建議採用多軌制或多元機制的立法模式，如建議構建全面綜合的性騷擾法律規制體系，或者，將反性騷擾納入民事立法，以此來保障原告順利發動訴訟，改變「借名訴訟」和法院審理此類案件無所依存的局面等等。但這些建議迄今為止也只是停留在學術探討的階段，未能變為法律現實。於是我們便看到，中國的性騷擾立法與受metoo運動影響在網路上被曝光的性騷擾／

4　陳明俠、黃列主編，《性別與法律研究概論》（北京：中國社會科學出版社，2009），頁273。

性侵害事件像是存在於兩個時空，性騷擾立法像一個陌異於現實空
間的存在，教授與學生之間發生的、私人場合或職場上發生的對女
性一方造成極大困擾與傷害的行為，並沒有被納入到法律的框架裡
去理解、度量、追究和懲罰。受害者需要等到metoo運動出現，在群
體力量的支持與感召下，才敢在網路世界裡略微發聲。

四

　　Metoo運動是恐懼與憤怒的公開言說。在此之前，那些遭到騷
擾或侵犯的女性只能以隱秘的、私人的方式來緩釋烙印在身體上的
不明之痛。相互隔絕的、不予示人的忍痛方式則進一步助長了權力
濫用者的囂張。Metoo打通了橫亙在女性間的無形壁壘，使她們在
集體表達共通經驗的過程中強化彼此之間的聯結，從而也迫使司法
系統正視這一具有普遍性的性別經驗，維護和實現正義。中國metoo
雖跟隨著世界metoo的步伐，但也不乏自身特點；它除了再次提醒我
們既有法律體系的粗疏，司法救濟管道的不暢，也對法律提出了新
的挑戰。

　　中國metoo發生在網路世界，受害者對加害者的舉報、指控以及
加害者的責任允諾多是發生在網路上，只有極少的人承受著巨大的
輿論壓力和心理再度崩潰的風險，真正走到法庭上起訴對方。但是，
網路聲討式的維權方式除了讓對方的名譽受到影響，讓性騷擾的概
念得到進一步普及之外，並不足以讓加害者獲得應有的處罰。而且，
眾聲喧嘩中，事實與責任也常被推向迷霧之中，這對事件雙方都未
必公正。

　　中國metoo也勾連起發展過程中層積的多種社會問題。如在中國
metoo中，是高校首先被捲入輿論漩渦中成為焦點。這並非是因為高

校裡的性騷擾更多，而可能是因為高校承擔著作為道德托底者的社
會期望，高校性騷擾事件的傳播容易引發民眾對教師這一傳薪者的
道德狀態的重新審視和對權力濫用的集體焦慮，而且，高校性騷擾
事件的發生與教育行政化、學術腐敗、權力尋租等政府著意治理的
問題有著千絲萬縷的聯繫，它因此也連通了其他領域中的弱勢者的
受壓迫感。正是網路傳播帶來的諸種效應，使得metoo在中國不再僅
僅是婦女維權的問題，而是一個被逐漸構建而成的「社會問題」，
需要政府從多方入手才可得到緩解。所以，metoo之後，立法機關與
司法部門應更多地關注性騷擾事件，立法機關宜借此機會推進性騷
擾防治法案的出臺，司法機關則應更為主動及時的介入案件，還原
事實，追究責任。

　　具體到法律層面。對於是否要以法律的方式來追責性騷擾行
為，一個常見的觀點是，法律代表著國家意志，在面對私領域中的
問題時應謙抑而審慎。同樣的，當metoo在美國如火如荼的時候，法
國也有藝術家表示抗議，她們擔心的是運動的矯枉過正會導致私人
生活中的自由被侵犯。這種擔心並非多餘，但更重要的問題是，由
誰來定義「私」和「自由」，以及定義的過程中是否各方的經驗都
得到同等重視。在女權主義法學看來，男性部落聯盟的基礎上形成
了國家，代表國家意志的法律所反映的也是男性的經驗，理性成為
男性的代名詞，注解了法律的形象。而女性因為不具備理性或有理
性也不懂得調用，被排斥在了主體之外，「她」的經驗——性別權
力結構中的女性位置上的經驗，在法律上是被忽視的，所以女權主
義法學才會從強姦、墮胎、性騷擾、色情文藝等問題入手，讓法律
正視女性在其中的經驗，讓「私」的邊界不斷調整，以避免自由主
義法學犯下的以保障私權為由鞏固了私領域中的男權的錯誤。
Metoo的作用也是一樣，它迫使法律調轉姿態正視女性身體性的感

受，將性騷擾視為對女性權利的侵犯而非承受力弱的女性在小題大做。中國metoo對法律的挑戰也是這樣，它所啟動的，不只是法律的完善，根本上，還應有法律思維的轉換。

中國metoo對法律的挑戰，還體現在如何處理反性騷擾和保障性自主之間的張力。早在metoo發生之前的微博時代，網路上就有過針對這一問題的討論。討論起因於上海地鐵第二運營有限公司在官方微博上發布了一則微博：「乘坐地鐵，穿成這樣，不被騷擾，才怪。地鐵狼較多，打不勝打，人狼大戰，姑娘，請自重啊！」，配圖是一名身著黑色絲紗連衣裙的女子的背面。此舉立刻引來網友的廣泛批評，批評的矛頭主要指向地鐵二運的歸責邏輯，即將性騷擾的發生歸責為女性的穿著「暴露」，這樣便規避了騷擾者的責任和地鐵運營方維護公共秩序的職責。之後，有行動者在地鐵裡舉起「我可以騷你不能擾」、「要清涼不要色狼」的小標牌表示抗議，此舉將反性騷擾的另一個面向揭示出來，即女性應享有性自主不受侵犯的權利。這一事件對於反性騷擾制度建設的啟示是，如何在禁止、懲罰性騷擾行為的同時，確保女性的身體和性的自主權不受侵犯。這次中國metoo裡也有類似的聲音，即擔心反性騷擾的立法或建制會與擁躉日繁的性保守思潮合流，在確立了種種「性正確」的話語之後，女性只能以無欲的形象來換取公共空間裡的保護與平等，之前的婦女解放運動為女性開闢出的自由開放的風氣也將因之而受損。對未來的性騷擾立法完善工作而言，如何處理反性騷擾與保障性自主的關係，也是一個不小的挑戰。

再有，在制定法律或相關對策之前，還需對當下的社會發展現狀有充分的估量，以確保法律或政策真正達到其預期的效果。這需要在明確反性騷擾的目的是為女性創造開放自如的公共空間的前提下，對性騷擾的成因與相關的制約性要素作一個綜合的考量，並以

是否有利於男女平等這一目標的實現，作為衡量法律品質的標準。以高校性騷擾事件發生之後教育行政主管部門出臺的加強師德師風建設的方案為例，加強師德師風建設的方案由於並未從根本上觸及誘發性騷擾的深層且穩固的權力網絡，也沒有考慮到教師群體內部存在的權力差序，其實施的結果反而可能是在本就存在禁忌的異性師生間製造緊張，讓女學生在受教育的機會上處於更加不利的地位。另外，以加強師德師風建設來替換對性騷擾事件中權力濫用問題的追查的做法，最終也可能只是加強了對處於弱勢地位的教師的管理，並未有效推進教育領域中的男女平等。

馬姝，華東政法大學副教授，研究興趣為性別與法律，主要著作有《法律的性別問題研究》、《時代鏡像中的性別之思》等。

進入第三個十年的旅程：
中國大陸反性騷擾歷程回顧

馮媛

反性騷擾的歷史應會和性騷擾本身一樣久遠。但直到大約百年前，性騷擾和反性騷擾，都被認為是個人的事情。婦女運動特別是女工運動開始將反對「調戲婦女」作為一項目標。20世紀70年代以來，婦女運動使它成為各國日益重視的安全問題和公共政策議題。1990年代的重視婦女權利的國際大背景，特別是1995年聯合國第四次世界婦女大會，作為歷史上最盛大的一次婦女問題會議，北京第一次做東的全球活動，給中國社會帶來了很多新的話題，性騷擾由此開始從權利的視角得到審視和討論。

2018年全球#Me Too 潮漲潮落之際，中國的反性騷擾運動屢仆屢起。回首20多年來的歷程，能看到一個個里程碑式的事件，記錄著性別平等的進展和曲折。本文以性騷擾個案為視點，從政策法律和機制推進的角度，對這一漫長過程進行分階段的梳理，以期鑒往知今，啟迪未來。

一、1994-2005：看見性騷擾

在當代中國看到「性騷擾」的存在，並命名、入法，歷時超過十年之久，得益於一個個當事人、專家和立法者的持續努力。

1.1 先行者走出第一步

　　1995年，「性騷擾在中國的存在」被揭示出來。中國社會科學院社會學所研究人員唐燦同題發表研究報告，披露1992年下半年到1994年上半年在北京、上海、長沙、西安對169名女性和40名男性的調查結果──84%的女性遭遇過12種性騷擾形式中的至少一種，63%遭遇過兩次以上，90%的女性知道身邊有別的女性遭遇過性騷擾，如約48%遭遇過男同事、男領導以性事為內容的玩笑、談論和辱罵，70%在公共場合遭遇過陌生男性的撫摸、摟抱或以性器官觸碰。

　　1998年，首次提出立法建議。在北京舉行的九屆全國人大常委會第三次會議審議《中華人民共和國執業醫師法》時，第九屆全國人大常委會委員、江西省人大常委會主任陳癸尊提出應該增加條款，懲處利用職務之便對病人進行性騷擾的行為。之後全國各地各行各業受害人的來信，讓陳癸尊意識到，可能需要一部專門法律。1999年3月，他聯絡了31名代表在九屆全國人大二次會議上正式提交了《中國人民共和國反性騷擾法》的議案[1]。

　　2001年6月，首例性騷擾訴訟被報導。國企員工童女士（30歲）向陝西省西安市蓮湖區法院起訴，指控上司從1994年以來對她進行了持續的性騷擾，並在她拒絕、反抗後將她的工作從辦公室調為開電梯、送文件，並剋扣獎金和福利，致使她多次昏倒、病休幾個月。童女士的訴求是總經理對她賠禮道歉。童女士提供了近10項證據，但法院認為「證據不足」，於2001年12月22日駁回童女士起訴，童

1　http://news.sina.com.cn/2002-03-04/1051493608.html央視新聞調查對陳代表等的採訪。

女士不服，提出上訴。這期間，童女士還遭遇了諸多壓力，如病假之後單位不讓她上班，說假條有問題；她的家人，甚至丈夫的領導和同事都收到對她有侮辱性質的短信，還有人「拜訪」女兒所在的學校，工會主席找到她母親，說如果案件不成立她要承擔誹謗的刑事罪名……。最終，童女士在巨大的精神壓力下撤訴。

童女士雖然沒有讓法庭給出公道，但她的案子得到廣泛關注，她的律師對媒體表示，雖然法院沒有認定童女士的訴訟請求，但是她的起訴給被告方一個震懾，在客觀上沒有再對原告有任何侵害行為；同時，這件事在社會上公開後，通過社會輿論對性騷擾現象的譴責，會使一些有性騷擾企圖的人止步，「童女士並不是真正的失敗者。」據新華社記者2002年1月1日報導，「一時間，性騷擾案成了街頭巷尾議論的焦點。許多青年人為了解案子發生的前因後果，特地上網查看內容，有的網站設立了專門的討論區。陝西當地一些高校的學生還對此進行了激烈的討論，西安京華學院學法律的同學專門開了研討會，對案件進行辯論。」「西安京華學院的同學經過辯論後，提出了一個很有意思的想法，建議國家最高司法部門是否能對此案做出應急性的司法解釋，以便以後遇到此類的事能有先例可鑒。」

從1995到2001，每三年發生的這三個「第一」，從資料和知識生產、法律改革、當事人發聲維權三個角度，展開了當代中國大陸反性騷擾的歷程。

1.2 自有後來人

童女士激勵了全國各地更多當事人接力發聲。其時媒體產業的蓬勃發展，助力了這第一波當事人反性騷擾浪潮。報導讓普通公眾、宣導者和決策者越來越看見了性騷擾的存在、法律的缺失。而個別

勝訴的案例，則鼓舞了更多的受害者發聲，產生了更多媒體報導的個案和輿論討論。

2001年11月10日，享有很高聲譽和收視率的中國中央電視臺第一套節目「新聞調查」節目在黃金時間（21:15-21:55）首播關於性騷擾的專題節目，次日下午重播。這期節目首先訪問了最近一起「圍打」對中學女生「非禮」的教師的當事同學、首先研究性騷擾和提出入法的人大代表，並請童女士一方講述了走上法院前後的種種艱難，受理案件的法院也在電視上發表了看法[2]。研究者認為，由於中央電視臺，特別是這檔節目的重要地位，他們的做法和態度對新聞界產生了積極影響，在客觀上引領了對受害者的聲援行動[3]。

2001年12月，杭州市一位50多歲的高級工程師林女士，直接出現在電視機前，通過中央電視臺成為第一位面對全國觀眾公開講述自己經歷的女性。同單位一個行政辦公室主任持續性騷擾她16年，直到他退休。林女士從一開始就有十分明確而堅定的拒絕，繼而不懈地逐級上訴。但是「單位領導不僅不管這事，還說那個辦公室主任老婆身體不好，讓我多諒解」，「還有些領導不管，當聽故事；反映到上級單位紀委，他們居然別有深意地看著我說：你是否應該檢點一下你自己，為啥那些人不騷擾別人只騷擾你？一個女領導居然還點著我的腦門說我弄不清楚，人家幫你做過那麼多事（工作上的事），你還要告人家騷擾。」40分鐘的節目分上下集首播並重播，電視機前的億萬觀眾，終於聽到了林女士的質問：「難道女人被騷擾反倒是女人自己的錯？！」

2　節目文字稿：央視《新聞調查》調查中國性騷擾第一案http://news.sina.com.cn/2002-03-04/1051493608.html

3　唐燦，〈關於中國工作場所中的性騷擾及其控制措施的研究報告〉，國際勞工組織委託研究。

2001年12月27日，海南日報和中國新聞網報導了一個勝訴消息：「海南首例同性猥褻案判決 三受害人各獲陪一元」。在案件審理過程中，曾為某公司顧問的被告未出庭應訴。法院結合原告（公司雇員）的證人證言，缺席審理查明被告從1991年到2001年間分別在其辦公室和家裡對三原告進行性猥褻。法院一審判決後，三位原告表示很滿意並已領取了判決書，但被告仍避而不見。海口市新華區法院將以公告張貼於該院公告欄或被告家門口的形式，向被告送達[4]。

從2001年11月到2002年上半年，中央和地方的各級各類報刊、電臺、電視臺和網站，或多或少參與了對各類性騷擾事件的報導和討論，越來越多地從單純的譴責進入到從道德、法律和其他制度層面思考性騷擾存在的原因以及制止的方法。如《北京青年報》（擁有100多萬讀者）2001年12月至2002年4月期間關於性騷擾的報導和討論，超過九個整版。

如同研究者指出，媒體創造出來的輿論空間，對飽受歧視、迫害的受害者不僅是一種巨大的安慰，也成為一種難得的資源。武漢市受害者何女士在準備起訴時，律師曾擔心法院不會受理此案，因為「法律關於性騷擾問題還是個空白」，更何況西安的案子又剛剛敗訴。於是她們先向新聞界公開自己的經歷，利用輿論的力量迫使法院受理案件。在堅持與施害者抗爭、推進性騷擾問題進入司法程式方面她成功了，「這總比連法院都不讓你進，連個說話的地方都沒有要強一些」[5]。

4　中國新聞網2001年12月27日報導，「海南首例同性猥褻案判決 三受害人各獲陪一元」，詳見：http://news.sina.com.cn/s/2001-12-27/430179.html

5　唐燦，同上。

2002年，三起訴訟維權得到媒體曝光：4月，昆明某國企電腦女工程師狀告上司，貴陽某供電局職工王女士父母以監護人身份狀告該局局長；7月，武漢女教師訴上司性騷擾。

令人鼓舞的是，這三起案件中兩起勝訴。2002年10月，貴陽南明區法院認定「非禮」行為成立，判決實施者支付工資損失和醫療費2.9萬元，賠償精神損失1萬元。被告不服提起上訴，二審法院不僅維持了上述判決，並判令被告支付原告3600元護理費。2003年5月，武漢江漢區法院一審認定侵擾事實成立，判決被告賠禮道歉，並賠償精神損失2000元，被告不服提起上訴，二審法院維持了賠禮道歉的判決。

2003年，北京、溫州、上海都有案例得到曝光，並有溫州一例勝訴：2003年11月，浙江溫州市鹿城區法院也判決一例性騷擾成立，判令被告當面道歉，並賠償5000元。被告上訴，二審法院維持原判。

就這樣，在「性騷擾」成為法律名字之前，勇敢的當事人們，在「無組織無紀律」的情形下，推動眾多法庭正視性騷擾，並產生了若干勝訴的判例。

1.3 法律終於正視

參與立法的人們，也經歷了從盲視到努力打破盲視的過程。陳癸尊的立法建議後，1980年代末，國家開始起草《婦女權益保障法》仍然沒有具體看到性騷擾。據聞，1990年代初期深圳地方法規的起草時寫入了性騷擾，並且區分為一般的性騷擾和加重的性騷擾，加重的性騷擾包括利用職務關係和收養關係的情況。可惜，後來在人大討論時被否決了。

1995年，法律學者譚兢嫦、信春鷹主編的《英漢婦女與法律詞彙釋義》這樣介紹「性騷擾」：是「性歧視的一種形式。通過性行

為濫用權力……這種行為包括語言、身體接觸以及暴露性器官。性騷擾也是性傷害的一種形式，是性暴力延續的一部分。」

中國法律此前和性騷擾比較相關的罪名有侮辱罪和流氓罪。1997年修訂刑法時太過寬泛的流氓罪被廢除，從中分解出了一個新的罪名——「強制猥褻、侮辱婦女罪」（第273條）：「以暴力、脅迫或者其他方法強制猥褻婦女或者侮辱婦女的，處五年以下或者拘役。聚眾或者在公共場所當眾犯前款罪的，處五年以上有期徒刑。猥褻兒童的，依照前兩款的規定從重處罰。」加上已經存在的「侮辱罪」，嚴重的性騷擾可以以「強制猥褻、侮辱婦女」入刑。那些不足以得到刑事處罰的「侮辱婦女或者進行流氓活動」，《中華人民共和國治安管理處罰條例》第19條第4款規定，以擾亂公共秩序行為給予行政處罰。到這時，法律和政策看見的還只是「猥褻」「侮辱」或「流氓」，而沒有借鑒性騷擾這副「眼鏡」。

這期間，也有更多探討性騷擾的文章發表，如北京大學劉東華1999年發表文章呼籲法律應以明確態度禁止一切形式的性騷擾，並對法律操作進行了具體探討。2000年，《深圳週刊》、深圳大學等單位進行了中國第一次對性騷擾的專題大規模的抽樣調查。2002年，全國人大代表、西南交通大學陳大鵬教授再次提交《關於制定「反性騷擾法」的議案》，指出性騷擾現象在各國普遍存在，而中國的法律法規確實存在盲點。

其間，有兩個研討會在北京舉辦並得到媒體報導。一個是2003年7月21日舉行的「加強法律建設、防止工作中的性騷擾」研討會。與會的專家來自中國社會科學院、中國人民大學、北京大學、中國政法大學、中華女子學院，以及最高人民法院、全國婦聯和中國法學會反對家庭暴力網路。陪同英國首相布雷爾訪華的首相夫人切麗以她娘家姓氏作為布斯女士出席了這次研討並發表講話。另一個是

2005年4月14-15日由國際勞工組織和「在3+1機制中提高社會性別主流化能力項目」主辦、全國婦聯婦女研究所承辦的「反對工作場合性騷擾國際研討會」。國際勞工組織、勞動和社會保障部、全國總工會、中國企業聯合會、全國婦聯、全國人大法工委、最高法院的人員60餘人參加，全國婦聯副主席、書記處書記莫文秀和國際勞工組織北京局局長康斯坦斯・湯瑪斯出席了研討會並講話.

2005年，聯合國對北京世婦會的十年全球評審之際，為了在這個時間節點上體現對國際承諾的重視，《婦女權益保障法》的修訂在「兩讀」（而不是常規的「三讀」）後就被通過。眾多人的呼聲終於被採納，性騷擾條款這樣出現：「禁止對婦女實施性騷擾，受害婦女有權向單位和有關機關投訴」（第40條）；「違反本法規定，對婦女實施性騷擾或者家庭暴力，構成違反治安管理行為的，受害人可以提請公安機關對違法行為人依法給予行政處罰，也可以依法向人民法院提起 民事訴訟。」（第58條）

據說，修正案草案中曾有「用人單位應當採取措施防止工作場所的性騷擾 」的條款，但在通過之前已經被刪去。

在北京世婦會十年之後，經過研究者、當事人和立法者的努力，「性騷擾」終於進入中國法律詞典。

二、2005-2014 ：讓抽象的宣言獲得具體的內容

性騷擾入法是一個歷史性進展，但前路依然艱難。之後，勝訴的案例並未增加多少，2006年還出現騷擾者起訴五位曾向單位投訴的受害者、索賠十萬元的報導。現實面前，各方的行動者自覺不自覺地繼續或加入反性騷擾的漫漫征途。

2.1 政策宣導：聚焦定義和職場性騷擾

在一個中央集權的社會進行政策法律宣導，不啻是「螺螄殼裡做道場」。在有限的空間中，宣導者不斷聚焦，促成變革。而各省的地方法規，便是首要的新目標。國家層面的法律雖然禁止但沒有定義性騷擾，也沒有進一步的責任規定，通過讓地方人大通過的婦女權益保障法「實施辦法」等法規，多少彌補了這一缺憾。

2006年7月31日，〈湖南省實施《中華人民共和國婦女權益保障法》辦法〉獲得通過。其中以列舉的方式明確規定：「禁止以違反法律、倫理道德的具有淫穢內容的語言、文字、圖片、電子資訊、行為等形式對婦女實施性騷擾。」如參與起草的人士指出，此舉在國家立法原則和上位法的精神的框架內，彌補了國家立法沒有界定性騷擾的不足，其措辭易於理解、把握和實施；「各單位應當採取措施預防和制止工作場所的性騷擾」的規定，具有明確的宣導性；第41條，集中歸納了救濟途徑和法律責任：「對婦女實施性騷擾或者家庭暴力，構成違反治安管理行為的，由公安機關依法給予行政處罰；受害人可以依法向人民法院提起民事訴訟；構成犯罪的，依法追究刑事責任。」[6]

隨後，各省紛紛借鑒這些規定，在《婦女法》的基礎上有所前進。到2010年，31個省、市、自治區均已先後修訂了《婦女法》實施細則，13個界定了性騷擾，19個原則規定了用人單位的責任。其中，以2007年9月27日修訂的〈四川省實施《中華人民共和國婦女權益保障法》辦法〉最有突破，它規定「在工作場所發生對婦女實施

的性騷擾，造成婦女身體、精神、名譽損害，單位或者雇主有過錯的，應當依法承擔相應的民事賠償責任。」（第47條）這是迄今為止所有地方和全國性法規中僅有的類似規定。2010年，四川成都市中級人民法院發布示範案例，明確員工在工作場所對上司、下屬或同事等進行性騷擾，用人單位均可將其視為違反勞動紀律和規章制度的行為，並可視嚴重程度、後果，作出上述處理；今後對類似案件，轄區法院應參照執行。

2013年1月1日起施行的〈深圳經濟特區性別平等促進條例〉，把男性納入了職場性騷擾的保護範圍。

職場性騷擾也是民間機構宣導的主要議題。

2005-2007年，反對家庭暴力網路（2000-2014）、中國社會科學院法學研究所性別與法律研究中心邀請唐燦教授領銜開展「工作場所中的性騷擾研究」。經過對全國13個省市自治區性騷擾女性受害者及她們的同事、親屬、律師、法官等進行的深入訪談和分析，認識受害女性的經歷和感受，了解性騷擾背後的制度和文化因素，以及這些制度和文化因素對這些女性態度和自我定位的影響，從而以受害女性為主體來揭示性騷擾的危害和後果，2008年2月的一個研討會上，發布了〈工作場所中的性騷擾：經驗、環境及後果——對20個案例的調查和分析〉。這份研究報告顯示，性騷擾對受害者個人的影響延伸到她們的身心健康、工作環境、職業前景、婚姻生活、名譽和經濟等各個方面，性騷擾的傷害後果具有系列性、複合性和延續性，性騷擾的後果往往並不隨著事件被處理而戛然結束，如果在單位處理不得當、公眾輿論帶有歧視性的環境中，性騷擾對個人的影響會顯示出一定的滯後性和較長時間的延續性[7]。

7　唐燦、陳明俠、薛寧蘭、艾美玲，〈工作場所中的性騷擾：經驗、

　　在這項調研的基礎上，反對家庭暴力網路起草了〈關於人民法院審理性騷擾案件的若干規定（專家建議稿）〉，提交給2008年3月召開的全國人大和政協會議（「兩會」）。這個司法建議共22條，包括「性騷擾」的界定，用人單位提供安全生產環境、建立反對性騷擾的預防和糾紛非訴訟解決機制的職責，有關證據的規定（如用人單位的舉證責任、瑕疵證據的可採性），以及用人單位在預防和制止性騷擾問題上負連帶責任，且具體規定用人單位失責要向受害人支付不低於受害人月工資收入6倍的賠償金，以示懲罰。

　　2009年3月的「兩會」上，又一份立法建議被提交。2007年開始，北京紅楓婦女心理諮詢服務中心和浙江省社科院社會學研究所、廣州中山大學婦女與性別研究中心聯合開展了制止工作場所性騷擾調研，在北京、浙江、廣東三地發放了1500份調查問卷，組織了30個工作坊。調查發現，有80%的女性在工作場所遭受不同程度的性騷擾，騷擾者不僅有男性領導、同事，也包括顧客。在此基礎上，這些機構共同起草了反對工作場所性騷擾的立法建議稿。

　　修訂現有政策法規，是宣導的又一個方向。北京眾澤婦女法律諮詢服務中心／「婦女觀察」於2011年12月，在〈女職工特殊勞動保護條例〉徵求意見稿期間，組織召開了研討會，將修改意見和建議分別提交到國務院法制辦公室和國家人力資源和社會保障部。中華女子學院500多名學生也加入了這個宣導。建議內容包括增設規定，「用人單位應當採取必要措施預防和制止工作場所的性騷擾，為職工提供安全、平等、有利於健康的工作環境。未履行防治職場性騷擾義務的用人單位，與侵權人一起承擔連帶責任。」

（續）
　　環境及後果——對20個案例的調查和分析〉，《婦女研究論叢》，
　　2009年第6期。

終於，2012年4月18日國務院頒布的〈女職工勞動保護特別規定〉，吸收了部分上述建議，首次在國家勞動法規裡規定了性騷擾及用人單位的責任。其後，安徽、廣東、浙江、陝西、江西省的配套法規和規章中，進一步對預防、制止和處理有所規定，而江蘇在用人單位建章立制、教育培訓、投訴管道等方面的規定最為詳細。

2014年10月，聯合國消除對婦女的歧視委員會審議中國政府的履約情況後，在其結論性意見中，對中國仍然欠缺要求雇主就性騷擾承擔責任的法律規定表示關切，敦促國家通過法律規定，要求雇主對工作場所的性騷擾承擔責任。

2.2議題推進：組織發聲和個人行動

鄧玉嬌，湖北巴東縣某賓館女服務員，2009 年5月10日將強求性服務的地方官員刺死。其時，互聯網傳播的功效已經嶄露頭角，在和傳統媒體相輔相成的傳播中，鄧玉嬌事件成為全民關注的熱點。據研究，鄧玉嬌事件在北京5家報紙中14次登上頭版導讀，而廣州的《南方都市報》則在20天內發表21篇報導，其中4篇頭版導讀。這一事件中，輿論一邊倒地支持鄧玉嬌，最終鄧玉嬌被免於刑事處罰。但很多支持鄧玉嬌的觀點並不具有婦女權益、對婦女的暴力的角度，甚至從「捍衛貞操」的「烈女」角度將鄧玉嬌從權利主體降為男性附屬來讚揚，更少輿論從職場性騷擾、性暴力來闡述。但通過這一場資訊的爆炸式傳播，婦女權益的主題，得到了鮮有的曝光。

這個事件讓中國婦女組織第一次對性騷擾表態。

5月22日中午，中國婦女網發表了一則短訊，回應此前8名知識份子發起的公開信：「全國婦聯高度重視湖北省巴東縣發生的鄧玉嬌事件，據我們了解，當地黨委政府和司法部門對此事件高度重視，並採取了有力的措施，我們相信有關部門會依法公正處理，也將密

切關注事件的進展。」寥寥數語,被很多人認為太過含糊其辭而且言不及義,但其意義在於作為中國共產黨領導下的婦女組織,第一次回應公民的要求,就婦女權益事件(在這裡是對性騷擾事件)表態。

當天中午,獨立的「社會性別與發展在中國網路」(GAD網路)(成立於2000年,成員分布在全國十多個省市區)以電子郵件組發出了「關於鄧玉嬌案的徵文啟事」:

> 我們關心此案中所暴露出的對婦女的暴力的嚴重性,我們也關心此案對地方執法司法者的考驗,一起令人髮指的婦女人權事件讓我們很多人都感到憤慨和不安。
>
> 目前媒體對此案報導甚多,網路輿論洶洶,但我們仍感到其中缺乏婦女人權和社會性別的觀點。因此,我們將組織一次徵文活動,希望邀請相關人士對此案加以論述,揭露其背後與婦女人權和社會性別制度相關,而目前還沒有被公眾和相關部門認識到的問題,發出我們的聲音,促進此案的公正處理,並提高公眾的相關意識。

GAD網路的約稿信點出了此案對婦女的暴力的實質,立場是婦女人權和社會性別的視點。雖然後來由於時效性和媒體管制等因素,GAD網路的約稿很少在大眾媒體上刊登,而是由該網路彙集、編輯為「婦女權利何處尋」來分享。編者按寫道:

> 我們認為此案絕非「普通命案」,而是嚴重涉及對婦女的暴力,對婦女的暴力則又是整體的社會性別不平等和對婦女的權力壓迫的表現,因此,對此案進行基於社會性別視角和婦女人權立

場的剖析是十分有必要的，而在一度洶洶的興論中，這樣的視角和立場卻相當缺乏，為此，我們以集體發聲的方式展開此次行動。

本專題所展示的角度並不全面，更深層的討論還應當繼續，我們希望至少能夠以此提示，社會性別視角和婦女人權立場可以開啟不一樣的批判思考之路，而這樣的批判思考所要求的，既是每一位婦女公民的權利保障，也是對從歷史到當下的社會性別制度和文化的全面改造；所始終警示的，則是我們每個人在此制度文化中的責任和擔當。

5月30日，反對家庭暴力網路（2000-2014）發出呼籲：政府機構、司法機關以公正態度對待鄧玉嬌案，儘快查清案件事實，公開案件真相；呼籲媒體恪守職業道德，以嚴肅的態度報導此案，避免此案的「娛樂化」、「點擊率化」；呼籲社會公眾以「公民」應有的社會責任感和行為方式來關注鄧玉嬌案，促使案件的公正解決，促進婦女人權的進步。

北京紅楓婦女心理諮詢服務中心，則直接聚焦於性騷擾，其6月8日的聲明「關注鄧玉嬌案 制定《工作場所性騷擾防治法》刻不容緩」寫道：

> 鄧玉嬌案發生在娛樂場所，鄧玉嬌作為娛樂場所的女服務員，在遭受男性的強烈性騷擾、甚至有可能是強姦威脅時，不甘受辱，奮起反擊，才釀成了命案。這個案件讓我們看到，男性視女性為玩物、將女性作為「消費商品」的極端的性別歧視在中國社會從未停止，女性在工作場所的人格和尊嚴受到嚴重侮辱，人身權利遭受肆意踐踏，人身安全受到嚴重威脅，這種性

別不公正的社會現象已經到了令人髮指的地步。它用血的教訓提醒我們，工作場所的性騷擾問題已經到了不得不正視的時候，制定一部針對工作場所性騷擾的立法刻不容緩。

……我國在性騷擾立法上的欠缺讓一些人得以鑽法律的空子，致使工作場所的性騷擾行為氾濫成災，導致像鄧玉嬌這樣的弱女子不得不採取激烈的行為來維護自己的人格尊嚴。因此，我們強烈呼籲，為了維護女性的合法利益，保障女性在工作場所的人格尊嚴和人身安全，消除社會對女性的性別歧視，國家立法機關應儘快制定一部專門的針對工作場所性騷擾的法律或法規，從根本上預防和制止工作場所性騷擾的發生，也讓類似鄧玉嬌案的悲劇不再重演。

從上述略顯重複的語句中，可以看出紅楓中心的特別關注和意圖呼應當年3月提出的對職場性騷擾的立法。

婦女組織在鄧玉嬌事件中紛紛亮相之後，青年女權人士以鮮明的個人行動者的姿態在更公開的空間耀眼登場。

「我可以騷你不能擾」、「要清涼不要色狼」，是2012夏天從上海叫響全國的口號。2012年6月，上海地鐵第二運營公司發布官方微博，畫面是一名女性身著透視裝乘地鐵的背影，文字是「穿成這樣，不被騷擾，才怪。地鐵狼較多，打不勝打，人狼大戰，姑娘，請自重啊！」這則微博貌似預防提醒女性提高警惕，字裡行間實則傳遞的是騷擾有理、騷擾無責的意思，並且有責備受害者自取其辱的含義。這則微博引起了網民的公憤，以及婦女權利捍衛者的強烈抗議。青年女權行動者以「我可以騷你不能擾」、「要清涼不要色狼」的口號，在上海地鐵進行了行為藝術，給大眾媒體的熱點話題賦予了婦女主體的全新視角。《女聲》電子週刊第116期和第117期

分別題為「拒絕自重，微博引爆反騷擾辯論」、「我可以騷，性自由不折衷」，集中、深入的剖析，為公眾則提供了更為豐富、深入的思考資源。女聲網、社會性別與發展網、婦女觀察網、反家庭暴力／帆葆網等多家婦女權益導向的傳播平臺將上海地鐵微博這一個負面舉動，反轉成大力傳播女性身體自主意識、反對性騷擾的絕好機會。

2013年9月到2014年春天，剛大學畢業的肖美麗(網名)發起「美麗的女權徒步」，從北京到廣州邊走邊進行反性暴力的宣傳教育、申請政府部門資訊公開等活動，並通過微博等自媒體聯結各地青年行動者，此舉也受到國內外新聞媒體的關注，產生了廣泛的影響。

2014年夏天爆出的廈門大學教授吳春明性侵性騷擾女研究生、博士生的事件，讓更多的個人行動者行動起來，畢業於廈門大學的年輕校友陸續給母校寫信，促請展開調查處理並保護受害人。他們進而彙集、翻譯和介紹世界各國和港臺大學、研究機構防範性騷擾的政策，還編寫了給學生、教師的小貼士。9月9日，全國高校正式開學在即，256名在國內外高校學習和任教的不同代際、不同性別和性取向的學生學者給廈門大學校長朱崇實和教育部部長袁貴仁的兩封公開信，分別在廈門提交和在廣州寄出。兩封公開信呼籲徹查廈大性騷擾事件，分別建議大學和教育部以此事為契機，制定出臺《高等教育學校性騷擾防治管理辦法》。公開信指出：「防範性騷擾不是『生活作風』的小事，更不是個人私事，而是事關教師職業倫理的公共事務，是保障教育公平、防止權力濫用、保障員工與學生權益、制止性別歧視的必要手段。我們希望教育部能以這次事件為契機，出臺相關政策、建立相應制度，保障高校能夠有一個公平、健康的工作、教學和生活環境。」

9月10日教師節前夕，以女生為主體的「小紅帽」手舉標語「盾

牌」，出現在廈大、北外、復旦等10個大學門口，還向全國116所211大學的校長寄出她們起草的高校性騷擾防治規範的建議信。經過多方努力，吳春明受到撤銷教師資格等處分，教育部在2014年9月發布「紅七條」（《教育部關於建立健全高校師德建設長效機制的意見》），將禁止對學生進行性騷擾列入其中，並要求各地各校要根據實際制訂具體的實施辦法。

2.3 機制建設：推動雇主和高校

　　2014年9月教育部積極回應高校反性騷擾機制建設的倡議之後，全國婦聯和中國婦女研究會進行了一次更為強力的推動。10月30日，這兩家機構及其和全國22所高校共建的婦女／性別研究與培訓基地在京舉辦「高校預防和制止性騷擾機制研討會」，提出八項具體建議，並希望這22家基地所在的高校，帶頭以明確的態度、適當的形式反對針對學生和教職員工的性騷擾行為，堅持預防為主、教育與懲處相結合的原則，採取積極措施預防和制止性騷擾。一些與會高校領導和代表紛紛表示，將率先採取積極措施（但直至2019年6月，尚無一所高校正式出臺這樣的機制）。

　　對用人單位進行的推動，2006年起步。當年，廣東省家政協會維權熱線開通，據聞對「不尊重家政工的人格尊嚴或者太色的」雇主，一些家政公司已經將其納入「黑名單」，即使這些雇主出再高的價錢也將遭到堅決封殺。

　　更加系統性的探索隨後開始。2007年1月，北京大學法學院婦女法律研究與服務中心（後來的眾澤婦女法律諮詢服務中心）舉辦研討會，拉開了推動企業建立防治性騷擾機制的序幕。與美國通用電氣公司（GE）和中國紡織工業協會合作，他們開始陸續為北京、廣東、江蘇、河北的十家內資企業和國營企業開展培訓和需求調研。

河北衡水老白乾釀酒集團有限公司、北京翠微大廈、北京西郊賓館
率先建立了預防、投訴和處理機制，到2011年3月，這個名單中加入
了北京唯美度美容國際連鎖機構、華北製藥集團和廣東中山火炬城
建開發有限公司。

以《中山火炬城建開發有限公司防治職場性騷擾制度》為例，
其中對員工和公司在工作場所防治職場性騷擾的權利和義務作出了
明確規定，包括每個員工均有舉報性騷擾行為的權利和義務；公司
有權對怠忽職守或者未盡保密義務的投訴受理者給予處分；對實施
性騷擾者，公司有權根據情節輕重予以懲戒，對情節嚴重者解除勞
動合同。

在項目合作過程中，中國紡織工業協會在其正在推行的企業社
會責任及行業標準中細劃了關於職場性騷擾的內容，中國紡織工業
協會社會責任管理體系（CSC 9000 T）的實施指導檔明確要求「採
取有效措施預防和制止各種形式的性騷擾」，包括定義、表現形式、
投訴、處理機制等內容。這些都納入了對企業的培訓內容之中。目
前，該行業內已有300多家企業接受了培訓。

在國際勞工組織的專家的參與下，開發了《防治工作場所性騷
擾指導手冊》，內容包括：工作場所性騷擾的定義、表現形式和認
識誤區；日常工作中應對性騷擾的策略和方法；企業建立防治工作
場所性騷擾的機制；應對工作場所性騷擾流程圖；自我培訓試題；
以及相關法律法規（http://www.womenwatch-china.org/newsdetail.
aspx?id=8720）。

2008年末，國際行動援助中國辦公室《工作場合的反性騷擾政
策和程式》頒發生效，筆者時任該機構性別平等和婦女權利主題協
調員，負責編撰和實施這個政策。這份長達10頁的檔，封面上標題
下面印著八行內容：

一、任何人不得實施性騷擾。

二、被性騷擾或性侵害不是你的錯。

三、譴責性暴力，你我有責任。

四、發現或知悉性騷擾事件，請立即向機構的人力資源負責人申訴。電話：（從略）或電子信箱（從略）

五、制止性騷擾，申訴比隱忍更有效。

六、尊重人的權利促進性別平等，為員工及相關人員營造一個免於性暴力的環境，本機構責無旁貸。

七、機構對性騷擾或性侵害事件的當事人身分將予以保密，並提供適當的協助。

八、性騷擾者，可以導致立即解職。

三、2015 -2018：壓力動力俱升，進步退步偕行

3.1青年女權重創不輟

2015 年的三八國際婦女節，一些青年女權行動者本來計畫在不同城市的公交站開展反對性騷擾的宣傳。3月7日夜到8日凌晨，員警在北京、杭州、廣州突襲了十多名年輕人的住處，將若干人帶走問話，並將李婷婷、王曼、韋婷婷、武嶸嶸、鄭楚然5人刑事拘留37天。「女權五姐妹」被抓事件震驚全球，來自100多個國家的十多萬人參與呼籲，歐盟、英國、美國、加拿大等國政要發表聲明，要求立即釋放和平反對性騷擾的女權人士，並和她們合作反對對婦女的暴力。幾乎所有國際媒體都相繼報導了女權五姐妹被捕事件及其連鎖反應。

和平反對公交性騷擾，女權人士本應是員警的同盟，結果卻遭遇牢獄之災，這樣一件荒唐的事情，居然發生在具有象徵意義的三

八國際婦女節前夕，發生在聯合國紀念和評估第四屆世界婦女大會
召開以及《北京宣言》和《行動綱領》通過二十週年前夕，發生在
中國宣布將和聯合國共同舉辦、習近平主席將共同主持當年9月的
「婦女峰會」的前夕，格外讓人震驚。五姐妹被抓、更多人受到騷
擾和驚嚇，極大地惡化了反性騷擾乃至整個民間爭取婦女權益的外
部環境，也嚴重影響了很多當事人及其家人和周邊親友的身心健康。

　　接下來，發生了更加無法接受的事。參與營救、為五姐妹維權
的人權律師中，有一人需要和五姐妹的家人和同伴保持密切溝通和
接觸，而此人在此過程中多次、連續性騷擾五姐妹的多名同伴，以
及五姐妹之一的同性伴侶。內外交困的當事人先是分別、後來共同
要求該律師停止騷擾並道歉，沒有得到預期結果之後，此事在社交
媒體爆出，引發了人權律師、公益機構和女權同伴三個有交叉也有
分野的群體之間激烈討論，在反對性騷擾的基本共識之下，大家在
性騷擾尤其是熟人性騷擾、工作場合的性騷擾的具體識別、相關人
士的應對、善後處理，以及建立防範機制等問題上，存在多方面的
分歧。之後，有相關機構開展了反性騷擾培訓。但由五姐妹被抓而
得到加強的人權律師和女權人士的聯繫，則因為這個性騷擾事件而
在情感和認知兩方面多少受到影響，並由此顯露出需求和現實的巨
大差距，在公益和人權從事者中，不啻格外需要提升對女權、對性
騷擾的理解力和敏感性。

　　五姐妹的被抓，讓這群青年行動者的公交反性騷擾活動面臨更
加逼仄的空間，但她們不斷設計出新的活動形式，如發動眾籌，在
城市發布同主題的公益廣告，籌款過程就是資訊傳播的過程，雖然
款項好容易籌到之後，廣告卻無法得到批准。

　　2017年5月，張累累（網名）在廣州發起「我是看板，行走反
騷擾」的公益活動，背著眾籌來的反性騷擾地鐵看板生活了30天，

並在個人微博上分享經歷，並鼓勵100個城市的百名女性加入「行走的看板」活動。她和同伴頻頻遭致警方的壓制，受到多方的騷擾和逼遷。但所有這些，都讓她們努力不輟，並吸引更多「粉絲」加入各種行動。

2015年以後，女權五姐妹仍然繼續關注反性騷擾事業。韋婷婷持續活躍於反性騷擾的討論、調研、服務和機制推進領域，鄭楚然不斷發表文章參與討論、投身各種能力建設和個案協助。2018年爆發的中國「米兔」行動，她們力排各種阻力，發揮著不可替代的作用。

3.2 校園性騷擾多議題紛陳

無論怎麼壓制，反性騷擾的輿論聲浪，已經不可遏制地四處響起，一些原來從未被討論的性騷擾話題，得到了凸顯。

2015年10月，微博瘋狂轉發一篇網文，批評華中科技大學曾經的畢業「潑水」狂歡活動中「攻占」女生樓、互相潑水、堵門等行為是一種集體性騷擾。在跟帖和討論中，繼續了對這種「校園文化」、「傳統活動」的爭議和反思。

2016年3月7日傍晚，「華南農業大學」微信號推出題為〈這麼「汙」的女生節橫幅，我們堅決SAY NO!〉的文章：

3月7日女生節，是在高校流行的一個關愛女生、展現高校女生風采的節日。近年來，校園裡流行通過懸掛橫幅來表達對女生的關注和關心。這種方式原本無可厚非，可是，今年學校裡出現的部分女生節橫幅卻讓人大跌眼鏡。通過搶眼球的性暗示，也就是網路流行的「自汙」，來表達了對女生的關注。也許，撰稿的男生們覺得犧牲了自己的形象，表達了對女生的讚美。

可是，這類所謂的「讚美」，卻有且只針對身體，透露出來的，是男性欲望的滿足，是對女性的不尊重和不負責；也許，有些人覺得這只是娛樂，而且也就一天兩天，何必如此較真？可是，當關愛變成意淫，當校園充斥性暴力的文字，我們是否能容忍？正如有的報導指出：「有些時候，性騷擾者是不小心過界了。也有些時候，他們是懷著明顯的惡意。但無論意圖如何，傷害就是傷害。」

由此，一場更大的「反三七過三八」的活動得到開展，活動得到近百名女生舉牌拍照支持，有高校性別社團拉起了彰顯婦女權益、追求性別平等的三七女生節橫幅，更有高校女大學生自發組織起來在校園裡高唱「女人之歌」、手拉性別平等橫幅遊校園，打造屬於自己的三七女生節。2016年3月7-8日兩天，獲得1.7億的點擊量。網友在「性別歧視發生的現場」——人才市場、警官學院、高校裡充滿性騷擾話語的三七女生節橫幅等——舉起抗議三七女生節和表達三八婦女節權益訴求的紙牌，反對將婦女群體根據男性性利益進行劃分，消除對「婦女」一詞的汙名，並讓「三八婦女節」重新回到其紀念爭取婦女權益漫漫長路的含義上來。

2016年6月，南京大學圖書館自習的女生遭遇性騷擾的資訊爆出後，這一則「我們不想沉默」的帖子，要求學校管理部門對校園安全環境切實負責，不到半天閱讀量高達82萬。之後，關注這個問題的全國各地高校學生走到一起，討論如何通過調研，促進對校園各類性騷擾事件的重視。

在參與南大圖書館事件討論的基礎上，2016年10月，廣州性別教育中心對高校性騷擾問題進行互聯網調研，全國6000多人參與。該中心還對全國113所211高校寄送了資訊公開申請。2016年8月29

日，北師大本科生康宸偉在他的個人微信公號和北師大校園媒體平臺同時發布〈沉默的鐵獅——2016年北京師範大學校園性騷擾調查紀實報告〉。洋洋1.3萬字，包含案例、資料、理論介紹和圖表，其中一張「2007-2016年北師大性騷擾次數地域分布圖」，被同學們稱為「防狼地圖」。報告還詳細介紹了為核實某學院副院長S教授性騷擾行為而進行的「暗訪行動」，以及核實之後向北師大紀檢委正式遞交實名舉報信和視頻證據的資訊。寥寥數天，這篇文章在兩個平臺的累計閱讀量近9萬，收獲上千點讚數。8月31日，北師大在官方微博做出回應。多家新聞媒體報導引發了進一步的重視，幾個月後，北師大低調處理了該教授。

2017年3月，廣州性別教育中心的調研報告發布，成為後來反性騷擾討論中最被廣泛引用的一個資訊來源。這份研究發現，超過6成的學生遭受到不同形式的性騷擾，其中女性遭受到的比例更高超過了7成，遭受到性騷擾的頻次也高於男性。男性遭遇性騷擾的比例為35.34%，且在一些性強迫如被逼拍裸照中，其遭遇的比例並不低於女性。性少數群體（包括同性戀、雙性戀和第三性別）無論在遭遇性騷擾的比例、頻次上都高於異性戀群體，在三種類別的具體騷擾上比例也高於異性戀群體。而僅有5.35%的學生明確表示其所在高校有預防性騷擾教育存在。在期待的預防性騷擾的教育形式中，主要希望開展有關的講座和沙龍，其次為在選修課中加入有關內容。在高校處理性騷擾的原則中，選擇最多的兩項原則為保密和嚴懲實施者。

3.3 相遇「米兔」，繼續長跑

2018年1月1日，北航畢業生羅茜茜在微博實名披露自己的經歷：向母校舉報當年副導師陳小武性騷擾，但調查遲遲沒有實質性

進展。當天下午，羅茜茜的微博閱讀量超過三百萬，北航黨委破例在假期開會並於當日晚在北京航空航太大學官方微博回應，稱對羅茜茜的舉報反映已立即展開調查，並已暫停陳小武的工作。

羅茜茜的舉報並非一日之功。2017年10月13日因為「Me Too」而看到的一個帖子，是羅茜茜和其他受害者彼此看到的開端。一之後，黃雪琴〈我也被性騷擾過——中國女記者性騷擾調查〉一文掀起又一波風浪，羅茜茜給她留言之後，她們逐漸有了一個得到律師加盟的增強版「受害者聯盟」。

羅茜茜帶動了對高校建立性騷擾防範機制的爆炸式呼籲。

何息（網名），西安外國語大學2017屆畢業生次日在西安外國語大學性別平等促進會的微信公號上，發表了致校長的公開信，建議西外以北航陳小武性騷擾學生事件為鑒，加快建立校園性騷擾防範機制的步伐。她也公布了自己2017年7月向校長提交的建立校園性騷擾防範機制的文件——那正是2014年女權社群因應廈大博導性騷擾事件擬定的、附有全套機制的建立高校性騷擾防範機制建議信。兩個小時左右，校長得知了相關資訊並給予積極回應，何息一鼓作氣，連續發表了更多的文章。

1月4日中午12點，羅茜茜向校方發布了一封只有一個名字的聯名信：〈給北航的聯名信——請別辜負我們的勇氣和期待〉。在得到北航官方「成立工作組」的回覆後，羅茜茜提出要將對陳小武的調查公之於眾。與何息的那篇公開信類似，她希望最終藉此機會可以建立「校園性騷擾防範與應對機制」。羅茜茜的第二封公開信同樣引起大量傳播，在北航校友間流傳之後很快就有了上千人連署，其中年齡最大的聯名者已經82歲。

同一天，北師大校友將一封信遞送到了北京師範大學校辦郵箱。信中結合了何息和羅茜茜的範本，以及「沉默的鐵獅」中對北

師大改善校園安全的呼籲。這封信裡，出現了後來被近百所高校校友借鑒的「五個一」建議：

1. 給全校每個教職工做一次有關防治性騷擾的培訓；
2. 給每位同學上一堂反性騷擾的課程；
3. 每學期展開一次性騷擾的網路調查，讓學生可以對性騷擾、抑鬱、焦慮等情況進行線上匿名回饋；
4. 設置一個接受性騷擾舉報投訴的管道，包括信箱、郵箱、電話等；
5. 明確每一個受理性騷擾行為投訴的部門，以及一個負責人。

張累累加入了這個給母校寫信的行列，她希望和何息一起，倡立一個全國高校的反騷擾聯盟。

北京郵電大學、中山大學、西安培華學院、南京師範大學等 13 所大學校長1月6日收到聯名信；到1 月 10 日，汕頭大學、西北農林科技大學、陝西師範大學等 52 所高校的校友給校長寄了信。到一月底，大約100所高校校長收到了類似的信。與此同時，更多的受害學生和校友開始了對騷擾者的舉報。

可以想像，這樣的輿情會引起何等的警覺和箝制。「Me Too」的標籤在社交媒體被禁止，有「性騷擾」三個中文字的文稿無法發出，即使官方媒體的評論也一度被刪帖，「米兔」的代號也被敏感化；一批批在校生被找談話、一個個已經畢業的校友被久未聯繫的老師「關心」，一個個沒有雇主的自由職業者的父母、男友被光顧……最極端的故事，是廣為人知的北大學生深夜被約談和嶽昕被噤聲多日的遭遇。

7月23日到30日，一週之內，「米兔」走出高校，攪動了公益圈、

知識界和媒體圈。不僅女性，男性和性／性別少數受害者也開始打破沉默。更多的知名人士被點名曝光有騷擾行為，更多的知名作者寫文章對「米兔」進行臧否，在接下來的媒體的禁令和解禁此消彼長中，「米兔」時快時慢、時進時退地奔跑。

在這新一輪女性受害者引領、女權同盟者加入的反性騷擾行動，還有一個「男人撐Me Too」的倡議。深圳反家暴從業者劉希重在微信朋友圈中發出的自我承諾，帶動了常瑋平、黃沙、李大巍、南儲鑫、張天潘、張智慧等人首批簽署、數百名各行各業男性相應。除了言行方面的自我覺察和約束，他們還願意貢獻自己的時間和專長參與受害者服務和宣導。

2015年9月下旬，廣州律師孫世華公開了自己在去派出所為當事人諮詢時遭遇員警「碰瓷」執法，侮辱性脫衣檢查達20分鐘。相繼有其她女性維權人士和律師披露遭遇脫衣檢查等涉及性凌辱經歷。至此，執法人員的性騷擾問題浮出水面，而這類事件的受害者要尋求公道，則面臨更多障礙。

2015年以來，反性騷擾雖然阻力重重，但也有所成效。法律方面的進展體現在2015年12月通過的刑法修正案，將刑法第237條修改為：「以暴力、脅迫或者其他方法強制猥褻他人或者侮辱婦女的，處五年以下有期徒刑或者拘役。聚眾或者在公共場所當眾犯前款罪的，或者有其他惡劣情節的，處五年以上有期徒刑。猥褻兒童的，依照前兩款的規定從重處罰。」之前猥褻罪的受害者只是婦女，而現在包括了所有人，儘管這次修訂沒有將性侵犯作為一項罪名，而仍然沿襲「猥褻」這個狹隘的、具有道德風化色彩的罪名，距離國際宣導還有所距離。

隨著越來越多受害人的勇敢維權，個別個案多少得到了積極結

果。尤其是「米兔」進入中國後，一個個富有影響的人士，或有所道歉，或受到處分，或不再是媒體紅人。一些機構開展了反性騷擾培訓，出臺了預防和處理性騷擾的政策。據信，到2018年夏天，已經有多所高校有了性騷擾防範機制的文本，儘管時至今日還沒有一個高校正式頒發。教育部在2018年1月三次對媒體表示會重視這個議題，並和有關部門合作建立長效機制。2018年11月16日，教育部印發新時代教師行為十項準則，從幼稚園、中小學到高校，「不得與學生發生任何不正當關係，嚴禁任何形式的猥褻、性騷擾行為」赫然在目。只是整個準則是在思想箝制的大框架下對教師進行約束，而且準則此條的前半句行文潛伏著對受害者的汙名化。2018年12月12日，最高人民法院發布檔，「性騷擾」作為新增案由，從2019年1月1日起可以獨立立案。

　　從2000年開始，中國婦女權益宣導者開始紀念消除對婦女的暴力國際日（11月25日）和隨後的16日反暴力行動（到12月10日世界人權日）。2018年是《世界人權宣言》70週年。25年前，「婦女的權利是人權」在全球叫響，並隨著1995年聯合國第四次世界婦女大會在北京的舉辦而進入中國。性騷擾作為性暴力的一種表現，是對婦女人權的侵犯。2001年以來，一個一個受害人用勇敢的行動，讓這個議題在中國逐步成為社會進步推動者的重要議程。多年過去，平等尊重的態度和行為，仍然有待在日常生活中得到實踐、在政策法律中得到切實的體現。

馮媛，北京為平婦女權益機構共同發起人。研究興趣：性別暴力，性別和新聞傳媒，性別和發展。1989年以來出版中英文著作逾50種。

從對#MeToo在中國的三波批評看公共文化的生成

陳 純

2017年10月，數十名好萊塢女星指控知名製片人哈威‧韋恩斯坦曾對她們實行性侵，隨後，同樣受到過韋恩斯坦性侵的女演員艾莉莎‧米蘭諾在推特上呼籲受過性騷擾的女性用＃MeToo標籤，講出自己的遭遇。這就是全球＃MeToo運動的由來。2017年底，南昌大學前國學院副院長周斌被學生提出涉嫌性侵的刑事指控，這是中國大陸的第一起＃MeToo案件。在接下來的一年裡，無數的中國女性在＃MeToo的旗幟下站出來，講述自己遭到性騷擾的經歷。

＃MeToo從一出現就爭議不斷，一些支持這個運動的人認為質疑者來自父權制的擁護者，或者來自守舊勢力，但在歐美，從其中影響較大的幾次批評來看，批評者本身就屬於女權主義者的陣營。在中國，情況更富有戲劇性。三波針對＃MeToo的批評，批評者都越來越接近運動的核心。這迫使我們放棄「進步／守舊」的二分，直面＃MeToo內部的複雜性。本文嘗試通過分析國內外針對＃MeToo的批評及其背後的邏輯，重構＃MeToo的敘事，闡明「公共文化」與社會運動之間的相互作用。與一些支持者不同，我認為這些批評根植於社會原有的公共文化之中，因此它們的出現具有某種必然性，＃MeToo運動如果要真的改變社會的性別觀念，改善女性的生存環境，它就無法跳過，也不應該跳過這些批評及其背後的公

共文化。

一、公共文化與國外對＃MeToo的批評

　　早在2018年年初，當中國才剛剛爆出北航教授陳小武性騷擾多名女學生的事件，法國主流報刊《世界報》就刊出了一封由一百位作家、演員、學者和商業精英連署的公開信，對＃MeToo或＃BalanceTornPorc進行抨擊，說這是一場新的清教主義運動。這封公開信的連署人全部是女性，她們認為：「男性對女性的調情，對性自由而言不可或缺。」「強姦是一種罪行，但不論手段是否笨拙，是否窮追不捨，追求並不是一種冒犯，更不是一種大男子主義式的侵犯。」她們不僅認為一些指控有失實和小題大做之嫌，而且也提出這樣的運動對男女之間的關係已經產生了不良影響：它打擊了男性對追求女性的積極性，甚至助長了「宗教極端主義」[1]。

　　在這裡，一百個法國女性和＃MeToo運動的支持者就西方公共文化中的性自由產生了分歧，兩邊都認同性騷擾傷害了女性的性自由，但是前者認為應當允許男性有更大的試探的空間，這樣女性更能享受兩性關係帶來的樂趣，而後者認為男性應該等女性明確表示同意再展開調情和追求。我們在這裡說的「公共文化」，指的並不是簡單的流行文化，而是一個社會深層的理念、價值、原則、記憶、想像、思想結構，有點類似於美國哲學家約翰‧羅爾斯所說的「公共理性」和加拿大哲學家查理斯‧泰勒所說的「社會想像」。公共文化中的理念、價值、原則、記憶、想像和思想結構，不一定為社

1　Shu，〈維護男士「調情權」，法國女士譴責「＃MeToo」太過分〉，https://mp. weixin.qq.com/s/wCtqzd9qeSzj1x1h_2gtZQ

會上所有的人所接受，但當一個人在公共討論中提出這些觀念時，別的人能夠（在同等條件下）合乎情理（reasonably）地去理解，並表達贊同或異議，常見的異議包括對該觀念提出不同的詮釋、對其適用範圍表示質疑，或者訴諸其他觀念。並非所有人的觀念都全部來源於公共文化，但很少有人的觀念和公共文化沒有一點重合。公共文化的存在，使得某種程度的社會共識得以可能，不至於呈現為永恆的意識形態的大混戰。

性騷擾所涉及的公共觀念，西方世界出現的情況還可以更複雜。《紐約時報》8月刊登了一篇名為〈當女權主義者被指控性騷擾會如何〉的文章，提到紐約大學德語和比較文學教授、著名的女性學者艾維托·羅內爾被她以前的博士生尼姆羅·賴特曼指控性騷擾，而羅內爾堅稱她和賴特曼之間的關係完全出於雙方的自願。紐約大學經過十一個月的調查，認定羅內爾的性騷擾程度足以「影響賴特曼的學習環境」，但否認了賴特曼所提出的「性侵犯、跟蹤和報復」等指控。今年春天，五十餘名來自世界各地的學者給紐約大學寫了一封聯名信，抗議紐約大學對羅內爾所做出的處理，其中第一個簽名者就是女權主義理論家裘蒂斯·巴特勒。信中如下寫道：

> 儘管我們沒有看到保密的案卷，但我們都在羅內爾教授身邊工作了很多年，都見證了她與學生之間的關係，我們中間的一些人還認識那個對她發起惡意攻擊的人……我們可以為羅內爾教授的優雅風度、敏銳的智慧和對學術的熱忱投入作證，並請求給與她體面和尊嚴，這是任何像她這樣擁有國際地位和聲望的人所應得的。[2]

2　張之琪，〈當女權主義者被控性騷擾：是權力濫用，還是非常規親

　　這封信被在網上公開以後，引起了軒然大波，許多人指責以巴特勒為首的女權主義學者，在受害者是男性且被指控者是女權主義者的時候，採用了不體面的「雙重標準」。8月20日，巴特勒通過電子郵件發表公開信，為自己先前的「背書」道歉，承認連署人不該「歸咎於投訴人的動機」，也不該「暗示羅內爾的地位和聲譽可以獲得任何形式的差別待遇」[3]。值得一提的是，另一位為羅內爾背書、但對＃MeToo一直持保留態度的左翼哲學家斯拉沃熱·齊澤克在巴特勒發表公開信的前一天，依然堅持羅內爾的行為沒有什麼不妥，並說受害者「現在如願以償，享受媒體對一個模仿受害者的關注，這個位置給了他（和他的支持者）所有實際的社會權力，將艾維托這個『權貴』人物推向社交失能和被排斥的邊緣。」[4]這種一般被稱為「譴責受害者」的言論，因為齊澤克是在幫一個女權主義者、酷兒理論家說話，似乎受到的批評也不甚嚴厲了。麗莎·達根也以「酷兒理論」來為羅內爾辯護，她認為不能從傳統的異性戀同性戀親密關係的眼光來看待酷兒親密關係，「酷兒不明確將友誼和愛情分開，不將伴侶關係和浪漫的友誼分開。」[5]

　　聯繫起＃MeToo最早的發聲人，義大利女星艾莎·阿基多被小

（續）
　　密關係？〉，https://mp.weixin.qq.com/s/NSHe9gDpvAub1ycFRF-27g
3　裘蒂斯·巴特勒，王芊霓（編譯），〈裘蒂斯解釋為何給羅內爾背書：羅內爾不該獲得差別待遇〉，https://m.thepaper.cn/newsDetail_forward_2369011?from=groupmessage&isappinstalled=0
4　齊澤克，盧南峰（譯），〈齊澤克力挺羅內爾：一封事後的短箋〉，https://m.thepaper.cn/newsDetail_forward_2368478?from=groupmessage&isappinstalled=0
5　皮晨瑩，〈紐約大學教授羅內爾性騷擾學生事件中不性感的真相：權力〉，https://m.thepaper.cn/newsDetail_forward_2386014?from=timeline&isappinstalled=0

她22歲的年輕演員和音樂家吉米‧本內特指控性侵一事，＃MeToo
在西方的公共討論中所牽扯到的價值和原則已經極其複雜：是將「性
自由」理解爲擁有更豐富性體驗的機會，還是個人身體不可冒犯的
權利？當受害者身分和被指控者身分不符合「擁有權力的男性性侵
處於弱勢的女性」的刻板故事時，女權主義者是否會遵從「對事不
對人」？酷兒實踐與性騷擾之間的界線在哪裡？儘管我們不懷疑會
有女權主義者就上述事件給出一套融貫的說法，但要在原則前後一
致、不歪曲事實、不損害＃MeToo運動和女權主義的聲譽的前提下
這麼做，恐怕難度不小。歐美社會固然還沒有將這些事件完全消化
進它們的公共文化之中，但有一點可以肯定：這些事即使發生在中
國，它們也不會引起同樣的爭議。並不是說在中國沒有女性認爲＃
MeToo運動妨礙了她們的性自由，也不是說中國的＃MeToo運動中
站出來的受害人和女權主義者不可能成爲被指控者，但難以想像在
中國的語境下，會有這麼多女性主動站出來維護男性調情的自由而
不被輿論進行惡意解讀，當下的中國人更加不可能接受酷兒理論作
爲公共理由來爲任何逾越常規的親密實踐和性實踐辯護。這充分說
明在＃MeToo這件事上，中國和西方有著完全不同的公共文化背景。

二、第一波批評

　　如果說，在上文的三個事件中女權主義是一個基本共識，只是
詮釋不同，那在中國，針對＃MeToo的討論並沒有一個女權主義的
共識背景，有的人甚至認爲中國根本不存在「公共文化」，只有價
值觀的「諸神之戰」。

　　說中國不存在公共文化，可以有兩點理由：1. 中國沒有真正的
言論自由，而公共文化的形成需要保證每個公民都能真誠地對自己

的觀點進行充分的論述而不受到來自公權力的懲罰，否則這些表達出來的觀點很可能是受到操縱的：2. 中國只有各種各樣的意識形態和價值觀，不存在任何廣泛意義的「共識」，所以人與人之間的交流呈現「同溫層效應」，不同的同溫層之間只能進行功能性的溝通，無法進行深層次的對話。

這兩種理由都有一定的道理，針對第一個理由，我們可以如下回應：中國雖然沒有作爲「權利」的言論自由，但卻有事實上的、量化意義上的言論自由，這並不是說雖然中國政府沒有尊重憲法裡的「言論自由」這一條款，但中國公民可以隨便說話不會受到公權力的懲罰。「因言獲罪」的事當然時而有之，但由於管控技術的有限和管控成本的考慮，中國政府不可能對所有的公共言論都進行管控，就算存在管控，大多也以刪除爲主。退一步說，即使有可能因言獲罪，許多中國人還是願意在公共討論中真誠地表達自己的觀點，且許多公共言論本身並不涉及中國政府所認定的「敏感內容」，它們本身可能是「政治中立」的。就這些方面而言，中國的公共文化，其公共性雖然是有局限的，但卻不是完全不存在。

第二個理由誤解了「公共文化」與「社會共識」。在中國，社會觀念的分裂狀態確實顯著，但這和公共文化是否存在沒有必然關係，因爲公共文化裡面的諸多觀念不一定要被社會所有的人接受，一個人很可能只接受公共文化中的其中一部分觀念，而不接受另外一部分觀念。如果一種觀念在公共討論中頻繁出現，且存在多種對它的不同詮釋，還經常被人引用作爲對自身與他人行爲之解釋，那我們可以說這種觀念處於社會意識的深層結構，也就是說，它屬於公共文化的一部分。公共文化內部，也不是一個融貫的整體，裡面可能存在著互相衝突的公共觀念。因此我們可以說，公共文化只是社會共識的材料，但卻不是社會共識本身。

正如我們考察國外對＃MeToo的批評，可以看到西方的公共文化如何應對這場運動，我們也可以考察＃MeToo在中國所遭受的批評，來觀測一些公共觀念如何從公共討論中湧現並接受＃MeToo的衝擊。中國的公共觀念中最突出的一種，大概就是「國族主義」。中國的國族主義並非簡單的民族主義（nationalism），還包含了一點國家主義（statism）。不是說在中國就不存在單純的民族主義，但由於近代以來中國民族建構的含混，以及「國家利益」和「民族利益」在公共論述裡難解難分，所以大部分中國人表現出來的民族主義，都或多或少包含了一些國家主義，因此我們用「國族主義」來替代，以區分西方意義上的「民族主義」。

針對＃MeToo運動的第一波批評，正是來自國族主義。從羅茜茜舉報陳小武開始，就有來自體制內外的聲音認為，這背後一定有「境外勢力」興風作浪。2018年3月，微信公眾號「酷玩實驗室」發表了一篇〈收外國男人的錢，騙中國妹子的炮？天朝竟有這樣一幫「女權組織」〉，對女權組織「女權之聲」和青年女權行動者鄭楚然進行污蔑，同樣也是以「與境外勢力勾結」為罪名[6]。

文章稱，「女權之聲」收取境外組織福特基金會的贊助，鄭楚然與支持港獨的境外學者洪理達（Leta Hong Fincher）密切往來，這些都說明，中國有一批女權主義者是受著境外勢力指使的。她們對中國男人進行討伐，目的就是將中國女人賣給白種男人。這篇顛三倒四的文章雖然沒有直接點名＃MeToo，但是從其發布的時間、針對的對象（在＃MeToo運動期間，女權之聲和鄭楚然的社交平臺帳

6　酷玩實驗室，〈收外國男人的錢，騙中國妹子的炮？天朝竟有這樣一幫「女權組織」〉，https://mp.weixin.qq.com/s/-JGzbh0BqAvSLRal EJyh_g

號都發布了大量相關內容）以及所扣的罪名來看，可以說就是衝著
＃MeToo去的。

4月份，在美國衛斯理安大學東亞研究助理教授王敖和其他北大
中文系95級同學的檢舉下，南京大學文學院語言學系主任、長江學
者沈陽當年在北大性侵女學生高岩的事遭到揭露。北大的一些在校
學生向北大校方申請，要求公開當年的相關資訊。北大外國語學院
的大四學生岳昕因此遭到校方的多重脅迫，並由於她本人的出國經
歷，被懷疑受到「境外勢力」的唆使。

當這些事件發生的時候，社交平臺上的一些帶有國族主義傾向
的輿論，一直將＃MeToo渲染成一場由別有用心的境外勢力主導，
旨在對中國各行各業的男性精英進行打擊的運動。很快，＃MeToo
在新浪微博上便成為敏感詞，無法發起帶著這個標籤的話題，也無
法進行搜索。

嚴格意義上，這一波對＃MeToo運動和女權主義的「批評」，
被稱為「攻擊」或「汙名化」也許更為恰當。它集中體現為「＃MeToo
運動受到境外勢力操縱」這個說法。它主要來源於：1.體制內的單
位或人員；2.把以美國為首的西方作為假想敵的反西方主義者；3.國
際關係的陰謀論者。從邏輯上來說，它的荒謬之處是顯而易見的，
比如它忽略了＃MeToo運動在西方的起因，比如它建立在一些沒有
根據的猜測之上，但它依然吸引了大量的信奉者。對於體制內的單
位或人員來說，接受「境外勢力操縱」的說法，為他們打擊當事人、
推卸責任提供了許多便利；對於反西方主義者來說，「境外勢力操
縱」無疑是一次戰鬥的號角，他們可以將無形的恨發洩在有形的運
動者身上；對於陰謀論者來說，這最能解釋同時有多個案件被曝光
的巧合。上述三種立場都屬於某種意義的國族主義。除此之外，考
慮到49年以來「帝國主義亡我之心不死」就一直被中國人掛在嘴邊，

「＃MeToo運動是境外勢力的操縱」這種國族主義表述是這個國家針對＃MeToo最自然又最本土的反應。

然而，這一波對＃MeToo的「批評」或「攻擊」除了將＃MeToo變爲敏感詞，吸引了來自體制的敵意，並沒有對運動造成實質損害。5月以後，儘管「境外勢力操縱」這樣的說法在公共討論中出現得少了，但也沒有完全消失。毋寧說，由於國族主義者對＃MeToo運動缺少觀察分析的耐心，國族主義本身和＃MeToo運動的邏輯也格格不入（7月底倒是有體制外的人認爲＃MeToo背後是政府借機來搞「自由派」），所以國族主義難以再在與＃MeToo有關的公共討論中發揮重要影響。此外，由於＃MeToo針對的對象以體制內人員（高校教師）爲主，＃MeToo的支持者又與體制發生過激烈對抗（岳昕事件），「境外勢力操縱」這種說法，反而對團結起所有對大環境不滿的人起了一定的作用，＃MeToo所獲得的支持愈加廣泛了。

三、第二波批評

從2017年底到2018年7月初，＃MeToo在中國所曝光出來的主要是大學教授，除了陳小武（1月）和沈陽（4月），比較轟動的還有人民大學的顧海兵（4月）和中山大學的張鵬（7月），它所吸引到的批評主要也來自體制內和對西方觀念抱有敵意的中國人。7月23日，億友公益創始人雷闖被指控曾性侵志願者，＃MeToo開始進入公益圈，環保公益人馮永峰、免費午餐的發起人鄧飛紛紛被曝[7]。7月25日，資深媒體人章文被多名女性（其中包括青年女作家蔣方舟）

7　關於＃MeToo的時間線，參考matters網站的整理，https:// matters. news/forum/?post=7e699bcc-cf40-4a39-ad09-2f845dd013dc

指控性侵和性騷擾，＃MeToo正式進入所謂的「公知圈」，因爲章文不僅是「中國百大公共知識分子」，還和賀衛方等著名的公共知識分子有深厚的關係。這時雖然有信力建和鄢烈山這樣的非體制公共人物出來給章文說話，並且懷疑這背後可能有官方或其他政治派別的陰謀，想要借機損害公知的聲譽，但由於指控者甚眾，章文的回應也極其粗魯野蠻，關注＃MeToo的旁觀者普遍更傾向於相信指控者。轉捩點在於熊培雲的事件，在鄢烈山幫章文辯護的言論出來不久，知名抗爭報導者趙思樂實名指控南開大學副教授、著名公共知識分子熊培雲曾經對她實行性騷擾，引發了大陸＃MeToo運動以來最大的一次「地震」。

　　熊培雲事件的複雜性不僅在於熊培雲的口碑遠遠好於章文，也在於趙思樂的指控缺乏進一步的相關證據支撐，儘管被指控者做出過長篇回應，指控者也再次提出反駁，但兩個回合下來，旁觀者難以從中得出比較肯定的結論，最終只能訴諸個人信任。7月27日，清華大學副教授、另一位著名公共知識分子劉瑜在朋友圈發了一篇長文，講述她對＃MeToo的看法[8]。

　　劉瑜這篇文章，如她最後所說，要是作者是一個男性，一定會被認定是himtoo。她是站在一個女性的角度來對＃MeToo提出批評，從這一點來說，文章性質有點類似法國《世界報》上的公開信，但由於文章背後沒有其他女性的署名，所以只能代表自己，不能代表其他女性。事實上，從後續的反應來看，劉瑜的女性身分並沒有給她帶來多少豁免權，批評她的人認爲，她的觀點更多地代表了她的「公知」身分而非從她的女性身分。文章分爲十七個小節，幾乎

8　劉瑜和趙丹的文章，都來自趙丹的微信公眾號「趙丹趙丹喵」，
　　https://mp.weixin.qq.com/s/z5ZTFLLVa1yS2k8-KcCV9A

每一個小節都飽含爭議，連總體肯定＃MeToo、被作者自認為「政治正確」的第二小節，都因為提及女性的自我保護而讓女權主義者感到難以接受。耶魯大學法律博士畢業的趙丹，就在〈中國的「咪兔」很寶貴，請不要輕易毀掉它〉中回應劉瑜說：「＃MeToo不需要教育女人和男同自我保護，而應該讓弱勢群體認識到，這裡有很多跟你一樣的人，你沒錯，是侵害你的人行為不妥，是要教育這些人重塑對性別界限、女性權利的認知，並鼓勵她／他們作出行動，形成推動變革的有效力量。」

其他的小節，在女權主義者看來，問題就更多了：從第四到第八小節，劉瑜力圖證明為什麼訴諸司法優先於網上曝光，她所列出的理由確實符合自由派公共知識分子的風格：法治精神、個體主義、無罪推定、比例原則、不能要被指控者自證清白……。對此，趙丹的回應也是有代表性的：「＃MeToo沒有給人定罪，不存在『刑』（按照定義『刑』必須有公權力介入），何談按比例量刑？＃MeToo是一種揭露現實，讓人意識到『原來這裡有問題』的文化運動，當然不能適用法律體系裡的比例原則。　」

在第十節，劉瑜認為不應當永遠預設女性是「無辜柔弱女人」，因為這和女權主義所宣導的「力量、自主性、勇氣」不符，兩性之間應該權責對等，趙丹回應說這是實然和應然的差別。第十二和十三節說，一些男性之所以會有對女性的性侵犯，流行文化中的「easy sex」觀念和一些女性的自我物化也需要負一定的責任，趙丹承認改變流行文化和女性自我物化的重要性，但認為這和指出男性做錯並不矛盾。男女關係中的親密接觸經常要考慮什麼時候必需女性給出明確的「同意」，什麼時候可以通過捕捉「信號」來進行，劉瑜無疑更傾向於認同「信號」的作用，而趙丹則相反。

劉瑜的文章出來以後，產生了一些戲劇性的反應：文章是深夜

發出來的，但自由派知識分子紛紛在朋友圈轉發，成刷屏之勢，到了第二天早上，來自女權主義的批評＋聲音卻漸漸成為主流。趙丹是最早回應的一篇，雖然以不贊同為主，但語言仍算溫和，屬於商榷而非抨擊。後來出現的一些批評文章，已經相當不客氣，甚至把劉瑜當作＃MeToo和女權主義的敵人來看待。自由派知識分子對激烈批評劉瑜的聲音大感駭然，有一些覺得這是＃MeToo運動已經超出控制的徵兆，要加以遏制，或至少要減少對它的支持。女權主義者和年輕世代對自由派知識分子的這種反應也感到不解，認為這是「代溝」，或者說，是自由派知識分子「過於保守」和「跟不上時代」。媒體人紀小城在〈中國＃MeToo大辯論：並非劉瑜導致撕裂，裂痕一直就在那裡〉一文中寫道：「不得不承認，許多曾經的『自由派』啟蒙者在知識結構、行動力以及對弱勢群體的共情上都已遠遠落後於年輕社運一代……。接下來帶領中國社運的，也許將會是女權主義者、左翼青年以及工人運動中的行動派。」[9] 如果歷史的發展是這麼順利，那我們也許應該樂觀中國的進步。實際上，＃MeToo在8月後就進入了防守階段，隨著被指控者以「名譽侵權」起訴多位指控者和爆料人，＃MeToo被帶進了司法程序。

實際上，劉瑜和趙丹的辯論，其意義不在於上演一種「進步派」和「保守派」之間你死我活的鬥爭，而在於充分展現了公共文化是如何受到社會運動的衝擊並作出反應、而運動的支持者又是如何回饋這種反應的。我們回頭看看劉瑜質疑＃MeToo的所有理由：個體主義、無罪推定、比例原則、權責對等、男女關係中的信號……這些當然是自由派知識分子的觀念，但從另一個層面來說，它們也是

9　紀小城，〈中國＃MeToo大辯論：並非劉瑜導致撕裂，裂痕一直就在那裡〉，刊於端傳媒2018年8月1日。

中國現階段的「觀念的水位」，劉瑜沒有超前，但也沒有落後。它
們能夠成為中國觀念現實的一部分殊為不易，其中有中國社會結構
發生整體性變化的原因，也有自由派知識分子的功勞。沒有他們花
費三、四十年的時間，通過在週期性伸展和收縮的言論空間反復地
宣講「常識」，這些理念不會成為中國公共文化的一部分。一個從
小到大在中國大陸接受教育，經常閱讀中國大陸出版物，長期浸淫
在簡體中文互聯網的人，即便是一個女性，ta所持有的關於性騷擾
問題的看法，更有可能接近劉瑜那種，而不是女權主義者那種。這
並不是說，在此問題上劉瑜才是對的，女權主義者是錯的；應該說，
此前的中國公共文化沒有太多女權主義的因素，雖然1949以後，這
個國家有過大量「婦女能頂半邊天」的官方宣傳。

　　趙丹對劉瑜的批評，不是通過全盤否定這些先前存在的公共觀
念，而是通過質疑其適用範圍，或者對它的語境加以限定。比如，
劉瑜認為在有確切的證據之前，應該對被指控者進行「無罪推定」，
而趙丹認為這只適用於刑事指控，不適用於社會輿論；劉瑜覺得不
應該訴諸「大鳴大放大字報」，而該交由司法程序來解決，而趙丹
通過對比中美兩國在反性騷擾機制、民意改變立法的方式以及最高
法院的作用等方面的差異，認為劉瑜的建議可行性太低；劉瑜擔心
#MeToo會導致男女之間的關係失去溫情，只剩下警覺，而趙丹認
為這種擔憂在歐美是可以理解的，但在中國，考慮這個還為時過早。
趙丹對劉瑜的這些批評是合理的，因為這些公共理念確實不是在任
何領域都適用，訴諸它們的時候也需要考慮一些配套性制度在不同
國家的實現程度。

　　通過公共文化來理解劉瑜和趙丹的辯論之所以是恰當的，也在
於她們兩人本身或多或少也有相關的論述。劉瑜說：「『無罪推定』
原則首先是一種文化，在特定文化上才可能生成特定的制度。我不

大相信一個公共輿論裡大家都普遍適用『有罪推定』的社會，會真的突然在法庭上有效推行『無罪推定』原則。」而趙丹回應說：「公權力審判需要『無罪推定』的文化基礎，但是以流行文化為基礎的社會運動，『無罪推定』的精神並不適用。」這充分說明，她們完全意識到社會運動和公共文化在發生著一定的相互作用，只是她們對這種相互作用並沒有展開討論。

劉瑜在文章裡，將＃MeToo類比為「大鳴大放大字報」，遭到無數女權主義者憤怒的嘲諷。北大飛在〈中國中年一代自由派知識分子知識結構問題〉中認為以劉瑜為代表的自由派知識分子患有嚴重的「文革恐懼症」：「其症狀是：無論看到什麼社會正義方面的東西，馬上會聯想到文革嚇得要命，看到持左派理論的人或群體，馬上大腦自動的嚇唬自己，這些人是不是挺毛的，他們做的事情會不會最終導向又一次文革。」[10] 這種嘲諷忽略了一點，那就是文革這種記憶和想像在中國當代的公共文化裡確實是根深柢固的。上面第二節質疑中國存在公共文化的第一個理由，其合理性還在於，中國當代的公共文化，不僅是社會結構性變化和知識分子的「啟蒙」所導致，也與官方的宣傳教育有關。自由派知識分子和鄧時代的中共（1978-2012），都參與了對中國當代公共文化的塑造，而在文革恐懼症上，這兩個群體是高度相似的。如果說在西方，將一件事情與納粹掛鉤就代表了這件事是無可辯駁的惡，那麼在中國，將一件事情與文革掛鉤也是如此，這體現了中國的公共文化與中國某一段歷史的特殊關係，沒有什麼值得嘲笑的。從另一個角度來看，女權主義者對「大鳴大放大字報」那種激烈的反應以及急於撇清關係的

10 北大飛，〈中國中年一代自由派的知識結構問題〉，https://mp.weixin.qq.com/s/lxW8Lw-aWPP-DkfJpxqNOg

態度，恰恰也說明了文革在當代中國公共文化裡處於一個什麼樣的
獨特地位。

四、第三波批評

　　劉瑜的批評帶給＃MeToo的影響是深遠的，它使相當一部分自
由派知識分子對這個運動感到疏離，但它沒有對＃MeToo和女權主
義產生巨大的撼動效應。讓人覺得遺憾的是，討論到了後來已經淪
為意氣之爭，劉瑜提出的一些問題沒有得到足夠認真的對待，比如
＃MeToo如何避免冤假錯案，如何對性騷擾的不同程度進行區分，
如何區分愚蠢的性試探和性騷擾。它們確實得到一定程度的回應，
但這種回應相比它們的重要性來說，依然是不夠的，劉瑜提出的解
決途徑（訴諸司法）固然難以讓人信服，但如果完全像趙丹所說的，
依照流行文化的「疑罪從有」，聽起來當然解恨，可終究不是妥善
之計。中國的進步派，以後還是要回過頭來補這一課。
　　賀衛方在轉發劉瑜的文章時提到「這樣的文章體現了女性作者
的優勢」。僅僅是女性的身分不足以讓女權主義者手下留情，但當
批評者的身分不僅是女性，而且是受害者，還是站在＃MeToo第一
線的行動者的時候，女權主義者就感到有點左右為難。去年金馬獎
頒獎典禮，台灣青年導演傅榆發表了一番獲獎感言，其中說道：「我
希望我們的國家能夠被當作獨立的個體來看待。」後續李安和諸位
大陸演員的尷尬可想而知，但讓人沒有想到的是，這番言論也引發
了＃MeToo的一場內戰。電影從業者弦子在自己的微博上發表了一
番評論，對傅榆的言論不以為然：「我支持言論自由，但真心認為
不承認台灣與大陸是一個國家的年輕人是被政治家弄得很蠢。」她
還認為，「台灣的發展遠遠滯後於大陸」，台灣疏離大陸的做法，

只會讓自己的處境更加尷尬[11]。

弦子的另一個身分，是朱軍案的當事人，她四年前在《藝術欄目》實習期間，被朱軍性騷擾，事後就曾報過案。去年＃MeToo在中國興起，她在7月27日凌晨（正好比劉瑜發那篇長文早了十幾個小時）將自己的經歷發在了朋友圈，朋友經得她的同意轉發，朋友的朋友麥燒將這個自述發在了新浪微博上，獲得了大量轉發。8月15日，朱軍的代理律師事務所「北京星權」將弦子麥燒和轉發用戶起訴至北京海淀區人民法院，索賠65.5萬，在收到法院通知後，弦子也正式起訴朱軍。這說明＃MeToo不得不如劉瑜所說，訴諸司法來解決，而且這種解決方式從一開始就得到弦子、麥燒兩人的認可。

弦子有關台灣的言論讓一些一直以來關注和支持＃MeToo的人頗為驚訝，這不僅是因為＃MeToo行動者甚少介入其他爭議性太強的話題，也因為＃MeToo從出現以來一直受到官方的打壓，它的支持者以對體制持有批評態度的人為主，他們認為台灣回歸，女性的生存環境有可能會變得和大陸一樣惡劣。再加上許多支持＃MeToo的人也支持性少數權利，而台灣在這一方面是亞洲最進步的地區，所以他們對弦子說台灣的發展遠遠滯後於大陸感到完全不能理解。當然，還有一些關注弦子的人確實是徹底的異見者，他們因為弦子、麥燒直接和朱軍這樣的體制內代表對抗而關注兩人。我們難以釐清所有捲入此事的人的動機，從事實來看，弦子因為發表了上述的言論而與一些網民陷入了纏鬥。

很快有人將台灣的自主權與她對自己身體的自主權聯繫起來，這些言論徹底激怒了弦子，她認為這些嘲諷她的人來自女權主義者的陣營，再加上她站出來以後和一些女權主義者在某些問題的溝通

---

11 弦子的言論全部出自她的新浪微博「弦子和她的朋友們」。

上確實產生過不愉快，於是她將矛頭對準了女權主義。她在11月18日發了一個微博，表達的意思有幾個：她不認爲女權比別的公共議題（比如環保，因爲麥燒做環保公益）重要，她不信奉什麼「主義」，她不認爲＃MeToo涉及政治，更不認爲＃MeToo是一場「運動」。很多關注者急了，有的給她解釋爲什麼＃MeToo和政治有關，有的給她普及「社會運動」的知識，但更多的人表達的是失望，認爲弦子是要和女權主義劃清界線，避免對官司不利，有過河拆橋的嫌疑。

　　19日晚上，弦子又在微博發了一篇叫〈關於標籤，一個討論〉的長文，解釋自己爲什麼拒絕「女權主義者」的標籤。在文章的前面她引用了福柯關於「權力」的一段話，然後說：「我們由ID背後投射給彼此的目光變成一種精神對精神的權力，而在福柯看來，這種權力的目的，就是讓對象變得有用、有效。」引用福柯使得弦子的文章在一些人看來難以理解，但結合她在＃MeToo事件中的角色，她想說的是，她拒絕一切注視和標籤，因爲這些注視和標籤會傷害自己的「主體性」，讓自己成爲別人的工具；她擔心自己一旦獻身於某種主義或身分，就會難免爲了那種主義或身分去犧牲其他價值和傷害其他人：

> 我和麥燒，拒絕的並不只是一個女權主義保護的標籤，而是拒絕一切標籤：受害者、爆料人、意見領袖、異見者，我們拒絕被注視規訓，拒絕自己作爲絕對的女權主義（者）或其他身分而被注意，拒絕被這種注視變得有效、有用。因爲首先，我們就質疑這種有效。我們想以我們自己對世界的感知，成爲我們自己——福柯說人是被權力生產出來的，我們不希望有一天突然發現，自己無法成爲純粹的自己。

另一方面，她也解釋了爲什麼自己不願意將＃MeToo理解爲一

種政治和一場運動。她認爲在國內，受害者和爆料人站出來，促進的是社會整體女性權益的進步，但她們能夠得到的法律援助、經濟援助、心理援助和媒體援助都少之又少，「如果要說＃MeToo，這項浪潮的本質是鼓勵受害者說出自己的遭遇，但在所有後續保護措施都沒有做好的情況下，再去一味強加這個浪潮超然的政治意味，是在推著比自己弱小的人往火線衝。」她不僅從審慎的角度認爲沒必要給＃MeToo強加政治的意味，而且從受害人站出來講述的動機，她也不覺得裡面有政治的意味，只是「因爲她們痛苦，不說出來就更痛苦了。」

從行文的認真程度來看，弦子是有誠意向關注者解釋清楚自己的想法的，儘管她的解釋，在一些人看來並不一定有說服力。微博ID爲「我講舊常識」的青年學者巫懷宇就認爲，一個人可以拒絕某個標籤，但不可能拒絕所有標籤：「如果一個人過去做的一切，以及她最有代表性的身分，都是和女性權益息息相關，她拒絕女權標籤，就會給其他人帶來『她是誰』的認知混亂。」弦子對於國內女權主義者所做的努力以及所受到的打壓也不盡瞭解，所以才有「女權主義者沒做什麼只是點讚轉發」的抱怨。儘管如此，許多知名的女權主義者對弦子「拒絕標籤」的姿態依然表示理解，甚至有一些站出來狠狠地批評那些對弦子進行攻擊的「女權主義者」。然而誤會還是不斷升級，直到弦子說出了「實事不幹，拿著主義在網上搞文革，汙名化女權」，衝突達到了頂峰，因爲這種將＃MeToo等同於文革的論調，又讓人想起劉瑜那著名的批評。

拋開作爲弦子論述背景的福柯理論以及她觀點本身的是非對錯，我們還是可以從她的言論中找到某些公共文化的底色：去政治化、對一切「運動」的懷疑、個體主義、對道德理想主義的批判，以及最重要的，用文革來將對手的軍。弦子的「個體主義」體現在

她對個人主體性的伸張，拒絕被標籤，拒絕被當作某種宏大目標的工具，而當她認為獻身於某種「主義」就會不惜犧牲其他價值、傷害他人的時候，她的確分享當代的自由派知識分子對道德理想主義的批判。弦子「去政治化」的立場裡包含許多複雜的因素，就其個人來說，也許有一點米蘭‧昆德拉的意味，拒絕表態支持共產黨，但也拒絕表態反共。更重要的一點是，她最早站出來參與＃MeToo，更多的考慮是「司法不公」，而不是「女權」，她更願意訴諸法律，而不是訴諸政治或運動，她像劉瑜一樣，真心相信可以通過司法來解決性騷擾的問題，即使自己敗訴，那也是一種警示。不管女權主義者是否認同，弦子對自己的理解並沒有錯，儘管她作為＃MeToo中站出來的受害者，在與被指控者對簿公堂，儘管她在做的事與女性權益息息相關，但她的許多核心觀念，和女權主義確實沒什麼關係。如果要說的話，她這部分的觀念，反而更接近偏向保守的自由主義（她個人可能不喜歡這樣的標籤）。

　　儘管有人希望從女權主義的角度，重新整理弦子引發的爭論，但難以還原的部分，仍然說明＃MeToo的解釋權無法為某種意識形態（中性）所壟斷。如果說劉瑜和趙丹的辯護不足以讓一些人相信，中國的公共文化中有一部分樸素的自由主義觀念，那弦子的言論應該比劉瑜更能證明這一點。她是＃MeToo的一個核心參與者，而不是像劉瑜這樣原本就認同自由主義的知識分子，從她在金馬獎一事的態度上，她對體制沒有徹底的批評立場，她引用的哲學家也不是自由主義的哲學家。如果在這樣一個不帶自由主義「人設」（意指為自己設定的公共形象）的行動者身上，我們都能發現不少帶有自由主義色彩的公共觀念（還有一些國族主義的成分），那麼女權主義對於自由主義的批判，就可能需要考慮到更為複雜的情況。對於那些＃MeToo的參與者和支持者，如果他們希望這場運動能「改變

社會對待女性的觀念」，或者說把更多的女權主義要素注入中國的
公共文化之中，他們就需要有更多的心理準備和耐心，去應對原本
就存在的這些公共觀念。

五、結語

　　寫到這裡，也許我們依然無法說服一些人，他們認為，說中國
的公共文化裡有一部分自由主義要素，是自由主義者的自戀。持這
種立場的，一部分是文化保守主義者，他們相信中國的公共文化的
底子還是儒家等傳統思想，即使經歷了毛時代和改革開放，這樣的
底子依然沒有改變，那些傳統思想以外的觀念，都只是浮萍而已；
另一部分是全盤否認1980年代以來的「啓蒙」的激進派，他們認為
只有徹底推翻現政權，各種西方的先進觀念才能在真正在中國扎
根，在此之前，一切都是浮萍。

　　對於第一種，我們無法徹底說服他們，因為他們的立場已經接
近文化本體論，認定中國社會深層的文化結構只能是儒家的，對一
切跟這一點抵觸的證據都置若罔聞。但我們承認這一點：儒家等傳
統觀念在中國當代的公共文化中依然沒有消亡，尤其是近年來體制
內外的國學教育和讀經教育的興盛，一些地方的「女德班」，其傳
播的觀念「比如男人是天，女人是地」，和自由主義、女權主義都
是直接對立的。儘管在一些女權主義者看來，不接受女權主義的自
由主義和儒家觀念一樣是「父權制」的，都必須予以清除，但比起
自由主義，儒家觀念不僅離女性解放的目標更為遙遠，也因其與權
力中心更加接近而具有更大的威脅。

　　對於否定「啓蒙」貢獻的激進派，他們本質上認為，在專制社
會不可能存在任何統治者認可的觀念以外的公共觀念，他們否定公

共觀念具有獨立於政治的可能性，信奉「政治決定論」。就好像我們在第三節中所承認的，中國當代的公共觀念，有一部分也是中國共產黨所塑造的，這部分官方認定的觀念，通過官方報紙、中央新聞、領導人講話、歷史課本、思政教材和欽定的影視作品得到傳播。除此之外，權力還有更細緻的觀念再生產系統，比如《那年那兔那些事兒》、社交平臺上的五毛黨和有官方扶持的微信公眾號。然而在這些以外，觀念並非沒有別的生長空間，比如獨立媒體、非官方出版物、大學人文課堂、藝術展覽、外國網站，以及各種沒有受到當局操縱的微博帳號和微信公眾號。在這些空間生長起來的觀念，並不是無根的浮萍。

它們的根，恰恰在於這四十年來中國社會結構的整體性變化。1978年以來，市場經濟逐漸得到承認，非公有制經濟地位上升；中國社會出現大規模城鎮化，農民大量入城打工，大量體制外個體出現；中國加入WTO，鼓勵中國企業參與對外貿易，分享全球化的紅利；中國出臺計劃生育政策，使得在一兩代人之中，獨生子女家庭成為了主流；中國大學擴招，受過大學教育的中國人口比例急劇上升；中國政府在制度層面改善公民權利，比如廢除收容遣送制度、出臺《物權法》等；資訊化技術，如互聯網、電子通信等迅速發展，也極大改變了人們獲取資訊和感知現實的方式。一個容易被忽略的事實是：中國在過去四十年走過了西方兩三百年的歷程，中國存在多種相互衝突的觀念，便是這種「狂飆突進」的一個後果。政治權力固然可以操縱社會的觀念，但沒辦法改變一個現實：有一些觀念會隨著社會結構的整體性變化而出現，而另一些觀念的存在，只體現了社會意識具有某種滯後性。

這並不代表，我們要等社會結構本身發生根本性變化，才去改變社會對待女性的觀念，才去推動性別平等的進展。何況，有些社

會結構本身就是應該被改變的。公共事件和社會運動有其積極的意義：有的公共事件和社會運動，能對分享某種公共觀念的人產生一種動員作用，被動員起來的群體，可以合力完成更宏大、更進一步的目標；在另外的時候，事件和運動會對既有的公共文化產生衝擊，有助於新的公共文化的形成。可以說，沒有運動和事件，就不會有產生新的公共觀念的動力。

然而沒有來自公共文化的批評，公共事件和社會運動本身也無法變成新的公共觀念。＃MeToo中所蘊含的許多觀念，在國家政權不強制推行的情況下，不可能直接進入公共文化，必須經過一番爭論。比如說，儘管性騷擾是一種普遍的女性經驗，但通過＃MeToo這種方式來揭露和進行輿論懲罰，卻不是一種「普遍」做法。所以在運動期間，有人會就具體細節提出批評，運動者和支持者進行回應，如是再三。有一個事實是，劉瑜和弦子的觀點在她們提出來之前並不是沒有人提過，所以在不存在外力干預的情況下，劉瑜和趙丹的爭論、弦子和女權主義者的爭論，它們的出現是大概率事件。在運動告一段落後，對於運動的總體敘事和綜合意義，又會有一番爭論，爭論過後，部分運動中反復出現的觀念，會漸漸成為公共文化的一部分。著眼於公共文化的良性演進，批評者可以不把運動者看作洪水猛獸，運動者也可以不把批評者看作食古不化。但必須說明的是，這種良性演進並不一定會在所有的運動和批評之間出現。有的運動，背後帶有政治權力的撥弄，它們的目的也不是為了改變公共文化，而是為了「整人」。有的批評，既不是出於對公共事務的關注，也不是出於對共同生活在一個社會的同胞的關心，而是出於對某一個群體的偏見，或對自己固有立場的拒絕反思。這樣的運動和批評，也只會讓一個社會永遠陷於惡性政治的迴圈。

陳純，青年學者，主要研究倫理學、政治哲學和價值現象學。

「我也是」：
作爲集體行動的公共輿論運動

林垚

一、引言：何爲MeToo？MeToo何爲？

　　2018年，MeToo（「我也是」、「米兔」）運動的旋風一度席捲中國大陸，從高校、公益圈、傳媒界到宗教界，諸多有頭有臉的人物在性侵擾指控下紛紛現形[1]。與此同時，這場公共輿論運動也在

---

[1] 本文出於簡便起見，將性侵（sexual assault）與性騷擾（sexual harassment）合稱爲「性侵擾」；關於二者之間的區別，以及二者與性失當行爲（sexual misconduct）的區別，參見本文下篇第6節的相關討論。對2018年10月以前中國MeToo運動所涉案例及相關輿論的總結，參見端傳媒，〈無法迴避的浪潮：中國#MeToo調查全記錄〉，2018年10月21日（https://theinitium.com/project/20181021-metoo-in-china/）。需要指出的是，由於MeToo運動的社交媒體化、去中心化特徵，想要完整彙集所有相關案例可謂不可能的任務，包括端傳媒這份已然相當用心的「全記錄」也仍有諸多遺漏，比如7月底數名中國學生合作舉報泰國籍華裔教授王光亮（Non Arkaraprasertkul）性侵及性暴力、9月初女權活動家呂頻舉報阿里巴巴高管朱衛國對其性騷擾等案例均未收入其中，由此可知同期實際爆出的MeToo案例總數應當遠遠超出該記錄所稱的36例；此外，該記錄迄於九月底，未能涵蓋2018年最後三個月的事態發展，包括朱軍、周非、鄧飛等若干受指控者對性侵擾受害者及受害者親友的反訴，劉強東涉嫌強姦案等等。亦參見黃雪琴，〈中國「#MeToo」

推進反性侵擾制度建設方面取得了一些初步的成果，譬如促使中國最高法院正式將「性騷擾損害」納入關於教育機構責任糾紛的民事案由、一些地方出臺反校園性侵擾工作機制等等[2]。

不出意外的是，MeToo運動的短暫成功也引發了強烈的反彈。一方面，官方出於對社會自組織力量及公民運動的恐懼，慣性式地採取刪帖、約談等維穩措施，打壓與MeToo相關的討論與行動，令其在9月份之後迅速從本已相當逼仄的互聯網公共空間中銷聲匿跡；隨著運動的輿論勢頭遭到壓制，一些施害者亦借機反撲，對敢於出面指證的受害者秋後算帳。另一方面，中國民間對MeToo運動的質疑聲從未斷絕，其中既有對其他國家「反MeToo派」主要論點的學舌，又不乏一些頗具「中國特色」的觀念與主張。由這些質疑

（續）────────────

　　一周年：歷程、成績與限制〉，FT中文網，2019年1月2日（http://www.ftchinese.com/story/001080907）對18名MeToo舉報者的回訪。

2　最高人民法院，《最高人民法院關於增加民事案件案由的通知》，法 [2018] 344號，2018年12月12日；以及比如杭州市西湖區人民檢察院、杭州西湖區教育局，《關於建立校園性騷擾未成年人處置制度的意見》，杭西檢會 [2018] 5號，2018年8月6日（有相關報導稱是全國第一個出臺的反校園性騷擾工作機制）。當然，這些制度倡議早在MeToo運動展開之前就有中國的女權主義學者及運動家提出，MeToo運動的作用則在於為這些倡議獲得採納提供相應的社會意識與輿論助力。參見劉曉楠（2014），〈性騷擾的現狀及法律規制：以港台地區性騷擾立法為鑒〉，《婦女研究論叢》2014年第4期，第41-48頁；李軍（2014），〈學術性騷擾的共犯性結構：學術權力、組織氛圍與性別歧視〉，《婦女研究論叢》2014年第6期，頁44-55；等等。類似地，最高人民檢察院2019年2月12日公布的《2018—2022年檢察改革工作規劃》，提出「建立健全性侵害未成年人違法犯罪資訊庫和入職查詢制度」，雖不在這一波MeToo運動的直接訴求範圍之內，卻也不排除相關倡議者從中借力的可能。

以及相關回應所延伸出的種種爭論,雖曾在7、8月間形成一場公共說理的小高潮,卻因官方輿論管制的加劇,導致本來有望繼續深入的討論戛然而止[3]。

本文不揣冒昧,試圖對MeToo運動質疑者各種常見觀點與論述加以較為全面系統的辨析及回應。不過在此之前,或有必要簡單談談MeToo運動的脈絡、機制與訴求,作為後文討論具體議題的鋪墊。

1.1 反性侵擾的脈絡

就其本意而言,「MeToo運動」特指當前這樣一波以反對性侵擾為核心訴求的社會運動:其濫觴於2017年10月的美國,借助互聯網上一個同名標籤的病毒式傳播而興起,並在此基礎上持續動員迄今。當好萊塢製片人哈威·韋恩斯坦性侵慣犯的真面目終於被媒體揭露之後,女明星艾麗莎·米蘭諾在推特上發起#MeToo標籤,鼓勵有過被性侵擾經歷的女性說出自己的遭遇。此標籤當天就有超過20萬條推文採用,反映出性侵擾問題的普遍與嚴重。很快MeToo運動便從線上拓展到線下,演化為席捲全美的反對性侵擾的社會浪潮,進而蔓延至全球其他國家。2018年1月1日,旅居美國的羅茜茜博士在網路上實名舉報北京航空航天大學教授陳小武持續性騷擾多名女學生,是為這一波「中國MeToo運動」的發端。

不過圍繞MeToo運動得失而展開的公共爭論,往往並不限於針對當前這一波特定的社會動員,而是泛及一般意義上的「反性侵擾

3　對這場公共說理的前半程小結與檢討,參見紀小城,〈中國#MeToo大辯論:並非劉瑜導致撕裂,裂痕一直就在那裡〉,端傳媒,2018年8月1日（https://theinitium.com/article/20180801-opinion-jixiaocheng-metoodebate/）。該文提供了當時眾多爭鳴文章的鏈接,這裡遂不備載。

的制度倡議」、「反性侵擾的公共輿論運動」、「在互聯網上曝光性侵擾的做法」等等。畢竟，MeToo運動與之前其他反性侵擾實踐有著高度共用的母題，其訴求、策略、政策建議等等，很大程度上均早已被過往的相關探討所覆蓋（比如應當如何界定性侵擾、性侵擾指控的可信度有多高、何為性侵擾調查的正當程序及恰當證據標準、公共輿論的意義何在），真正的新議題（比如互聯網帶來的變化）為數有限；甚至就連運用互聯網平臺以及「MeToo」標籤來開展反性侵擾動員，也並非這一波MeToo運動的首創[4]。然而由於每一波運動都會吸引來一批此前並不關心或了解既有理論及實踐積累的評頭論足者，所以這些質疑中的絕大部分其實屬於閉門造車，而回應者也不得不將許多精力花在對基礎議題的反覆澄清上；反過來也一樣，MeToo運動出現之後為其辯護的論述（包括本文在內），基本上都承襲前人的洞見，並無太多獨出機杼之處。

另一方面，無論在MeToo運動的直接發源地美國，還是世界其他地區，反性侵擾的理論與實踐，從話語模式、政策議程到問題意識，均受到各自社會、政治、法律條件以及既有抗爭脈絡的高度型

4　早在2006年，美國黑人女權運動家塔拉娜·伯克（Tarana Burke）便已在互聯網上提出「Me Too」口號、並成立相應的線下組織，鼓勵遭遇職場性侵擾的少數族裔女性說出自己的遭遇，力圖喚起全社會對職場性侵擾問題以及少數族裔女性生存境況的關注。與主流輿論對伯克的長期冷遇相比，2017年底#MeToo標籤的爆紅，固然有恐跡累累的特朗普當選總統所造成的危機感、互聯網生態的變化等各種因素起作用，卻也同樣反映出美國女權主義運動內部長久以來的種族張力與階層張力，及其對「注意力」這一稀缺資源在分配上的切實影響。參見Angela Onwuachi-Willig （2018），"What About #UsToo?: The Invisibility of Race in the #MeToo Movement," *Yale Law Journal Forum* 128: 105-126；以及女權主義理論對「交叉性（intersectionality）」的大量討論。

塑,具有隱蔽的地方性,值得別國的借鑒者注意分辨。

　　以美國為例,自1974年琳・法爾利（Lin Farley）首創「性騷擾」概念之後,如何在美國的判例法體系中為其找到一席之地,用父權社會既有法規與判例的「舊瓶」裝下女權主義概念的「新酒」,便成了同情性騷擾受害者遭遇的法官與法學家們首先需要解決的問題[5]。1986年美國最高法院決定採納凱薩琳・麥金農（Catherine MacKinnon）的理論,將職場性騷擾定義為「性歧視（sex discrimination）」的一種,以便在《1964年民權法案》「第七款（Title VII）」中創造相應案由[6];同理,校園性騷擾也被《1972年教育修正案》「第九款（Title IX）」對校園性歧視的規定所涵蓋。

　　在這一制度安排下,雇主／學校倘若接受了聯邦政府的撥款,便有責任受理職場／校園性騷擾投訴。這固然加強了對（接受聯邦撥款的）雇主／校方的問責[7],另一方面卻也導致法院只接受當事雇

5　參見Lin Farley（1978）, *Sexual Shakedown: The Sexual Harassment of Women on the Job*, New York, NY: McGraw Hill, pp. xi-xiii; Reva Siegal（2004）, "Introduction: A Short History of Sexual Harassment," in Catherine MacKinnon & Reva Siegal（eds.）, *Directions in Sexual Harassment Law*, New Haven, CT: Yale University Press, pp. 1-39。

6　*Meritor Savings Bank v. Vinson*, 477 U.S. 57（1986）; Catharine A. MacKinnon（1979）, *Sexual Harassment of Working Women: A Case of Sex Discrimination*, New Haven, CT: Yale University Press. 但最高法院對「性歧視」的狹隘定義,又導致美國司法機構後來在處理同性之間的性侵擾案件時遇到很多困難,參見Katherine M. Franke（1997）, "What's Wrong With Sexual Harassment?," *Stanford Law Review* 49（4）: 691-772等批評;亦見本文第5節對性侵擾與各類權力結構之間關係的討論。

7　相比之下,未接受聯邦撥款的企業及其他機構（比如頻繁爆出神職人員性侵醜聞的天主教會、美南浸信會等宗教組織）卻完全不需要對其下屬的性侵、性騷擾事件負責（儘管它們仍然需要為其下屬除

員／師生對雇主／校方不作為或處置失當的起訴、而不再接受職場
／校園性騷擾受害者針對作案者本人的民事侵權（tort）訴訟，嚴
重限制了受害者申張正義的渠道與賠償額度[8]。與此同時，性騷擾投
訴受理權從法院轉移到雇主／學校行政部門，也令後者是否有充分
的能力或動機保證內部調查的專業與公平、反性侵擾機制是否會造
成「性官僚機構」的過度擴張、職場／校園違紀處分的證據標準應
當比照哪種類型的司法審判、雇主／校方究竟多大程度上應該為職
場／校園性騷擾負責等等議題，在相當大程度上主導了當代美國關
於反性侵擾機制（以及MeToo運動會對具體案例及制度造成何種影
響）的爭論（詳見本文續篇第6節）。尤其隨著高等教育院校成為美
國當代「文化戰爭」的焦點戰場，圍繞反性侵擾制度的論戰絕大多
數時候都把注意力集中在「第九款」的闡釋與運用上。2018年末，
部分出於對MeToo運動的反撲，特朗普手下的保守派教育部長貝琪·
德沃斯推出了一份「第九款」行政規則修訂草案，旨在大幅削弱奧
巴馬時期改良完善的反校園性騷擾機制，再一次將相關爭議推到了
輿論舞臺的中心（我參與撰寫了耶魯法學院學生工作小組對德沃斯
草案的批評意見書）[9]。

（續）

了性侵擾之外的其他民事過失負責）。對此類豁免的批評，參見
Martha Chamallas（2013），"Vicarious Liability in Torts: The Sex
Exception," *Valparaiso University Law Review* 48（1）: 133-193。

8　參見Joanna Stromberg（2003），"Sexual Harassment: Discrimination or
Tort?," *UCLA Women's Law Journal* 12（2）: 317-353; Sarah L. Swan
（2016），"Between Title IX and the Criminal Law: Bringing Tort Law
to the Campus Sexual Assault Debate," *Kansas Law Review* 64（4）:
963-986等。

9　Department of Education, *Proposed Rule: Nondiscrimination on the
Basis of Sex in Education Programs or Activities Receiving Federal*

　　美國的種族問題同樣對其反性侵擾運動及MeToo運動造成了深刻的影響。尤其在後民權運動時代美國黑人受困於「大規模入獄（mass incarceration）」的惡性循環、以及黑人男性遭到錯誤定罪及過度刑罰的比例遠高於其他族裔等現實背景下，對於性侵與家庭暴力的處理，出現了認為刑事司法的介入多多益善的「監禁派女權主義（carceral feminism）」，與認為前一方案的種族主義惡果太過嚴重，主張改由民事侵權訴訟、社工干預、暴力傾向強制治療等其他模式取代刑事懲罰的「反監禁派女權主義（anti-carceral feminism）」，這兩大對立陣營。類似地，對於美國高校的「第九款」反性侵擾機制，有人認為由於學校行政人員往往缺乏充分的法律訓練或指導，難以主動排除種族偏見，因此除非提高校園性騷擾違紀處分的舉證責任標準（亦即高於民事審判通用的「證據優勢」標準，詳見後文），否則便會冤枉許多無辜的黑人男學生；但也有人反駁說，學校行政人員的種族偏見其實也經常導致黑人女學生的性騷擾投訴得不到嚴肅對待，如果進一步提高舉證責任標準，對她們就更加不公平[10]。

（續）

　　Financial Assistance，2018年11月29日（https://www.regulations.gov/document?D=ED-2018-OCR-0064-0001）；Kathryn Pogin, Kath Xu, Alyssa Peterson, Lauren Blazing & Yao Lin, *Comment from YLS Community Members re Title IX NPRM*，2019年1月30日（https://www.regulations.gov/document?D=ED-2018-OCR-0064-31321）。對「第九款」來龍去脈以及圍繞其展開的「文化戰爭」的綜述，參見 R. Shep Melnick（2018），*The Transformation of Title IX: Regulating Gender Equality in Education*, D.C.: Brookings Institution Press。

10　前一類論點參見諸如 Lara Bazelon, "I'm a Democrat and a Feminist. And I Support Betsy DeVos's Title IX Reforms," *New York Times*，2018年12月4日（https://www.nytimes.com/2018/12/04/opinion/-title-ix-devos-democrat-feminist.html）；後一類論點參見諸如 Antuan M. Johnson（2017），"Title IX Narratives, Intersectionality, and Male-

再如美國MeToo運動中不同個案得到的輿論關注度與反應激烈程
度，究竟在多大程度上受到種族偏見的影響，也是運動過程中不斷
引起反思的問題[11]。

　　中國的情況則大相逕庭，一黨專制的政治結構、反性侵擾制度
建設的一片空白、調查記者業的凋敝、文革造成的集體「創傷後應
激」等「特色國情」，共同決定中國MeToo爭論各方的問題意識與
話語策略。比如在中國MeToo運動的支持者與反對者中，各有一部
分人採取的是基於「國情」的「讓步式」論述策略（前者譬如：「MeToo
運動在歐美法治國家可能確實有點走過了頭，好好的法律途徑不
走，非要到網上一哭二鬧，純屬『白左』們沒事兒瞎折騰。但中國
的法治狀況就是個笑話，性侵受害者根本求告無門，而且MeToo
輿論的熱度還沒有起來就遭到刪帖打壓。這種情況下還擔心中
國MeToo運動走過頭，實在是太不接地氣了吧！」後者譬如：「恰

（續）——————————————

　　Biased Conceptions of Racism," *Georgetown Journal of Law & Modern Critical Race Perspective* 9（1）：57-75。

11 比如在南亞裔演員阿齊茲・安薩里（Aziz Ansari）遭到匿名指控一事中，有人認為安薩里被指控的情節相當輕微，指控者只是利用白人女性的身分特權小題大做，媒體對此事的過分關注正是種族偏見的反映，見Caitlin Flanagan, "The Humiliation of Aziz Ansari," *Atlantic*，2018年1月14日（https://www.theatlantic.com/entertainment/archive/2018/01/the-humiliation-of-aziz-ansari/550541/）；但也有人認為，親MeToo運動的媒體其實並沒有把安薩里作為眾矢之的窮追猛打，相反為他辯護或開脫的聲音遠多於責備一方，可見MeToo輿論整體上有著充分的自省與自潔能力，見Osati Nwanevu, "There Is No Rampaging #MeToo Mob," *Slate*，2018年1月16日（https://slate.com/culture/2018/01/the-reaction-to-the-aziz-ansari-allegations-shows-metoo-is-more-measured-than-its-critics-claim.html）。另參前註提及的塔拉娜・伯克首倡MeToo運動一事，以及前引Onwuachi- Willig, "What About #UsToo?"一文。

恰是因為歐美國家有法治作為保障，造謠誹謗者需要承擔相應後果，加上媒體和民眾的素質比較高，所以MeToo運動才不會走向極端。中國就不同了，民眾素質低容易被煽動，政府更是巴不得利用性侵指控來打擊不聽話的公知。橘生淮北則為枳，MeToo運動到了中國，要是任其發展下去，不變成另一場文革才怪！」）；尤其中國的MeToo質疑者普遍將這場運動斥為「大鳴大放大字報」，更與後文革時代官方歷史敘事對一代人的洗腦息息相關（詳見第3節）。

1.2 MeToo運動的三重訴求及三類反彈

儘管各國反性侵擾的話語及議程存在地方性的脈絡差異，但MeToo運動作為一波持續不間斷的跨國社會動員，其機制與訴求則是明確與共通的。概而言之，即通過鼓勵性侵擾受害者做出關於自身經歷的公開證言（public testimony），形成對性侵擾經歷普遍性的共同知識（common knowledge）、以及反性侵擾的公共輿論壓力，從而達到對個案的追責，對性侵擾受害者及潛在受害者的賦能，和對縱容甚至鼓勵性侵擾的制度及文化的促變。

個案追責無疑是MeToo運動中最直觀、最引人注目的部分；當人們總結MeToo運動的「輝煌戰果」時，首先提起的往往也是其成功地將哪些性侵擾犯拉下了馬[12]。不過如果把個案追責視為MeToo運動的首要甚至唯一訴求，就無法理解如下兩點：其一，通過傳統媒體或互聯網平臺曝光性侵擾的案例，過去各國均時有發生，其中

---

12 比如參見Audrey Carlsen et al., "#MeToo Brought Down 201 Powerful Men. Nearly Half of Their Replacements Are Women," *New York Times*，2018年10月29日（https://www.nytimes.com/interactive/2018/10/23/us/metoo-replacements.html）；前引端傳媒，〈無法迴避的浪潮〉；等等。

一些也引起了巨大的輿論反響，但是為何只有在「Me Too」的集結
號聲中，性侵擾的輿論曝光才超越諸多孤立的個案聲討，匯合昇華
成公共輿論的一場運動[13]？其二，無論前MeToo時代，還是MeToo
運動中，輿論所曝光的性侵擾個案都有很大一部分並未達到追責的
效果（比如後文提及的卡瓦諾事件等）；然則追責效果的不盡人意，
為何無阻越來越多的性侵擾受害者加入MeToo運動的行列，公開訴
說自己的遭遇？

　　在父權社會文化中，遭遇性侵擾是一件恥辱且「不可說」之事，
受害者往往在事件本身的傷害之餘，又因身邊親友甚至執法人員的
冷漠與敵意而受到二重創傷，以及為社會文化偏見所困，陷入對自
我的種種責備、懷疑、厭惡與否定[14]。被壓迫群體的公共證言本身
具有療癒（therapeutic）和促進意識覺醒（consciousness-raising）的

13　以中國為例，早在羅茜茜舉報陳小武之前，互聯網上就已爆出過若
　　干輿論影響較大的性侵擾指控，如2017年12月微博網友爆料，南昌
　　大學國學研究院副院長周斌，在院長程水金包庇下長期性侵女生；
　　2017年5月北京電影學院畢業生「阿廖沙」指控班主任之父朱正明
　　以及兩名教授宋靖、吳毅性侵，並指控學校掩蓋事實、打壓舉報學
　　生；2016年8月北京師範大學學生康宸瑋發表長篇調查〈沉默的鐵
　　獅——2016年北京師範大學校園性騷擾調查紀實報告〉，揭露該校
　　教授施雪華（報告中稱「S教授」）等慣犯；2014年6月女生「汀洋」
　　指控廈門大學教授吳春明性侵，其後二百多名聲援者連署公開信要
　　求教育部徹查該案；等等（與後來中國MeToo運動的個案曝光一
　　樣，之前的這些指控中，只有小部分最終實現了一定程度的追責，
　　大多數則遭到打壓石沉大海）。同樣地，在MeToo運動之前的一兩
　　年間，美國互聯網上便已有過若干輿論影響較大的、尤其是關於高
　　校教授性侵擾及校方袒護或不作為的指控。
14　參見Jenny Petrak & Barbara Hedge（2002），*The Trauma of Sexual
　　Assault: Treatment, Prevention and Practice*, New York, NY: John
　　Wiley & Son, Inc.。

作用[15]，而「我也是」這一表述進一步強調性侵擾經歷的普遍性與共鳴性，將原本孤立的受害者聯結成心理上的共同體，藉此克服現實中的冷漠與敵意以及由社會文化偏見的內化而導致的負面自我評價，實現集體性的賦能。與此同時，當公共證言的言說內容從個案上升到集體經驗時，公眾對這一原本遭到忽略的集體經驗的共同知識也將令公共輿論的喧囂沸騰不單只是針對孤立的個案，而是直指其背後更根本性的制度與文化，在個案追責外推動長遠的社會變革。

MeToo運動的這些訴求，自然也引來了針鋒相對的反彈。大致而言，常見的反MeToo論調存在下述三類「理想類型（ideal types）」——當然實際爭論中，並非所有對MeToo運動的質疑都以如此誇張的形式呈現，很多時候質疑者的表述顯得溫和許多；不過即便對於較溫和表述的質疑，倘若深究其背後的預設和話語元素，往往萬變不離其宗，均可在下述三類「理想類型論調」中找到對應[16]：

---

15 參見Tasha N. Dubriwny（2005），"Consciousness-Raising as Collective Rhetoric: The Articulation of Experience in the Redstockings' Abortion Speak-Out of 1969," *Quarterly Journal of Speech* 91（4）：395-422; Lindsay Kelland（2016），"A Call to Arms: The Centrality of Feminist Consciousness-Raising Speak-Outs to the Recovery of Rape Survivors," *Hypatia* 31（4）：730-745等。

16 這方面較有代表性的比如劉瑜，〈關於metoo〉，2018年7月27日（首發於其微信朋友圈，轉載地址之一為：https://matters.news/forum/?post=16439143-1a75-497a-bad2-875d2fcd5d28），其中集齊了「群氓批判」（如第3至8段、第15段）、「弱女子批判」（如第2段、第10段、第13至15段）與「道學家批判」（如第5段、第14段）的各種話語元素。另據前引紀小城〈中國#MeToo大辯論〉一文的總結，劉瑜此文當之無愧是2018年中國反MeToo運動一方最有代表性的文本，不但羅列的反MeToo論點最全面，造成的輿論影響也最大；本文因此將其作為主要的徵引與討論對象。以下出於簡便起見，凡引用劉瑜此文時均不再以註腳形式說明出處，僅隨文標註

（1）「**群氓批判**」聲稱：MeToo運動實為文革時代「大鳴大放大字報」在互聯網上的還魂，慫恿性侵擾受害者繞開法治渠道，憑藉社交網路平臺散播一面之辭，煽動不明真相公眾的情緒，狂歡式地展開「指控即定罪」的「輿論審判」，踐踏無罪推定與程序正義原則，結果不是眾口鑠金冤枉無辜，就是上綱上線把只是犯下一點無心之失的人打入十八層地獄。

（2）「**弱女子批判**」聲稱：MeToo運動是對女性的「自我受害者化」，將其描述成任人擺布的木偶，配合「邪惡有權男人／無辜柔弱女人」的敘事範本，否定女權主義本該推崇的女性力量、勇氣與能動性，借此開脫受害者自身的責任，連「女孩要懂得自我保護、著裝不要太挑逗」的善意提醒都當作「蕩婦羞辱」大肆圍攻，也令一些別有用心的女性得以扮豬吃老虎兩頭占便宜。

（3）「**道學家批判**」聲稱：MeToo運動體現的是官僚式的僵化無趣與清教徒式的談性色變，要麼否認性關係建立過程中「曖昧」與「試探」的不可避免，要麼否認「曖昧」與「試探」的青澀美好，企圖推行「簽約撫摸」、「簽約接吻」、「簽約上床」制度，以一刀切的「同意」標準來規訓任何帶有性意味的互動，不給「情欲流動」留下任何空間。

值得注意的是，這三類「理想類型」之間並非涇渭分明，個中話語元素往往相互糾纏聯繫，比如「道學家批判」所強調的「曖昧」，與「群氓批判」所指責的「上綱上線」過度懲罰，根本上均事關如何恰當界定性侵擾行為、何時判定性侵擾成立等問題；「群氓批判」對「虛假指控」可能性的極盡誇張，背後反映出的性別偏見又與「弱女子批判」的「自我受害者化論」相表裡；等等。此外，由於MeToo

（續）―――――――――――――
「（L.*n*）」，其中*n*為該文自帶的段落編號。

運動對個案的曝光與追責，相比另外兩重訴求而言更為直觀和引人注目，相應的「群氓批判」也便成為質疑者最倚重的理想類型，混雜了最多的話語元素。後文的剖析也因此以「群氓批判」為主要對象（第2至4節、續篇第6節），並通過話語元素的內在關聯，兼及另外兩類反MeToo論調（第5節、續篇第7節）。

因篇幅較長，本文的寫作分為兩篇，章節連續編號，分別發表。本篇〈「我也是」：作為集體行動的公共輿論運動〉以下的內容安排如下：第2節與第3節分別考察「無罪推定」與「輿論審判」概念，指出為何質疑者將MeToo運動（以及其他公共輿論運動）視為踐踏法治的群氓狂歡，乃是基於對法治原則的錯誤理解和對歷史經驗的錯位應激。第4節與第5節各自通過對「虛假指控論」與「自我受害者化論」的分析與回應，揭示性別偏見如何隱蔽而深入地扭曲著我們在性侵擾問題上的認知。這幾節的討論，可以認為主要是對MeToo作為公共輿論運動的「消極辯護」，旨在消除人們對這一運動本身的種種誤解與恐慌。

接下來的續篇擬題為〈「我也是」：制度完善與社會文化變革〉，側重探討反性侵擾制度建設及社會文化再造方面的「積極議程」。第6節以美國的校園反性侵擾之爭為例，考察非司法或准司法的反性侵擾制度應當採取怎樣的程式程序和標準，「性侵」、「性騷擾」、「性失當行為」等應當如何界定，以及性侵擾懲罰的比例原則問題。由性侵擾的界定與懲罰，引出第7節對MeToo運動抹殺「曖昧」空間、鼓吹「性規訓」等質疑的辨析，以及關於何為恰當的性教育和性文化的討論。最後，第8節簡單回應其他若干僅僅基於時勢的策略保留（比如擔心MeToo運動在當前社會氛圍下過於狂飆突進，超出一般公眾的心理接受範圍，將許多原本同情反性侵擾訴求的人推到對立面，令保守勢力得以借機反彈；或者認為反性侵擾雖然重要，卻並

非當務之急，MeToo運動消耗了過多本可投入其他戰線的社會政治資源；等等），借此總結社會運動的意義及其推動社會變革的前景。

二、望文生義的「無罪推定」

「無罪推定（presumption of innocence）」是MeToo質疑者最熱衷於使用的概念之一。蓋因許多評論者既對該詞耳熟能詳，又對其內涵不求甚解，從而特別易於望文生義地濫用誤用，並在此基礎上對MeToo運動妄加指摘。具體而言，相關謬誤主要體現在兩個方面：一是未能注意到無罪推定是為刑事審判量身定制的舉證責任原則，進而生搬硬套地用其衡量公共輿論；二是未能注意到刑事審判中無罪推定所對應的舉證責任包含了特別的證據標準（standard of evidence），進而臆造出一種「（非刑事審判情境）倘不接受（刑事審判意義上的）無罪推定，即為施行有罪推定」的虛假二元（false dichotomy）。兩相結合便營造出「MeToo運動施行有罪推定」的恐慌。以下分別對這兩方面謬誤予以澄清，並解釋其背後的法理依據。

2.1 無罪推定的約束對象：刑事審判中的斷事者

作為一個法律概念，「無罪推定」有其特定的運用範圍與對象：它是為刑事司法量身定制的一套舉證責任標準，用於約束刑事審判中的「斷事者（trier of fact）」，也就是其關於犯罪事實的真假判斷將被視為司法事實、構成相應刑事定罪及刑事懲罰的事實基礎的那些人（譬如法官或陪審團）。在刑事審判階段，斷事者只有在認為控方用以支持犯罪事實成立的證據達到了無罪推定所對應的舉證責任標準時，才能做出「犯罪事實成立」的判斷，以此為基礎對被告者施加定罪和懲罰。

　　上述澄清，在兩個方面與圍繞MeToo的爭論尤其相關。（1）首先，「無罪推定」所對應的舉證責任，是一套專門針對刑事審判而設立的標準。譬如《世界人權宣言》第十一條對無罪推定的表述是：「凡受刑事控告者，在未經獲得辯護上所需的一切保證的公開審判而依法證實有罪以前，有權被視為無罪。」（楷體後加）在這個意義上，無罪推定既不適用於刑事審判之外的司法流程（比如民事審判），也不適用於刑事審判之前的司法流程（比如刑事控告）。

　　（1a）以美國的司法實踐為例。其刑事審判「無罪推定」所對應的控方舉證責任稱為「排除合理懷疑（proof beyond a reasonable doubt）」，意指對犯罪事實的認定不得在一個講理的斷事者心中留下任何疑點，是一個極其嚴苛的證據標準[17]。但其民事審判則從不

17　至於此處的「合理」或「講理」究竟又該如何界定，則是令法院與法學家們大傷腦筋的問題（亦見第4節對證據評估偏見及「可信度折扣」的討論）。在試圖將此標準量化的學者及法官中，有人主張其意味著被告人犯罪事實為真的概率高於95%，比如Jack B. Weinstein & Ian Dewsbury（2006），"Comment on the Meaning of 'Proof Beyond a Reasonable Doubt'," *Law, Probability and Risk* 5（2）：167-173；有人主張只需高於91%，比如Dorothy K. Kagehiro & W. Clark Stanton（1985），"Legal vs. Quantified Definitions of Standards of Proof," *Law and Human Behavior* 9（2）：159-178；還有人認為「遠遠高於80%」即可，比如James Franklin（2006），"Case Comment – *United States v. Copeland*, 369 F. Supp. 2d 275（E.D.N.Y. 2005）："Quantification of 'Proof Beyond Reasonable Doubt' Standard," *Law, Probability and Risk* 5（2）：159-165。另一方面，也有許多學者及法官堅決反對將「排除合理懷疑」標準加以量化，認為任何量化都會加劇事實審理者的認知混淆與偏見，比如Laurence Tribe（1971），"Trial by Mathematics: Precision and Ritual in the Legal Process," *Harvard Law Review* 84（6）：1329-1393；Jon O. Newman（2006），"Quantifying the Standard of Proof Beyond a Reasonable Doubt: A Comment on Three Comments," *Law, Probability and Risk*, 5（3-4）：

要求起訴方的證據足以「排除合理懷疑」，而是絕大多數時候採用「證據優勢（preponderance of the evidence）」標準，只需某項事實主張「為真的可能性高於為假的可能性（more likely to be true than not true）」、亦即為真的可能性高於50%，案件斷事者即須接納該事實主張；此外另有少數時候採用「明確可信證據（clear and convincing evidence）」標準，其門檻雖高於「證據優勢」，卻仍低於「排除合理懷疑」[18]。至於為何民事審判的證據標準應當低於刑事審判、刑法體系之外的反性侵擾機制究竟適用「證據優勢」還是「明確可信證據」標準，後文將有進一步討論。

（1b）與此同時，不管在刑事案件還是民事案件中，滿足「引議責任（burden of production）」（從而將某項事實爭議納入審理範疇）所需達到的「表觀證據（*prima facie* evidence）」門檻，也總是遠遠低於庭審階段「說服責任（burden of persuasion）」（亦即說服「斷事者」就該項事實爭議作出有利於己方的裁決）所對應的、用以衡量總體證據效力的標準。換句話說，即便對刑事案件的控方而言，「排除合理懷疑」的舉證責任門檻也只存在於審判定罪階段[19]，

（續）──────────────────

　　267-269。本文無意介入相關爭論，僅止於指出「排除合理懷疑」遠較「明確可信證據」、「證據優勢」等其他標準來得嚴苛。

18　美國司法體系中，其他要求比「證據優勢」更低的舉證責任標準不一而足，比如行政覆議中的「實質證據（substantial evidence）」、逮捕嫌犯時的「靠譜原因（probable cause）」、員警攔路搜查時的「合理猜疑（reasonable suspicion）」等等；因與本文關係不大，故不再逐一討論。

19　而且即便在刑事審判階段，也並非每一個事實爭議點都適用無罪推定原則、由控方承擔「排除合理懷疑」的責任。（1）某些與案件相關的事實可能不被視為犯罪構成要件（elements of the crime），而是列入積極抗辯（affirmative defense）範疇。美國有一些州在積極抗辯問題上採取「准無罪推定」制度，被告對積極抗辯只需承擔

而非之前的立案提訴階段。類似地，一如後文對「輿論審判」的討論所示，公共輿論中同樣存在對這兩層舉證責任的區分運用，儘管這一過程往往因為公共輿論的複調性（polyphonicity）與可再激活性（reactivatability）而難以一目了然、遭到其批評者（包括MeToo運動的質疑者）忽視（詳見第3節）。

（2）另一方面，對於任何刑事案件來說，「無罪推定」所對應的舉證責任標準，約束的都只是「斷事者」對案件事實具有司法權威、構成刑事定罪與刑事懲罰基礎的裁定，而並不約束其他並不掌握此司法權威者（比如陪審團外的普通公眾）對同一事實的判斷。

現實中，公眾不認同「斷事者」所作事實判斷的例子比比皆是。比如在著名的羅德尼·金（Rodney King）事件中，儘管數名白人員警主動圍毆這位手無寸鐵的黑人青年，並被路人全程錄下視頻，但一個由白人占絕對多數的陪審團仍然堅持以證據不足為由，將這些白人員警無罪開釋；公眾對此判決（及其背後潛在的種族偏見）的

（續）

　　門檻極低的「引證責任」，一旦跨過此門檻，「說服責任」便轉由控方承擔、且控方的舉證仍須滿足「排除合理懷疑」標準。另一些州的做法則接近於「有罪推定」，即要求被告一併承擔積極抗辯的「說服舉證」責任；其中絕大部分州要求被告的舉證達到「證據優勢」標準，但也有極少數州要求被告（注意並非控方）的舉證達到「排除合理懷疑」標準，不過後一做法爭議較大。（2）即便對於犯罪構成要件，某些特定情況下也可以不採取無罪推定。比如英美法系中的「另罪謀殺（felony murder）」類案件，即嫌疑人在進行其他犯罪活動（比如搶劫、強姦、入室盜竊）的過程中導致受害者死亡、因此被控謀殺罪（而不僅僅是過失殺人罪）；對此，美國絕大多數州在「預謀殺人」這一犯罪要件上採取的都是有罪推定原則（須由被告證明自己絕無殺人意圖）、甚至嚴格責任（strict liability）原則（根本不允許被告舉證，直接判為蓄意謀殺），只有極少數州（比如加利福尼亞州2018年新修訂的刑法典）採取無罪推定原則（須由控方證明被告蓄意謀殺）。

極度不滿，成為了1992年洛杉磯騷亂的導火索。類似地，1995年辛普森（O. J. Simpson）涉嫌殺妻案的刑事無罪判決，並不妨礙絕大多數美國公眾至今堅信他是真凶[20]。反過來，儘管陪審團理論上受到更嚴格的舉證責任約束，但由於不同人在具體證據評估（evidentiary assessment）中的判斷分歧在所難免（參見後文第4節等），因此同樣存在很多陪審團認定被告作案、公眾卻相信其無辜冤枉的例子。無論如何，這裡的重點在於，由於陪審團外的普通公眾並不是相應刑事審判的斷事者，因此他們的判斷對被告並不造成刑事上的後果，從而不必與斷事者接受同等性質或程度的判斷約束。

在關於MeToo的爭論中，有人曾否定「無罪推定不適用於公共輿論」的說法，其理由是：「『無罪推定』原則首先是一種文化，在特定文化上才可能生成特定制度。我不大相信一個公共輿論裡大家都普遍適用『有罪推定』的社會，會真的突然在法庭上有效推行『無罪推定』原則。」（L.7）——這段話裡隱藏著一個滑坡謬誤，其邏輯是：只要公共輿論不採取和刑事審判一致的推定原則，那麼當普通公眾被選為陪審員、到了法庭上之後，也就不可能「突然」改弦更張、遵守起無罪推定的要求來。

然而正如前文所指出的，實際情況恰好相反：即便在法治國家，普通公眾與陪審團之間的事實判斷分歧也比比皆是，但這本身並不

---

20 在2015年的一份民意調查中，美國白人相信辛普森是兇手的比例為83%，美國黑人相信辛普森是兇手的比例為57%；參見Janell Ross, "Two Decades Later, Black and White Americans Finally Agree on O. J. Simpson's Guilt," *Washington Post*，2016年3月4日（https://www.washingtonpost.com/news/the-fix/wp/2015/09/25/black-and-white-americans-can-now-agree-o-j-was-guilty）。

影響刑事審判中無罪推定的執行[21]。之所以如此，是因為某位普通公眾之被選中成為陪審員，本質上即為其從一個非斷事者到一個斷事者的角色轉換過程。陪審員本身對這一角色轉換的自覺，以及法官在「陪審團指示（jury instruction）」中的反覆提醒，才是前者能夠遵循無罪推定原則的關鍵。換句話說，即便我們承認「在特定文化上才可能生成特定制度」，這裡的「特定文化」也應當理解為公眾對「一旦被選中成為刑事審判的斷事者之後就必須遵守無罪推定原則」這一條件式要求的普遍自覺，而不是牛頭不對馬嘴的「公共輿論也應該普遍適用無罪推定原則」。

2.2 無罪推定的證據標準，及其與「有罪推定」的虛假二元

忽視「無罪推定」專用於約束刑事審判中掌握司法權威的斷事者，生搬硬套地將其挪用來批評公共輿論，乃是日常討論中常見的一類謬誤。不過相比起來，更加根深柢固難以破除的，當為另一方面的謬誤：由於不了解「無罪推定」所對應的舉證責任標準包含了特別的證據標準，而望文生義地敷衍出一種虛假二元，以為但凡不接受（刑事審判意義上的）「無罪推定」，就等於接受「有罪推定」，除此之外再無其他可能性。

事實上，前一類謬誤（在刑事審判情境之外濫用「無罪推定」

---

21 這當然並不是說斷事者對案件事實的判斷完全不會受到公共輿論左右。正如後文將提及的，媒體對案件的報導總會或多或少地影響到斷事者（以及斷法者）對當事人的態度，進而影響到判決結果。但對斷事者而言，這種影響發生在具體證據評估的層面，而非舉證責任層面。換言之，即便認為「輿論影響司法」是一個值得嚴肅對待的問題，也無法由此推出公共輿論必須採取與刑事審判一致的證據標準。詳見後文討論。

概念）之所以常見，恐怕恰恰植根於後一類謬誤（預設「無罪推定」
與「有罪推定」的虛假二元）在語感上的直觀自然、從而不易擺脫。
不妨設想，當某甲告訴某乙「無罪推定原則專用於刑事審判」時，
某乙極有可能的反詰正是：「照你這麼說，難道其他場合就都該採
用有罪推定不成？」——上小節末所引段落，同樣體現出這個邏輯：
「我不大相信一個公共輿論裡大家都普遍適用『有罪推定』的社會，
會真的突然在法庭上有效推行『無罪推定』原則。」（L.7，楷體後
加）可以看出，作者對「公共輿論不適用無罪推定」一說的拒絕，
背後正是預設了這一說法等同於「公共輿論適用有罪推定」；換句
話說，預設了「無罪推定」與「有罪推定」的非此即彼。

　　這種預設的錯誤在於未能意識到，「無罪推定」作為一個法律
術語，其內涵並不能完全通過日常語感的直觀來把握。前面已經提
到，無罪推定是專用於刑事審判的一套舉證責任標準。這套標準包
含兩方面的元素。一是舉證責任的分派：無罪推定意味著，在刑事
審判中，由控方負責向斷事者提供顯示被告人行為符合犯罪要件的
證據，而非由被告人承擔（除了積極抗辯的部分之外）自證清白的
責任。二是對證據標準的設置：無罪推定意味著，在刑事審判中，
只有當最終支持控方結論的證據達到極高的說服力門檻時，斷事者
才可以認定被告已被證明有罪（proven guilty）。非法律專業人士的
日常語感往往能夠直接捕捉到前一方面元素，卻對後一方面元素的
意義重視不足，從而忽略「無罪推定」與「有罪推定」之外廣闊的
邏輯空間。

　　譬如在英美法系中，各國最高司法機構均反覆確認：無罪推定
原則，等於在刑事審判中要求控方對犯罪要件的舉證達到前述的「排
除合理懷疑」標準。以美國最高法院為例，其在一項里程碑判決中
說道：「[排除]合理懷疑標準……為無罪推定提供了具體的實質……

而後者的實施是我們刑法的執行基礎。」[22]類似地，加拿大最高法院在提供給陪審團的指南中如此表述：「排除合理懷疑的證明標準，與所有刑事審判的基本原則——無罪推定，是相互交織不可分割的。」[23]

換句話說，「無罪推定」並不僅僅是要求指控者舉證，而是同時要求指控者的舉證滿足專用於刑事審判的極其嚴苛的「排除合理懷疑」標準（或非英美法系中的其他相應標準）；反過來，至少在日常語境中，「有罪推定」意味著將主要的（甚至絕大部分）舉證責任分派給被指控者來承擔。顯然，在「無罪推定」與「有罪推定」之間，仍然存在著其餘諸多可選的證據標準，譬如前面提及的「明確可信證據」與「證據優勢」等等。公共輿論、以及刑事審判之外的司法程序，即便採取這些低於刑事審判「排除合理懷疑」標準的舉證責任原則，也絕不等於其對被指控者施加了「有罪推定」；「（非刑事審判情境）倘不接受（刑事審判意義上的）無罪推定，即為施行有罪推定」的說法，無論在道理上還是現實中均不成立。

2.3 無罪推定（控方負責「排除合理懷疑」）為何只適用於刑事審判？

上述澄清可能遭到如下反詰：誠然，「無罪推定」一詞或許在法律上對應於特定的證據標準、有著專門的適用領域與對象，但是

---

22 *In re Winship*, 397 U.S. 358（1970），p. 363（"The [proof-beyond-a-]reasonable-doubt standard… provides concrete substance for the presumption of innocence… whose enforcement lies at the foundation of the administration of our criminal law."），楷體後加。

23 *R v Lifchus*, [1997] 3 SCR 320, p. 321（"[T]he standard of proof beyond a reasonable doubt is inextricably intertwined with that principle fundamental to all criminal trials, the presumption of innocence."），楷體後加。

如果無罪推定原則本身是好的、如果控方負責「排除合理懷疑」這種要求本身是合理的，憑什麼非要將其運用限定於刑事審判，而不拓展到其他領域，比如用來約束民事審判、衡量公共輿論？反過來，如果「排除合理懷疑」不適用於其他類型的事實爭議判斷，為何又要求刑事審判的事實結論達到這一嚴苛標準[24]？簡而言之，刑事審判為何特殊？

　　（1）首要的原因在於，刑事審判所威脅加諸被告的懲罰，比之其他類型的事實糾紛解決方案，有著截然不同的性質。刑事懲罰的核心要件，是對被定罪者的某些**基本權利**的剝奪。其中最常見的，是通過非緊急狀態下的監禁，較長時間地剝奪人身自由權[25]；除此之外，某些時代某些地區的刑法，還可能剝奪被定罪者的生命權（死

24　當然，就像其他任何規範性議題一樣，「排除合理懷疑」標準在刑事審判中的運用，同樣存在爭議：一小部分學者認為其即便對刑事審判而言也過分嚴苛、主張適當降低，儘管大多數學者仍在為其辯護。本節旨在辨析MeToo質疑者對「無罪推定」概念的誤用，故僅以主流法律理論及實踐為立足點，略過這些較為邊緣的爭議。對此議題感興趣者可參見Alec Walen（2015），"Proof Beyond a Reasonable Doubt: A Balanced Retributive Account," *Louisiana Law Review* 76(2)：355-446；Federico Picinali(2018），"Can the Reasonable Doubt Standard be Justified? A Reconstructed Dialogue,"*Canadian Journal of Law & Jurisprudence* 31（2）：365-402等較晚近的討論。

25　絕大多數司法體系同樣允許在未經審判的情況下，出於某些緊急原因極其短暫地剝奪人身自由，比如對刑事嫌犯的臨時拘留；這裡的關鍵是「緊急」與「極其短暫」，以至於可以被認為不對人身自由權構成無謂而嚴重的損害。當然，在現實中，各國司法體系均或多或少存在非緊急狀態下長期拘留未經審判定罪的嫌犯的情況，也因此引起諸多爭議與批評，比如參見Owen M. Fiss （2013），"Imprisonment Without Trial," *Tulsa Law Review* 47（2）：347-362；謝小劍（2016），〈論我國刑事拘留的緊急性要件〉，《現代法學》2016年第4期；等等。

刑)、**免受奴役權**(強制勞動與囚工)、**免受人身傷害權**(比如古代中國的肉刑、當代新加坡的鞭刑)、**政治參與權**(比如美國某些州剝奪犯人投票權的做法、當代中國刑法裡的「剝奪政治權利」)、**隱私權**(比如對有性犯罪紀錄者的住址資訊的強制公開,詳見後文)等等。中文裡之所以將刑法稱為「刑」法,正出於其懲罰手段與人身自由及人身傷害的內在關聯(「刑」與「形」近)。

與此相反,在民事糾紛中,後果的承擔絕大多數時候並不以喪失基本權利與自由為代價,無論是上述對**人身自由**的長期剝奪,還是對其他基本權利的剝奪。比如民事侵權一般以金錢形式進行賠償,即便法院強制執行,也只是取走責任方的部分**財產**(並轉移給原告方),而並未剝奪其**財產權本身**;同樣,學校開除嚴重違紀的學生,相當於單方面解除教育合同,雖然收回了學生在該校受教育的**特許**(license),卻並不因此剝奪學生的受教育權本身,包括其轉入其他學校的權利(若該學生認為自己並未嚴重違紀、或者違紀程度不足以被開除,也可以此為由對學校提起民事訴訟,其性質相當於指責學校違約)。類似地,公共輿論對一個人施加的「名譽懲罰」,實際上只是個體公眾對其所做道德評價的簡單集合,而不是對其**名譽權**或**隱私權本身**的剝奪(詳見後文關於「輿論審判」及「官方譴責之汙名」的討論)。

(1a)對基本權利的剝奪,一般被認為是極其嚴重之事,因此做出這一決定時尤其需要謹慎;刑事審判中無罪推定與排除合理懷疑的嚴苛標準,正是對此謹慎態度的體現。辛普森在涉嫌殺妻一案的刑事庭審中被判無罪,免於牢獄之災,卻在隨後的民事庭審中敗訴,對受害者家庭支付了巨額賠償。兩次審判結果不同,源於舉證責任標準的差異;而舉證責任標準的差異,又基於刑事懲罰與民事賠償的嚴重性之別。

　　當然，「嚴重性」或多或少帶有主觀意味，比如對於一個饑寒交迫的人來說，罰走其手裡最後一點救命錢，未嘗不比將其關進監獄更加「嚴重」；或者有人可能真心覺得，（被公共輿論）千夫所指身敗名裂是比（被執法機關）五馬分屍身首異處更加「嚴重」的「懲罰」。不過前一情境可以通過將社會經濟權利納入基本權利的範圍而得到回應（政府令其公民陷入饑寒交迫，本身就已經侵犯和剝奪了後者「免於匱乏」的基本權利）；後一情境則可參見後文對「輿論審判」的討論。

　　（1b）基本權利只能剝奪，無法流轉；倘若一項刑事判決宣布被告無罪、不予剝奪人身自由，該判決並不因此剝奪了原告的人身自由（亦即並未將原告的人身自由流轉給被告）。反之，由於民事判決所強制的內容絕大多數時候並不涉及基本權利的剝奪，而是關於特定物品、資源、渠道或特許在原被告之間的流轉，因此其判決結果具有刑事懲罰所缺乏的對稱性：爭議金額或者歸於原告，或者歸於被告；合同中的爭議項目（或相應補償）或者歸於原告，或者歸於被告；諸如此類。

　　民事審判中要求事實主張「為真之可能性高於50%」的「證據優勢」標準，天然地反映了這種對稱性。正如美國最高法院一位大法官所總結的：「舉例來說，在雙方私人當事者關於金錢損失的民事訴訟中，我們一般並不認為，做出對被告有利的錯誤判決，和做出對原告有利的錯誤判決，二者之間有什麼嚴重程度之差。證據優勢標準因此顯得尤為恰當……另一方面，在刑事案件中，我們並不認為錯判一名無辜者受刑所導致的社會效用損失，等值於錯誤釋放一名有罪者所導致的社會效用損失。……在刑事案件中排除合理懷疑的要求，反映了我們社會的根本價值取向，亦即認為錯判一名無

辜者受刑,要比錯放一名有罪者逃脫糟糕得多。」[26]

(1c)當然,民事判決並不是絕無可能剝奪某項權利、甚至基本權利。比如美國曾有父母因為對孩子長期疏於照料而被剝奪其撫養權的案例,不同法官和學者便基於對其性質的不同認定(該懲罰是剝奪被告對特定孩子的撫養許可、還是剝奪撫養權這一權利本身;撫養權是父母的基本權利、還是包括孩子在內所有家庭成員其他基本權利的派生;等等),各自主張不同程度的舉證責任。其中美國最高法院走的是折衷路線,裁定撫養權糾紛相比於其他民事案件有其特殊之處,但其後果又不及真正的刑事懲罰嚴重,因此適用介乎其中的「明確可信證據」標準,既低於刑事審判的「排除合理懷疑」,又高於絕大多數民事審判所適用的「證據優勢」原則[27]。注意在這場爭論中,判決強制剝奪之物的屬性(亦即其與被告方基本權利之間的關係),仍舊是決定相應證據標準的關鍵考量之一。

(2)刑事案件絕大多數時候是由政府代表受害人及社會提起公訴(英美法系甚至規定刑事案件只能由政府公訴,不能由受害者自

---

26 *In re Winship*, 397 U.S. 358(1970), pp. 371-372.

27 *Santosky v. Kramer*, 455 U.S. 745(1982). 相關討論參見Barbara Shulman(1982), "Fourteenth Amendment – The Supreme Court's Mandate for Proof Beyond a Preponderance of the Evidence in Terminating Parental Rights," *Criminal Law and Criminology* 73(4): 1595-1611; Patricia Falk(1983), "Why Not Beyond a Reasonable Doubt? *Santosky v. Kramer*, 102 S. Ct. 1388(1982)," *Nebraska Law Review* 63(3):602-620;Debra Madsen & Karen Gowland(1984), "*Santosky v. Kramer*: Clear and Convincing Evidence – In Whose Best Interest?," *Idaho Law Review* 20(2):343-364;John Thomas Halloran(2014), "Families First: Reframing Parental Rights as Familial Rights in Termination of Parental Rights Proceedings," *UC Davis Journal of Juvenile Law & Policy* 18(1):51-93等。

訴；受害者只能提起民事訴訟，爭取從刑事案件嫌疑人手中獲得民事賠償）；公訴人能夠動用強大的資源搜集證據，在刑事訴訟的議程上占有極高的主動權與主導權，其隱然身具的權威光環又容易對斷事者的判斷造成潛移默化的影響。刑事審判對控方舉證責任的極高標準，因此也是對以公檢部門為代表的國家暴力機器的必要警惕與防範。相比而言，私人之間的民事糾紛，這方面的擔憂便要小很多[28]；對於缺乏約束力的所謂「輿論審判」來說，就更是如此了。

三、「輿論審判」與文革創傷後應激

當代中國人對「輿論審判」的恐懼，深深植根於後文革時代的

---

28 私人之間當然同樣存在權力關係，在民事審判中有時也會影響到舉證責任的分派，亦即由哪一方承擔達到「證據優勢」標準的舉證（注意「證據優勢」要求事實主張為真的概率高於50%，所以舉證責任歸於原告還是歸於被告，仍然是有區別的）。比如在美國，雇員與雇主之間若就後者有否拖欠工資產生民事糾紛，負責就「雇員確切的工作時間長度」做出舉證的總是雇主而非雇員；只要雇主無法出示關於雇員上下班時間的確切記錄，則雇員對這一爭議事項的主張即被採信。之所以如此，原因正在於雇主對雇員具有權力關係，因此理應承擔確切紀錄雇員工作時間的責任。見 *Anderson v. Mt. Clemens Pottery Co.*, 328 U.S. 680 （1946），p. 687；*Schoonmaker v. Lawrence Brunoli, Inc.*, 265 Conn. 210 （2003），pp. 240-241；等等。反過來，即便在刑事審判中，公訴人的證據搜集能力、議程主導權、權威光環等等，也並非在任何爭議事項上都會造成令人警惕的影響；有時對某個爭議事項（比如嫌疑人在作案時的精神狀態）「排除合理懷疑」，即便對於公訴人來說也是無法克服的挑戰。此時立法者便可能將其從「犯罪構成要件」中剔除，移入「積極抗辯」範疇，要求由被告進行舉證、或至少降低公訴人的舉證難度。參見前註對「積極抗辯」的討論。

集體無意識。以下心態在這方面頗有代表性：「#metoo作為一場運動也有我不喜歡的地方，最簡單而言，我天性不喜歡大鳴大放大字報。儘管我同意很多地方和很多時候，講究法治是一個很奢侈的事情——如果訴諸法律已經沒有可能，那麼訴諸網絡鳴放不失為一個選項，但我還是寧願看到法治途徑、甚至『找單位找親友鬧』這種『私刑途徑』被窮盡之後，大鳴大放大字報作為最後的途徑被使用。」（L.3）用後文革語境中極具負面色彩的「大鳴大放大字報」來定義性侵擾受害者在互聯網上的公開傾訴，甚至認為後者是比「找單位找親友鬧」更不堪的救濟手段，不能不說是非常有中國特色的思路。

　　然則「輿論審判」究竟可怕在何處，以至於寧可「找單位找親友鬧」，都要對其避之唯恐不及？本節從正反兩方面對此加以辨析：首先從公共輿論不同於司法審判的幾處根本特徵著手，指出「輿論審判」這個概念本身作為類比的限度與潛在誤導性；其次探討該限度在哪些特定條件下可能被打破，導致真正令人擔憂的後果。將MeToo運動的實際情況從這兩方面加以衡量考察，即可有效分辨：批評者對「MeToo輿論審判」的口誅筆伐，究竟是對真實危險的準確判斷，還是基於誤解和想像的非理性恐慌。

　　在進入正式討論之前，有必要首先說明：「輿論審判」一詞存在兩種不同用法，有時指的是「公共輿論對司法審判施加影響」，有時指的是「公共輿論取代司法機構自行審判」。英文中的「公共意見法庭中的審判（trial in the court of public opinion）」或「媒體審判（trial by media）」多指前者，尤其是案件公訴人或當事人律師（以及其他利益相關方）通過媒體渠道進行公關操作，試圖借用同情本方的輿論對法官或陪審團施加影響，促成對本方有利的判決[29]。後

29　絕大多數英文學術論文均在這個意義上使用「媒體審判」或「公共

文將另行討論這類「輿論影響司法」的現象。

與此不同，中文語境下（包括中國的MeToo質疑者筆下）的「輿論審判」一詞，多指「公共輿論取代司法機構自行審判」。比如前引文章在將MeToo輿論類比為「大鳴大放大字報」的同時，還視其為獨立於（而非僅僅旨在影響）司法審判的另一場「公審（show trial）」，並且有其自帶的、獨立於司法定罪與司法懲罰的「輿論定罪」與「輿論懲罰」機制，亦即名譽損失與社會排斥：「如果訴諸法律已經沒有可能，那麼訴諸網絡鳴放不失為一個選項」（L.3，楷體後加）；「大鳴大放大字報則是集體性的、遠距離的、帶有狂歡性質的公審」（L.5，楷體後加）[30]；「最近的氛圍越來越走向『指控即定罪』的原則——只要有一個人指控過另一個人，『被告』的名字就被反反覆覆掛出來吊打」（L.7，楷體後加）；「性侵犯對受害者可能帶來無盡的傷害和痛苦，但是一個『性騷擾分子』的標籤也可能對一個男人造成毀滅性打擊——即使他並沒有因此坐牢或者

（續）————————————————————————

意見法庭」一詞，略舉數例：Peter A. Joy & Kevin C. McMunigal（2004），"Trial by Media: Arguing Cases in the Court of Public Opinion," *Criminal Justice* 19（2）: 47-50; Giorgio Resta （2008），"Trying Cases in the Media: A Comparative Overview," *Law and Contemporary Problems* 71（4）: 31-66; Michele DeStefano Beardslee （2009），"Advocacy in the Court of Public Opinion, Installment One: Broadening the Role of Corporate Attorneys," *Georgetown Journal of Legal Ethics* 22: 1259-1333；等等。

30 作者此處所說的「公審」，其詞義須在黨國語境中理解，指審判結果早已內定、庭審只是裝模作樣的「做秀審判（show trial）」，而非允許公眾旁聽的「公開審判（public trial）」。正如前引《世界人權宣言》所示，「公開審判（public trial）」恰恰是法治精神的體現（除非有特殊原因使得案件需要閉門審理，比如保護未成年當事人的隱私、涉及軍事機密等等）。

丟掉工作，公共領域的身敗名裂也是終身陰影」（L.4，楷體後加）。
本節亦在這一意義上使用「輿論審判」一詞。

3.1 公共輿論作為無約束力的複調可再激活進程

　　審判是解決爭端的諸多手段之一，旨在通過訴諸權威，對特定
爭端做出有約束力的（binding）判斷與處置。比如前面提到，在司
法審判中，只有斷事者（在衡量庭審舉證之後）對於案件事實的判
斷，才能構成由國家強制執行的定罪與懲罰的事實基礎；同時，只
有斷法者（trier of law）對於適用法律的判斷，才能構成由國家強制
執行的定罪與懲罰的法律基礎（斷事者可能由斷法者兼任，也可能
由不同人分任）。再如歐洲中世紀流行的「比武審判（trial by combat）」
與「神諭審判（trial by ordeal）」，均以相信上帝的道德權威及其
對人間事務的實際干預為前提，審判結果也因此一錘定音[31]。

　　人們在使用「輿論審判」一詞時，往往容易忘記這只是一個比
喻，或者說只是一種矛盾修辭術（oxymoron）：公共輿論對爭端的
評議，無論如何喧囂，總是天然地缺乏「審判」所包含的權威性與

---

31 當然在實際的「神諭審判」中，真正的「權威」其實是掌握流程設
　置權及神諭解讀權的特定神職人員。這一方面方便神職人員徇私舞
　弊，另一方面也意味著在中世紀濃厚的宗教氛圍下，訓練有素的神
　職人員得以利用普通教徒「上帝無所不知」的信念，僅僅通過案件
　當事人是否敢於接受火刑等殘酷的「神諭挑戰」，便能準確判斷出
　案情真相，而不必當真動用這些毫無意義的酷刑。相反，「比武審
　判」由於完全依賴與案情無關的因素決勝，因此極度偏向於武力資
　源（包括可用於雇傭武力的財力資源）占優的一方，導致大量冤假
　錯案。參見Peter T. Leeson（2011），"Trial by Battle," *Journal of Legal
　Analysis* 3（1）：341-375；Peter T. Leeson（2012），"Ordeals," *Journal
　of Law and Economics* 55（3）：691-714。

約束力。（1）負責審判任何一個特定爭端的權威，無論具體人數多少，在相應爭端中均可作為單一的（singular）整體合而視之；即便不同審判官之間存在意見分歧，整個審判機構內部也必有某種強制性的表決機制，產生出唯一可以代表該「單一權威」意見的審判結論，作為後續執行判決的依據。

相反，「公共輿論」從來不是一個單一的整體權威，而是諸多互有分歧的意見共同構成的複調（polyphonic）輿論場域；這些意見的聲量難免有大有小，有時某一方意見會對其直接對立的一方在受眾人數上取得壓倒性的優勢，但要將這種優勢意見認定為足以代表「公共輿論」單一權威的意見，卻無法由「公共輿論」本身來完成（否則便陷入無限倒退），而需要某個額外的權威機構加以解讀、作為判決的依據（譬如「輿論影響司法」一說，就預設了司法審判者才是真正的單一權威）。

（2）審判是一個有終點的過程。在走完既定的審判流程之後，權威機構將在某個時間點上宣布其判決結論，對特定爭端的審判至此完結（即便後續可能存在上訴環節，也同樣有其終點）；不同司法體系對這種完結性（finality）的規定或嚴或寬，但即便那些並不十分嚴格遵循刑事上的禁止「雙重危險（double jeopardy）」原則或民事上的「既判力（res judicata）」原則的國家（比如中國），也不可能允許在「沒有新的事實、證據」的情況下重新起訴[32]，否則審判機構的權威便形同無物了。

相反，公共輿論永遠處在一種「可再激活（reactivatable）」的

---

[32] 最高人民法院，《最高人民法院關於適用〈中華人民共和國刑事訴訟法〉的解釋》，法釋[2012]21號，2012年12月20日，第一百八十一條（五）。

狀態，其對同一案件、同一事實、同一證據、同一判決的討論，完全可以無止盡地延續下去，也因此永遠不會有一個類似於司法判決那樣蓋棺定論式的「輿論判決」出臺。這當然並不是說一個案件能夠在輿論中長期保持同等的熱度，而是說即便已經很長一段時間不受輿論關注的案件，也隨時可能被舊事重提，引發關於其事實真相及法律判決合理性的又一輪爭議。

事實上，審判的完結性同時也反映了它的不完備性（incomprehensiveness）：審判之所以有可能完結，恰恰是因為它是從整個社會互動中單獨劃出的一個有著嚴格邊界的過程和領域。同理，公共輿論的可再激活性，恰恰是對審判的完結性（或者說不完備性）的必要補充：畢竟錯判誤判在所難免，而完結性又意味著這些錯誤將無法（或極難）通過審判程序自身得到糾正，只能在審判程序之外、更廣闊的社會互動過程之中，尋求輿論上的公道。

（3）審判之所以要求權威的單一性與過程的完結性，是因為審判的最終目的是給出有約束力的事實結論與處置方案。在司法審判中，斷事者所認定的法律事實，對隨後的定罪和懲罰具有法理上的約束力；而後者對爭端當事人及非當事人的約束力，又來自國家對合法暴力的壟斷：經由司法審判確定的特定懲罰（比如通過監禁方式剝奪行動自由），將由國家機構強制執行；至於動用私刑（無論是對已被定罪者還是未被定罪者），則本身屬於違法犯罪之列。

相反，公共輿論顯然既無規範層面也無事實層面的約束力；任何一位公眾是否接受所謂「輿論審判」的事實結論（或者更嚴格地說，究竟接受公共場域中諸多不同事實結論中的哪一種）、是否在此事實結論基礎上參與對被指控者的所謂「輿論定罪」及「輿論懲罰」（亦即促成其「公共領域的身敗名裂」），都完全取決於其本人的判斷。這與司法定罪及司法懲罰所附帶的、強制性的「官方譴

責之汙名（stigma of official condemnation）」，有著根本的區別：經由司法系統認定的案底、敗訴或服刑記錄，並不隨社會對當事人的態度轉變而消失，而是成為當事人檔案的一部分，直接干預到其後續的求職、租房等日常生活各方面[33]；相比之下，缺乏官方強制作為基礎的「輿論定罪」與「輿論懲罰」，其實無非是對人際互動中再正常不過的、由社會一部分成員各自表達的「道德非議（moral disapproval）」的統稱而已。

　　與此同時，公共輿論的複調性還意味著，在公共輿論已被激活

33　John Jeffries & Paul Stephan（1979），"Defenses, Presumptions, and Burden of Proof in the Criminal Law," *Yale Law Journal* 88（7）: 1325-1407, p. 1374. 比如在美國，雇主慣例要求查看求職者的犯罪紀錄；不少人認為這種做法屬於對有犯罪紀錄者的歧視，主張通過專門的反歧視法案加以禁止，參見Elizabeth Westrope（2018），"Employment Discrimination on the Basis of Criminal History: Why an Anti-Discrimination Statute Is a Necessary Remedy," *Journal of Criminal Law and Criminology* 108（2）: 367-397。美國另一類更加制度化的「官方汙名」是「性犯罪者登記與通知（sex offender registration and notification）」系統；該制度剝奪有性犯罪紀錄者的住址隱私權，將其居住與遷徙資訊自動公開給其所在的社區，導致許多性犯罪者出獄之後難以買房租房，只能流落街頭，引發了關於此類制度利大還是弊大的長期激烈爭論，參見Catherine Carpenter（2003），"On Statutory Rape, Strict Liability, and the Public Welfare Offense Model," *American University Law Review* 53（2）: 313-391；J. J. Prescott & Jonah E. Rockoff（2012），"Do Sex Offender Registration and Notification Laws Affect Criminal Behavior," *Regulation* 35（2）: 48-55；Kate Hynes（2013），"The Cost of Fear: An Analysis of Sex Offender Registration, Community Notification, and Civil Commitment Laws in the United States and the United Kingdom," *Penn State Journal of Law & International Affairs* 2（2）: 351-379；David M. Bierie（2016），"The Utility of Sex Offender Registration: A Research Note," *Journal of Sexual Aggression* 26（2）: 263-273等。

或有待再度激活的任何一個時間點上，任何人試圖對被指控者施加「輿論定罪」與「輿論懲罰」（或者反過來，試圖為被指控者提供「輿論免罪」），都將遭到不同意見者的*輿論對沖*。——這一點就連「輿論審判」的批評者們也不得不承認，比如下面這段論述：「還有人說，就算是誤傷你了，你可以反擊啊、自證清白啊。這話說的未免輕巧。……熟悉網絡傳播規律的人都知道，謊言總是比闢謠傳播要廣泛和快速得多、自證清白往往是越描越黑、*信者恒信不信者恒不信*……所有這些，都讓『自證清白』這事變得蒼白。」（L.8，楷體後加）

此處作者已經意識到，「公共輿論」並非某個單一確定的審判權威，而是諸多不同意見的集合，以至於對任何事實主張，均由於不同個體在具體證據評估過程中的判斷差異，而存在「信者恒信不信者恒不信」的現象。但作者並未意識到的是，假如說這種現象降低了「闢謠」的邊際效用，那麼它同時也大大縮小了「公共領域……身敗名裂[的]終身陰影」（L.4）的「陰影面積」。在缺少（類似哈威·韋恩斯坦等案例中的）壓倒性證據的情況下，即便面臨極其嚴重的性侵擾指控，被指控者也並不會因此在整個「公共領域」身敗名裂，相反只是在相信該指控的一部分人們的心目中身敗名裂；而在缺少壓倒性證據時，這部分相信指控的人（尤其在互聯網時代）未必會在日常生活中與被指控者發生任何聯繫（畢竟實際生活中的人際互動本身足以產生一定程度的信任感），因此也並不總是能夠對後者的生活造成實際的影響。

以2018年美國最高法院大法官提名聽證期間，福特女士對被提名人卡瓦諾的強姦未遂指控為例。儘管聽證會後的民調顯示，美國民眾相信福特的比例（45%）遠高於相信卡瓦諾的比例（33%），但卡瓦諾不僅如願以償地當上了終身制的聯邦大法官，而且在事後

出席聯邦黨人協會（Federalist Society）等保守派組織的活動時，還獲得了全體起立鼓掌的待遇，體現出後者對他的熱烈支持[34]。顯然，「輿論審判」的不利結果遠遠沒有令卡瓦諾在其支持者群體中「身敗名裂」，遑論對其生活「造成毀滅性打擊」。

以上對「輿論審判」概念的辨析，並不是要否認「人言可畏」、「三人成虎」、「眾口鑠金積毀銷骨」等古老格言的智慧，也不是要否認虛假的性侵擾指控確實可能對被指控者造成百口莫辯的名譽損害甚至帶來牢獄之災（參見第4節對虛假指控的討論）。相反，上述辨析有助於我們擺脫修辭話術的誘惑，對MeToo（以及其他公共輿論）運動的是非利弊做出切合實際的評估。倘非如此，則對所謂「帶有狂歡性質」的「輿論審判」的批判，本身恰恰會淪為基於非理性恐慌的智識狂歡。

3.2 製造「群氓」：現實條件與錯位恐慌

對公共輿論的這種非理性恐慌時常流露於MeToo質疑者的筆下。比如用以佐證「輿論審判」之可怕的，竟是下面這樣的事例與思想實驗：「即使是對這幾天被連續指控的某強姦嫌犯，不也有某些離奇的指控（比如趴女廁）據說是釣魚貼而已」（L.6）；「如果有人指控你『2005 年 3 月 28 號晚上河邊強吻了我一次』，你怎麼

---

34 Domenico Montanaro, "Poll: More Believe Ford Than Kavanaugh, A Cultural Shift From 1991," *NPR*，2018年10月3日（https://www.npr.org/2018/10/03/654054108/poll-more-believe-ford-than-kavanaugh-a-cultural-shift-from-1991）；John Bowden, "Federalist Society Welcomes Kavanaugh with Standing Ovation," *The Hill*，2018年11月15日（https://thehill.com/blogs/blog-briefing-room/news/417054-federalist-society-welcomes-kavanaugh-with-standing-ovation）。

證明你沒有？或者一個姑娘十年前某次和你上床並沒有say no，但是十年後突然說自己是被逼的，你如何證明你沒有逼她？就算你能證明，為什麼網上一個人花個十分鐘寫個命題，你就得耗盡心力、財力、時間去自證清白？萬一你剛證明完、他又寫個新命題呢？熟悉網絡傳播規律的人都知道，謊言總是比闢謠傳播要廣泛和快速得多、自證清白往往是越描越黑、信者恒信不信者恒不信⋯⋯所有這些，都讓『自證清白』這事變得蒼白」（L.8）。──可以看出，作者並不信任公共輿論（或者說參與公共討論的大部分媒體和活躍網民）具備起碼的分辨力、能夠置「趴女廁」之類「離奇指控」於不理；同樣，在作者心目中，僅僅靠「某年某月某日河邊強吻一次」、「十年前某次上床並不自願」這樣缺乏更多細節與證據的空泛指控，就足以讓嗜血的公共輿論一擁而上，對被指控者「反覆吊打」，而後者則不得不「耗盡心力、財力、時間去自證清白」，並且還「往往是越描越黑」。

現實中的MeToo輿論及其反應當然並非如此。諸如「趴女廁」之類的離奇指控，即便確曾出現於互聯網的某個角落，也必定被其讀者不屑一顧而失去傳播力，以至於恐怕絕大多數網民（包括我在內）對此指控均聞所未聞，更不見有人當真將其總結到MeToo運動的曝光成果之中。真正能夠掀起輿論波瀾（遑論能夠令被指控者名譽掃地）的MeToo指控，無不給出了極其詳細的直接與間接證據（比如短信紀錄、足夠可信的交往情況敘述、在場人證、心理創傷證明等等），而且情節足夠嚴重、足夠引起輿論的持續興趣；反之，上述思想實驗中那類「點到為止」的指控，儘管可能對被指控者造成一時的困擾（要不要回應？要花多大力氣回應？回應了大家不信怎麼辦？），但只要指控方沒有進一步的證據可以補充跟進，輿論的關注點很快就會轉移，指控也將迅速沉沒在注意力經濟時代的資訊

海洋之中。

換句話說，儘管公共輿論並不像司法體系那樣試圖對「引議責任」與「說服責任」做出明確界定，但其實際運作仍然以**資訊受眾注意力的稀缺性及其調配為基礎**，隱而不顯地依賴並維持著這兩個不同層次的舉證責任門檻。在MeToo時代用「趴女廁」這樣的離奇指控來「釣魚」，對大多數讀者來說連「引議責任」的門檻都達不到，其傳播自然無從談起；「花十分鐘寫個[十年前某次和你上床其實是被逼無奈]的命題」，即便滿足了「**表觀證據**」的要求、激起輿論短時間內的小規模興趣，若無法補充更多細節與更實質的證據，絕大多數圍觀者仍會因為這一指控顯然無力跨越「**說服責任**」門檻而喪失進一步追究的興趣，「公共領域的身敗名裂」也就無從提起。

當然，這並不是說公共輿論絕無可能淪為「帶有狂歡性質的公審」（L.5），任何時候均可高枕無憂。但這種淪陷是有前提條件的，亦即：公共輿論的**複調性**遭到破壞（同時相關爭議在較長時間內遭到懸置無從**再度激活**），令其不再構成真正意義上的「公共」輿論，「**公眾**（the public）」被「**群氓**（the mob）」所取代。

（1）**社群的規模與緊密度是對輿論複調程度（及其抗擾性）的天然限制**；當社群規模小到一定程度、內部人際關係緊密到一定程度之後，輿論的複調性將變得極其脆弱，一有稍大的擾動便可能完全喪失。以MeToo質疑者經常引用的丹麥電影《狩獵》（*The Hunt*，丹麥語*Jagten*）為例：片中男教師因為五歲女童的謊言而被全鎮人一致認定為戀童犯，持續遭到排擠甚至私刑威脅。影片情節之所以真實可信，一大關鍵便是故事背景設置在一個地處偏遠而又雞犬之聲相聞的小鎮，人口規模限制了**潛在聲部的數量**，密切的社交關係又令輿論易於高度同步化。

正因如此，當質疑者用《狩獵》來比照MeToo運動時，便顯得

不倫不類。MeToo是互聯網時代的產物，而互聯網這個虛擬公共空間的特點恰恰是使用者規模龐大卻又現實聯繫鬆散（即便在黨派極化嚴重的社會，互聯網虛擬空間分裂為幾個基本上老死不相往來的「同溫層」，各個「同溫層」仍然極其龐大而鬆散）。誠然，互聯網上也存在無數小型的封閉社交群組，但這些群組本身的封閉性並不妨礙組員們各自借助互聯網上的其他渠道獲取和傳播資訊。

（2）毫無疑問，輿論渠道也有可能被選擇性地掐斷或挾持，導致支援某方的資訊與意見在某個龐大的受眾群體中間完全得不到傳播的機會，複調的「公共輿論」因此被統一口徑的「宣傳」所取代。這類輿論操縱可能出自私權，也可能出自公權。

（2a）私權操縱輿論，可以基於少數財團對媒體的高度壟斷。這在傳統媒體時代確有較高的可行性，比如全美最大的廣播集團辛克雷爾（Sinclair Broadcasting），通過大量收購美國各地的地方電視臺，形成了對局部區域內地方電視節目內容的完全掌控，並強迫旗下電視臺的主播們按照集團高層擬定好的稿子播報新聞（比如在2016年美國總統大選中不遺餘力地造謠抹黑希拉蕊‧克林頓）[35]；其對地方電視臺的高度壟斷，配合上福克斯新聞台這個全國性的右翼宣傳機器[36]，令美國局部區域的電視觀眾一天到晚處在右翼宣傳

35 參見Jacey Fortin & Jonah Engel Bromwich, "Sinclair Made Dozens of Local News Anchors Recite the Same Script," *New York Times*，2018年4月2日（https://www.nytimes.com/2018/04/02/business/media/sinclair-news-anchors-script.html）等相關調查報導的揭露。

36 關於福克斯新聞台在當代美國右翼中的宣傳機器角色，參見林垚（2016），〈第六黨體系與當代美國的右翼極端主義〉，《文化縱橫》2016年6月號；Jane Mayer, "The Making of the Fox News White House," *New Yorker*，2019年3月11日（https://www.newyorker.com/magazine/2019/03/11/the-making-of-the-fox-news-white-house）等。

的狂轟濫炸之下，闢謠資訊無從得入，淪為假新聞與陰謀論重災區。

互聯網上當然也氾濫著各式各樣的假新聞與陰謀論，但與傳統媒體受眾對資訊的**被動接收**及**難以儲用**不同，互聯網的**留言、存檔、上傳、搜索、超鏈接、自媒體**等功能，大大增加了爭論中相互質證的容易程度（儘管一家公司壟斷各大互聯網平臺、全網隨意查刪——或用算法掩蔽——特定資訊的可能性無疑仍然存在）。比如假設有人發帖指控某甲「趴女廁」，不需某甲出面回應，自有網民出言質疑帖子裡的離奇之處，而其他網民也很容易看到這些質疑（並且知道除自己之外還有許多網民看到這些質疑）；相反，假如某個高度壟斷電視媒體的廣播集團強迫旗下主播在節目中指控某甲「趴女廁」，那麼只要質疑者不被邀請上節目反駁，觀眾們便無從形成對此類質疑的「共同知識」。

（2b）相比起來，一個強大的威權政府動用**公權**管制和操縱包括互聯網在內的各種媒體渠道，恐怕要比任何公司都容易得多。那麼有沒有可能，在政府操縱下，中國的MeToo運動淪為質疑者所擔憂的「群氓狂歡」與「輿論公審」，專事造謠打擊政府的眼中釘肉中刺（比如常年批評政府的自由派公共知識分子），令後者在公共領域身敗名裂？理論上的可能性當然存在，但這裡必須注意幾點：

（2b-1）「**選擇性打擊**」與「**虛假指控**」是兩回事。公權力可以通過全網查刪針對親政府派人物的性侵擾指控貼，同時放任指控反政府派人物的文章廣泛傳播，而達到選擇性打擊與清除異己的效果；或者可以借著校園反性侵擾輿論的東風，大搞「高校師德整風」之類運動，把有「反黨反政府」言論的教授劃入「師德有虧」行列一併整治。但在這些情境中，對反政府派人物的性侵擾指控本身仍舊站得住腳，故而並不等同於MeToo質疑者所擔憂的：公共輿論無視證據、狂歡式地「指控即定罪」，將明明是被造謠污衊的人不分

青紅皂白地扣上「性罪犯」的高帽子批鬥示眾。

　　要達到後一種效果，政府必須積極參與到生產虛假指控的過程中（包括讓被指控者「自願」亮相中央電視臺、向全國觀眾公開「認罪懺悔」），或者至少在出現針對反政府派人物的不實指控時，全網查刪後者的辯白與回應，卻對指控貼網開一面任其傳播，造成資訊高度失衡。不過至少在現階段，後一類定點扭曲網路輿論的方式所需人力成本太高，政府的輿論操縱力還遠遠沒有強大到能夠藉機利用MeToo運動而不必擔心引火焚身的地步，於是最自然也是實際採取的應對方式，是通過關鍵字識別，對所有MeToo輿論（或者至少是針對特定姓名的指控）不加區分一併打壓，既防範民間自組織力量的成長，又給本身就是父權制受益者的政府官員們一顆定心丸。

　　（2b-2）當公權能夠有效操縱輿論時，往往同樣能夠有效操縱司法。因此，以特定政治環境下的公共輿論可能遭到公權操縱為由，對「違背法治精神」的「群氓狂歡」與「輿論審判」表示擔憂，便成為一個自相矛盾的命題：此時「輿論審判」儘管與法治精神背道而馳，卻不比同一時空中的「司法審判」更加與法治精神背道而馳。

　　以種族隔離時代的美國南方為例，黑人男青年常常被無端指控「非禮白人女性」、不經正當程序就遭到白人暴民的私刑。表面上看，這似乎佐證了「輿論審判」的恐怖；但倘若我們仔細考察當時美國南方的社會政治細節，便可發現各州政府在黑人公民（以及同情黑人遭遇的少數白人）的言論自由權、公正審判權、政治參與權等方面均設置了重重限制，一切以維護白人至上主義、將黑人踩在腳下永世不得翻身為最高目標。在對黑人的「專政」制度下，白人法官和白人陪審團將無辜黑人男青年判為性罪犯乃是家常便飯，白

人「群氓」的私刑狂歡自然也沒有什麼可以大驚小怪之處[37]。在這種情況下，相比於司法審判一錘定音的「完結性」，公共輿論的「可再激活性」恰恰為被冤枉者保留了一份將來討回清白的希望，儘管這份清白很有可能來得太遲。

　　（2b-3）文革與此同理，當「群氓」的狂歡式輿論「公審（show trial）」得以可能時，作為其幕後黑手的極權國家早已讓司法審判同樣淪為「公審」的舞臺。前面提到，對「大鳴大放大字報」憂心忡忡的當代中國評論者，之所以有著強烈的「群氓恐慌」，以至於對MeToo等公共輿論運動的「狂歡性」杯弓蛇影、草木皆兵，一個至關重要的促因，是知識分子群體對文革慘痛歷史經驗的「創傷後應激」；然而這種應激實際上是錯位的——其所依賴的文革敘事受到後文革時代官方宣傳定調（比如《關於建國以來黨的若干歷史問題的決議》）的嚴重形塑與扭曲，往往有意無意地忽略了這樣一個簡單而關鍵的事實：文革時代的大字報並不是什麼人都能貼、什麼內容都能貼。正如我在另一篇文章中所說：

37　時至今日，美國社會對黑人根深柢固的種族偏見，仍然使得無辜黑人被司法系統誤判有罪的概率遠遠高於白人，相關資料參見Samuel R. Gross, Maurice Possley & Klara Stephens（2017），*Race and Wrongful Convictions in the United States*, National Registry of Exonerations；注意這些冤枉無辜的案例並非「輿論審判」的後果，而是種族偏見對司法系統的影響所致，因此同樣不支援MeToo質疑者對公共輿論的恐慌。至於其中所涉虛假指控問題，本文接下來即將論及。對美國種族偏見、種族主義政策及黑人「犯罪率」畸高之間關係的更多分析，參見Michelle Alexander（2010），*The New Jim Crow: Mass Incarceration in the Age of Colorblindness*, New York, NY: The New Press；James Forman, Jr.（2017），*Locking Up Our Own: Crime and Punishment in Black America*, New York, NY: Farrar, Straus and Giroux等著作。

文革中的大字報從來不是對公共空間的真正參與，而是極權體系強行製造的偽社會運動，是最高領袖個人意志的提線木偶、指哪兒打哪兒的政爭工具。最高領袖想要炮打司令部，大家就可以盡情炮打司令部；想要鬥倒接班人，大家就可以盡情批判接班人是內奸工賊；想要侮辱知識分子，大家就可以盡情揭發知識越多越反動。但是反過來，文革期間有人敢寫一張大字報為接班人辯護、敢寫一張大字報批評最高領袖的路線政策嗎？你今天寫了貼了，明天就會像遇羅克、張志新那樣被逮捕、被監禁、被割喉、被槍斃。……

這也不單單是什麼對最高領袖的「個人崇拜」問題。只有在缺乏切實的政治參與、制衡、問責等機制的體系裡，個人崇拜才能被統治者肆無忌憚地製造、維持和利用；而一黨專制的權力結構，正是個人崇拜天然而豐沃的土壤。文革結束後，官方的「痛定思痛」當然不會觸及這一層制度根源，所以除了口頭上嚷嚷要防止個人崇拜之外，只好避重就輕捨本逐末地去禁止什麼「大鳴大放大字報大辯論」（順便借機打壓一下西單民主牆等真正來自民間、對專制政體構成壓力的呼聲）。把大字報這種形式本身與文革的罪惡等同起來，將草根階層……對公共空間的開拓、參與、競爭視同洪水猛獸，其實是中了專制政體的瞞天過海之計。[38]

---

38 林垚，〈論最近的大字報〉，Matters論壇，2018年4月26日（https:// matters.news/forum/?post=10004ed7-f5a8-4e8f-aee1-05297cac6abb）。

四、性別偏見：以「虛假指控論」爲例

即便承認MeToo運動本身並非群氓狂歡式的「輿論公審」，質疑者仍然可能持有這樣的擔憂：性侵擾指控中不可避免地存在一定比例的虛假指控，MeToo運動在鼓勵性侵擾受害者公開傾訴自己遭遇的同時，豈非不可避免地同時鼓勵了更多虛假指控的出現？MeToo運動在呼籲人們更加相信性侵擾受害者證言的同時，豈非不可避免地同時提高了虛假指控被人們誤信的概率，從而造成更多的冤假錯案？就算MeToo運動整體上有一些其他的功勞，但就具體個案而言，難道不是對一位位無辜受屈的被指控者的不公平？

為了回答這個問題，本節將首先分析現實中虛假性侵擾指控比例（以及錯誤定罪）的資料，以便令讀者對MeToo運動導致冤假錯案的概率量級有一大致直覺；隨後在此基礎上考察，性侵擾指控的提出與採信、以及對虛假指控的恐慌程度，如何系統地受到性別偏見的影響。對性別偏見的討論，同時也有助於我們辨識「MeToo運動是女性的自我受害者化（self-victimization）」這種論調中隱藏的誤導與矛盾（見第5節）。

4.1虛假的性侵擾指控比例究竟有多高？

在各類性侵擾指控中，「虛假（false）指控」的比例究竟有多高？這是犯罪學界長期爭論不休的問題。不同國家不同地區的公檢部門在罪名定義、證據標準、辦案方式、統計口徑、資料完備性等方面的差異，以及不同研究者在資料使用方法上的分歧，均令相關研究長期無法達成一致結論。2006年的一份綜述羅列了1974至2005年間發表的20份論文或報告，其各自推算出的虛假強姦指控率，跨

度竟然從1.5%直到90%，可謂天壤之別[39]。

　　不過更晚近的研究在方法上有所改進，結論跨度也大為縮小，基本上處於個位數百分比區間。比如：2009年對歐洲九國的一項調查發現，這些國家執法部門官方判定的虛假強姦指控比例從1%到9%不等[40]；一篇2010年的論文分析了波士頓某大學1998至2007年間138件校園性侵指控的卷宗，發現其中有8件（5.9%）被校方判定為虛假指控，而這8件裡有3件（2.3%）的指控者承認確係謊報[41]；發表於2014年的一篇論文，基於2008年洛杉磯警察局的性侵報案紀錄以及對辦案警員的訪談，推測其中虛假指控的比例大約為4.5%[42]；2017年的一項研究通過整理2006至2010年間全美各地執法機構的辦案結論，統計得出這段時間內強姦報案「不成立（unfounded）」的比例約為5%（「不成立」報案的範圍大於「虛假」報案，還包括其他情節較輕達不到執法標準的報案），低於搶劫（robbery）報案不成立的比例（約6%），但高於謀殺（murder，約3%）、毆傷（assault，

39　Philip N.S. Rumney（2006），"False Allegations of Rape," *Cambridge Law Journal* 65（1）：128-158, pp. 136-137.

40　Jo Lovett & Liz Kelly（2009），*Different Systems, Similar Outcomes? Tracking Attrition in Reported Rape Cases Across Europe*, London: Child and Women Abuse Studies Unit, London Metropolitan University；各國比例從低到高分別為：匈牙利1%（頁69）、瑞典2%（頁100）、德國3%（頁62）、奧地利4%（頁34）、蘇格蘭4%（頁94）、比利時4%（頁41）、葡萄牙5%（頁85）、英格蘭及威爾士8%（頁49）、愛爾蘭9%（頁78）。

41　David Lisak, Lori Gardinier, Sarah C. Nicksa & Ashley M. Cote（2010），"False Allegations of Sexual Assault: An Analysis of Ten Years of Reported Cases," *Violence Against Women* 16（12）：1318-1334.

42　Cassia Spohn, Clair White & Katharine Tellis（2014），"Unfounding Sexual Assault: Examining the Decision to Unfound and Identifying False Reports," *Law & Society Review* 48（1）：161-192.

約1%）、入室盜竊（burglary，約1%）等其他類型報案不成立的比
例[43]。

　　雖然近年的上述研究結論逐漸趨同，但它們對虛假指控比例的
計算均基於執法部門本身的案卷歸類，無法完全排除後者統計口徑
不合理或辦案偏見方面的影響，因此仍有進一步降低的空間。比如
英國內政部2005年的一份調查報告發現，儘管英國警方將強姦報案
的8%登記成「虛假指控」，但其中大部分卷宗明顯未能遵守內政部
的辦案指南；在看起來遵守了辦案指南的卷宗裡，登記成「虛假指
控」的比例便已降到3%；而且無論是8%還是3%，都遠遠低於辦案
警員在訪談中對虛假指控率的猜測（比如有警員聲稱：「我過去幾
年一共經手了幾百樁強姦案，其中我相信是真實指控的，大概只用
兩個手就能數得過來」）[44]。其他國家關於執法人員偏見的定性研
究也得出了極其類似的結論，比如在2008年發表的一項對891名美國
員警的訪談中，竟有10%的員警聲稱，報案強姦的女性裡面有一半
以上是在撒謊；此外還有53%的員警斷言，這些女性裡頭有11%到
50%是在撒謊[45]。

　　警員對性侵擾報案者（尤其報案女性）的嚴重偏見與敵意，一

43　Andre W. E. A. De Zutter, Robert Horselenberg & Peter J. van Koppen
　　（2017）, "The Prevalence of False Allegations of Rape in the United
　　States from 2006-2010," *Journal of Forensic Psychology* 2（2）, 119:
　　1-5.

44　Liz Kelly, Jo Lovett & Linda Regan （2005）, *A Gap or a Chasm?*
　　Attrition in Reported Rape Cases （Home Office Research Study 293）,
　　London: Home Office, pp. 51-53.

45　Amy Dellinger Page（2008）, "Gateway to Reform? Policy Implications
　　of Police officers' Attitudes Toward Rape," *American Journal of*
　　Criminology 33（1）: 44-58。

方面意味著，即便在遵守了辦案指南的卷宗裡，也可能仍然存在大量被錯誤定性為「虛假指控」的案例。這方面最臭名昭著的當屬紐西蘭的連環強姦犯瑪律科姆・雷瓦（Malcolm Rewa）一案：早在他第一次犯罪時，受害者便向警方報案，並提供了抓捕雷瓦的重要線索；但紐西蘭警方出於對性侵受害女性證詞的高度不信任，在對受害者進行了一番程序上的敷衍之後，將其報案登記為「虛假指控」束之高閣，導致雷瓦長期逍遙法外，又強姦了至少26名女性之後才最終落網[46]。

另一方面，執法人員的偏見與敵意也意味著，有大量的性侵擾受害者因此放棄報案，間接抬高了卷面上的虛假指控率。比如英國政府平等辦公室2010年的調查報告顯示：儘管英國社區組織「強姦危機中心（Rape Crisis Centers）」的員工與警方有著密切的合作關係，但只有19%的員工表示，自己在被熟人強姦後會向警方報案[47]。英國國家統計局2018年發布的英格蘭及威爾士地區年度犯罪調查報告同樣發現：在遭到性侵的女性中，只有17%選擇了向警方報案[48]。

46　Jan Jordan（2008），*Serial Survivors: Women's Narratives of Surviving Rape*. Sydney: Federation Press, p.214. 更多類似案例，參見Jan Jordan（2004），*The Word of a Woman? Police, Rape and Belief*. London: Palgrave Macmillan。

47　Jennifer Brown, Miranda Horvath, M, Liz Kelly & Nicole Westmarland（2010），*Connections and Disconnections: Assessing Evidence, Knowledge and Practice in Responses to Rape*, London: Government Equalities Office, p. 40. 社會文化及執法系統對熟人性侵受害者的偏見與敵意尤其嚴重，相關分析參見諸如Michelle Anderson（2010），"Diminishing the Legal Impact of Negative Social Attitudes to Acquaintance Rape Victims," *New Criminal Law Review* 13（4）: 644-664等。

48　Crime Survey for England and Wales（2018），*Sexual Offences in*

　　有沒有什麼辦法，能夠在統計虛假性侵擾指控比例時，更有效
地排除執法人員偏見導致卷宗錯誤定性對資料的干擾？英國皇家檢
控署在2013年的報告中獨闢蹊徑，通過對比檢方起訴性侵擾嫌疑人
與（以「妨害司法罪」或「浪費警力罪」為由）起訴虛假性侵擾指
控嫌疑人的數量，來判斷虛假指控的比例；畢竟如果辦案警員不是
基於偏見胡亂登記「虛假指控」結案了事，而是一視同仁地嚴肅對
待真實指控與虛假指控，就會把虛假指控者一併移交檢方起訴。該
報告指出，從2011年1月到2012年5月的17個月間，英國檢方一共起
訴了5651起性侵擾案、35起虛假性侵擾指控案、3起虛假性侵擾指控
兼虛假家庭暴力指控案[49]。換句話說，根據英國警檢部門的實際行
為來判斷，虛假性侵擾指控的比例僅為0.67%（5689起中的38起），
遠遠低於前述所有研究的結論（並且這還尚未校準因為大量性侵受
害者一開始便放棄報案而造成警方卷面上的虛假指控率虛高）。

　　毋庸贅言，檢方對指控真實性的判斷並不總是準確（注意這種
不準確性是雙向的，既可能錯誤起訴某些遭到虛假指控的嫌疑人，
也可能錯誤起訴某些做出真實指控的受害者）；而刑事庭審雖然採

（續）
　　　England and Wales: Year Ending March 2017, London: Office for
　　　National Statistics。

49　Alison Levitt QC & Crown Prosecution Service Equality and Diversity
　　　Unit （2013）, *Charging Perverting the Course of Justice and Wasting
　　　Police Time in Cases Involving Allegedly False Rape and Domestic
　　　Violence Allegations: Joint Report to the Director of Public
　　　Prosecutions,* London: Crown Prosecution Service, p. 6. 該報告標題及
　　　正文所用「強姦」一詞，實際上包括其他類型的性侵擾，見p. 5註5。
　　　此外報告中還提到，其間英國檢方共起訴了111891起家庭暴力案、
　　　6起虛假家庭暴力指控案、3起虛假性侵擾指控兼虛假家庭暴力指控
　　　案，由此可知檢方認定的虛假家庭暴力指控比例僅為萬分之0.8
　　　（111900起中的9起）。

取極其嚴苛的「排除合理懷疑」等標準、並因此基於殘留疑點而放走一部分真凶[50]，卻也仍舊無法完全躲避誤信虛假指控、做出錯誤定罪的風險。不過這些錯誤定罪的案件，大多數在性質上截然不同於一般人對「虛假指控」的「報案者根本沒有遭到任何性侵擾、所謂受害經歷純屬瞎編」式想像。

比如在密西根大學法學院「全美冤獄平反記錄中心（National Registry of Exonerations）」截至2016年底錄得的、全美289起嫌疑人被法院錯判有罪的性侵案件中，71%（204起）是陌生人性侵，儘管陌生人性侵只占全部性侵案件的大約五分之一。之所以如此，是因為在錯判有罪的性侵案件中，絕大多數（228起，占全部錯判的79%）都是因為警方及檢方搞錯了作案者的身分，而這又基本上（200起，在搞錯身分的案例中占88%）是因為受害者或其他目擊者無法在一群陌生人中準確辨認出作案者（熟人性侵案中也有搞錯作案者身分的情況，往往是因為受害人出於種種原因不敢或不願指證真正的作案者，導致對警方和檢方的誤導）。美國「黑人男性性侵白人女性」類案件的虛假指控率與錯判率之所以高得出奇，除了白人社會及司法系統的種族偏見之外，很大程度上也是因為人類天生在「跨種族面部識別」方面能力不足，導致白人受害者及目擊者經常誤將無辜的陌生黑人當成實際作案者[51]。

---

50 前引英國皇家檢控署報告提到，2011至2012年間，在英國檢方起訴的性侵擾或家庭暴力案件中，經由庭審成功定罪的比例為73%，見 Levitt & Equality and Diversity Unit, *Charging Perverting the Course of Justice and Wasting Police Time in Cases Involving Allegedly False Rape and Domestic Violence Allegation*, p. 2。不過從這一資料中並不能得知，庭審釋放的嫌疑人究竟有多少確屬遭到錯誤指控、有多少實為真凶卻因證據不足而逃脫法網。

51 見前引 Gross, Possley & Stephens, *Race and Wrongful Convictions in*

綜上所述，其一，現實中性侵擾報案的虛假指控比例本就很低，根據不同的研究方法，要麼與其他類型案件的虛假報案比例處於同一量級（個位數百分比區間），要麼其實是再往下一個量級（個位數千分比區間）；其二，社會文化及執法系統對性侵擾受害者（尤其受害女性）的偏見與敵意，又令現實中絕大多數性侵擾事件未被報案，間接抬高了官方資料中的虛假指控率。對比可知，MeToo運動「催生大量虛假指控」的可能性，被質疑者不成比例地高估了。其三，在導致冤獄的虛假性侵指控中，絕大多數確屬真實發生的陌生人性侵，只是搞錯了陌生作案者的身分。與此相反，MeToo運動曝光的均為熟人性侵（畢竟若不知道對方身分，曝光便無從談起），所以對冤獄概率的估算還可以進一步下調。

4.2 女性證言的「可信度打折」、男子氣概、「濾鏡後的」男性中心視角

當然，誠如MeToo質疑者所言，無論概率多低，虛假指控的可能性永遠存在，因此理論上說，MeToo運動的展開、性侵擾證言的受到鼓舞，必然會令冤假錯案的絕對數量有所增加（至於比例則可能增加也可能下降）；換言之，理論上一定會有某個無辜者因為MeToo運動而遭到虛假指控、甚至錯誤定罪。對此問題，我們應當如何看待？

（1）首先需要指出一個簡單的事實：不管什麼類型的案件，在給定的舉證責任標準下，報案數量的增加，理論上都意味著虛假指控與冤假錯案的絕對數量隨之增加，反之亦然；同樣，給定審理案件的數量，對舉證責任標準的任何調低，或者對指控方置信度的任

何調高，理論上都意味著冤假錯案的絕對數量（以及比例）隨之增加，反之亦然。同時，就算在刑事案件中嚴格遵守無罪推定原則、嚴格要求控方「排除合理懷疑」，由於斷事者身為並無「全知」能力的人類，不可能百分之百地避免判斷上的失誤，冤假錯案仍舊會時不時發生。要想完全消滅冤假錯案，唯有拒絕接受任何報案，拒絕在庭審中採信任何不利於辯方的證據，或拒絕做出任何有罪判決。

這顯然不是可行的辦法。儘管以剝奪基本權利為手段的刑事懲罰的嚴重性，是我們在刑事判決的假陽性（冤枉好人）與假陰性（放過壞人）之間權衡取捨的重要考量，但我們不可能為了百分之百消滅某種性質極其嚴重的假陽性結果（比如有人被錯誤地剝奪基本權利）而讓假陰性結果超出某個可以容忍的限度。所以真正的問題永遠是，如何判斷假陰性結果的恰當限度、如何在假陽性結果與假陰性結果之間找到最合理的平衡。

（1a）前文已經提到，在舉證責任層面，這種平衡體現為「排除合理懷疑」、「證據優勢」等不同證據標準之間的選擇。但在有了相關證據之後，怎樣的懷疑算是「合理」懷疑？雙方證據究竟誰占「優勢」？這就涉及到證據評估層面的具體判斷。而人們對證據可信度的判斷，總是受到或內在於人類認知機制、或從社會文化習得的種種偏見的影響；有了適當的舉證責任標準之後，總體結果能否盡可能地向假陽性與假陰性之間的最合理平衡靠攏，便取決於證據評估過程中能否盡可能地剔除系統性偏見的影響。

父權社會普遍而系統的性別偏見，無疑是影響人們對性侵擾指控可信度判斷的最大因素之一。正如前引的諸多調查報告所示，受理性侵擾案件的警員，總是極其嚴重地高估虛假指控（尤其是來自女性報案者的虛假指控）的比例。

對女性證言的「可信度打折（credibility discount）」現象由

來已久，而且普遍存在於性侵擾指控之外的其他各種領域[52]。這種不信任，一方面出於父權社會對女性理性能力的貶低（認為其與兒童一樣「理性尚未發育完備」），另一方面出於父權社會對女性（在某些問題上或某些情況下）的道德猜忌：比如所謂「最毒婦人心」，亦即認為女性的道德下限低於男性；或者「婊子無情戲子無義」，亦即認為從事性工作的女性（以及有過較多性伴侶或性經驗、因此被指「私生活不檢點」的女性）絕不可信。面對性侵擾指控時，這些偏見既導致對指控者意圖的高度懷疑（「我看當時其實是你情我願半推半就，只不過辦完事兒後悔了想假扮純潔？或者根本就是鬧矛盾了故意陷害對方吧？」），又導致對受害證據（尤其是證言）的無端挑剔。

（1b）對性侵擾遭遇的心理創傷後果的無知，也會進一步造成對受害證言的不合理挑剔。比如指控者「無法想起某些關鍵的時間地點」或者「在數次口供中對部分受害情節的描述前後不一」的情況，常常被認為足以證明其指控的不可靠。然而相關研究早已表明，人類在遭遇嚴重心理衝擊的情況下，的確經常只能對詳細的事件程序形成較為碎片化的記憶，並且遺忘時間地點等「抽象」元素，卻對周邊的聲音、氣味等「感官」元素留下鮮明持久的印象──性侵擾受害者在這方面並不例外[53]。人們對這方面研究的無知或無感，

52　參見Pam Oliver（1991），" What Do Girls Know Anyway?': Rationality, Gender and Social Control," *Feminism & Psychology* 1（3）: 339-360；Miranda Fricker （2009）, *Epistemic Injustice: Power and the Ethics of Knowing*, Oxford: Oxford University Press；Deborah Tuerkheimer （2017）, "Incredible Women: Sexual Violence and the Credibility Discount," *University of Pennsylvania Law Review* 166（1）: 1-58等。

53　比如參見Amy Hardy, Kerry Young & Emily A. Holmes（2009）,"Does Trauma Memory Play a Role in the Experience of Reporting Sexual

加上前述的性別偏見，便使得性侵擾案件的實際判斷結果大幅偏向假陰性一側；所以若要達到假陽性與假陰性的恰當平衡，相應的矯正無疑是，爭取調高人們對性侵擾指控及相關證據的「**缺省置信度（default credence）**」。

（2）性別偏見的影響，還不僅僅體現在性侵擾指控的**證據評估層面**，而是一開始就型塑了人們看待「虛假指控」問題（及其嚴重性）的**視角**。比如前面提到，即便採用「個位數百分比區間」的估算結果，強姦報案不成立的比例在各類刑事案件中也並不高得出奇，甚至還低於搶劫報案不成立的比例；但絕大多數人在對虛假強姦（或其他性侵擾）指控憂心忡忡的同時，卻並沒有對虛假搶劫指控的「氾濫」抱有同等程度的恐慌與敵意（甚至絕大多數人可能從來沒有想過虛假搶劫指控的問題，更不用說對其有任何恐慌了）。

產生這種差異的一個關鍵原因是，由於父權社會的潛移默化，人們在抽象地思考案件時，很容易自動代入**男性中心視角**。由於性侵擾的受害者絕大多數是**女性**、作案者絕大多數是**男性**、指控絕大多數時候是**女性針對男性做出**[54]，因此男性中心視角很自然地導致

（續）

　　Assault During Police Interviews? An Exploratory Study," *Memory* 17（8）：783-788；Michele Bedard-Gilligan & Lori A. Zoellner（2012），"Dissociation and Memory Fragmentation in Posttraumatic Stress Disorder: An Evaluation of the Dissociative Encoding Hypothesis," *Memory* 20（3）：277-299等。

54　比如根據前引英格蘭及威爾士年度犯罪報告，強姦受害者中女性占88%，男性占12%；其他類型的性犯罪受害者中女性占80%，男性占20%；見Crime Survey for England and Wales, *Sexual Offences in England and Wales: Year Ending March 2017*, p. 11。另據全美傷害預防與控制中心的一份調查，在遭遇過強姦的女性中，98.1%只被男性強姦過；在遭遇過強姦的男性中，93.3%只被男性強姦過；參見National Center for Injury Prevention and Control（2010），*National*

對性侵擾指控的過度焦慮與懷疑：不怕一萬就怕萬一，萬一是虛假指控該怎麼辦？「他」的人生不就被「她」給毀了嗎？相反，其他類型案件的虛假指控則不存在這一問題；儘管某些階層（比如窮人、流浪漢、進城農民工）或族群（比如美國的黑人、中國的維吾爾族）可能特別容易遭到虛假指控，但這些階層與種族往往在話語權方面同樣處於劣勢，他們的視角因此更容易被主流社會文化忽略、而不是得到代入。

（2a）需要注意的是，旁觀者此處自動代入的「男性中心視角」，嚴格來說其實是一種「濾鏡後的（filtered）男性中心」視角。儘管從比例上說，絕大多數性侵擾是男性針對女性作案，但從絕對數量上說，男性對男性、女性對女性、女性對男性的性侵擾同樣發生得非常頻繁。事實上，無論依據哪個來源的資料統計，男性一生中遭到強姦（或其他類型性侵擾）的概率，都遠遠高於其遭到虛假強姦指控（或其他類型虛假性侵擾指控）的概率——比如根據2015年的一份調查，美國男性有2.6%曾遭到強姦或未遂強姦，24.8%曾遭到帶有身體接觸的性暴力，17.9%曾遭到帶有身體接觸的性騷擾[55]；這比一名男性一生中遭到虛假強姦指控或虛假性侵擾指控的概率（遑論因此被錯誤定罪的概率），高出了不知多少個量級[56]。然而在父權社會文化對性侵擾的刻板印象中，「男性遭到（無論來自男性還

（續）————————————

　　Intimate Partner and Sexual Violence Survey: 2010 Summary Report, p. 24。其他報告得出的結論基本相同，不再贅述。

55 National Center for Injury Prevention and Control （2015）, *National Intimate Partner and Sexual Violence Survey: 2015 Data Brief – Updated Release*, p. 3.

56 感興趣的讀者可以根據前引諸多關於虛假性侵擾指控比例及錯誤定罪數量的研究，結合所在國家的成年男性人口數量，自行換算相應比例。

是來自女性的）性侵擾」的可能性卻被下意識地過濾或屏蔽了，以至於當人們自動代入「男性中心視角」時，後者卻並沒有將性侵擾的男性受害者的視角（以及女性嫌疑人的視角）同時包括在內。

　　對男性受害者經驗的過濾，凸顯了父權社會傳統性別角色模式所造成的偏見與傷害的雙向性（儘管兩個方向上的偏見與傷害程度未必對等）：當女性被貶為「理性能力不足」或「狡詐不可信賴」的生物時，男性也被桎梏並壓抑在「男子氣概（masculinity）」的要求之中。性方面的「征服力」正是傳統性別角色模式中「男子氣概」的一大體現，而性方面的「被征服」（既包括被性侵擾，也包括異性戀視角下無論自願還是非自願的「被插入」），在傳統「男子氣概」標準下可謂莫大的恥辱；性侵擾的男性受害者，也往往畏於外界對其「不夠男子漢」的二重羞辱與攻擊（一如女性受害者經常遭到「蕩婦羞辱」），而不敢報案或向別人吐露自己的遭遇。比如美國黑人影星特里‧克魯斯（Terry Crews）儘管外型硬朗、肌肉強壯，但當他在MeToo運動中曝光自己也曾經遭到好萊塢製片人的性騷擾時，卻迎來了男性網民的瘋狂圍攻指責，認為他丟盡了男人的面子。至於男性遭到性侵擾的經歷之普遍程度，更是對「男子氣概」這一迷思本身的巨大衝突；要維持迷思，就不得不在父權視角中過濾或屏蔽男性受害者的經驗。

　　（2b）這種「濾鏡後的男性中心視角」還有一種常見的變體，即「濾鏡後的異性戀男性中心視角」。由於男同性戀的存在對父權社會的「男子氣概」敘事製造了極大的困難[57]，因此在性少數權益

57　參見Michael S. Kimmel （1994）, "Masculinity as Homophobia: Fear, Shame, and Silence in the Construction of Gender Identity," in Harry Brod & Michael Kaufman （eds.）, *Theorizing Masculinities*, London: SAGE, pp. 119-141。

逐漸得到正視的今天，代入「濾鏡後的男性中心視角」者便往往不自覺地將男同性戀的經驗作為「特例」懸置一旁，以此使得「男子氣概」敘事繼續在「**異性戀規範（heteronormative）**」的話語框架內部不受動搖。這種下意識的心態反映在對性侵擾問題的理解上，即是默認遭到性侵擾的男性都是**同性戀**，異性戀男性絕無遭到（不論來自男性還是來自女性的）性侵擾之虞。換句話說，性侵擾的**異性戀男性受害者**的經驗，在經由「排除同性戀特例」所得的「濾鏡後的異性戀男性中心視角」中，仍然屬於被過濾與屏蔽的對象（與此同時，這一視角也依舊忽略著「女性對別人實施性侵擾」的可能性）。

MeToo運動在鼓勵大量女性受害者公開陳述自己遭遇的同時，也讓男性受害者（比如陶崇園、特里·克魯斯、張錦雄事件中的諸多受害者、被女教師性侵的男學生、被教會神職人員性侵的無數男童）的境況獲得了公眾的關注。諷刺的是，當MeToo質疑者對MeToo運動表示有保留的贊許時，這種贊許往往卻又出自「濾鏡後的異性戀男性中心視角」對性侵擾受害者身分多樣性的屏蔽，比如：「如果一定要對#metoo運動做一個『好』或者『不好』的判斷，我會說這是好事，因為它是一場教育運動，對男人而言，教育他們節制與尊重，對女人（以及某些男同）而言，教育她們（他們）自我保護，尤其是盡可能第一時間清楚 say no或甚至報警。」（L.2，楷體後加）——可以看出，作者下意識地認為，性侵擾的**作案者**只可能是**男性、不可能是女性**；性侵擾的**受害者**只可能是**女性和同性戀男性、不可能是異性戀男性**。

（3）總結上面的討論：對於「MeToo運動將導致性侵擾虛假指控與錯誤定罪的**絕對數量**增加，從而必將對某個無辜者的蒙冤負有責任」這種批評，應當如何看待？

其一，誠然，對於任何個案，我們都需要極其認真謹慎地評估

具體證據，儘量避免無論假陽性還是假陰性結果的發生；但就整個系統而言，個案的假陽性判決，在任何類型的案件、任何合理的舉證責任方案、任何合理的審判程序中均不可能完全避免。在系統層面必須保障的，絕非不計後果地將假陽性概率一路降低到零（這意味著完全放棄司法體系的定罪功能），而是確定和維持（或者儘量接近）假陽性概率與假陰性概率的最合理平衡；這個平衡可能非常接近於假陽性概率為零，但絕對不會是等於零。

在父權社會的現實中，對女性證詞的「可信度打折」使得性侵擾指控的證據評估存在系統性的偏差；人們對性侵擾受害者心理創傷後果的無知加劇了這種偏差；受害者遭遇的社會敵意與羞辱（包括對受害女性的「蕩婦羞辱」與對受害男性的「男子氣概羞辱」）又令其中大多數人不敢報案。凡此種種，都使得假陰性概率遠遠高出合理的範圍，現狀與合理平衡之間存在著巨大的偏差。在這種情況下，MeToo運動鼓勵受害者出面傾訴、鼓勵人們更加信任傾訴者的證言，恰恰是將極度偏差的現狀稍稍地往平衡點方向扳回一些，但也遠遠沒到能夠真正將其扳回平衡點的地步，遑論造成假陽性概率的不合理攀升。這個過程中確實可能出現若干假陽性個案，對此我們只能通過具體證據評估中的認真謹慎來儘量防範；但倘若不同時竭力清除性別偏見在證據評估層面的系統性污染，單靠「認真謹慎」並無助於解決整個系統的產出結果高度失衡的問題。

其二，既然如此，僅僅出於對假陽性個案的恐慌，而否定盡力縮小現狀與合理平衡之間系統性的巨大偏差的意義；或者至少在權衡二者的先後時，賦予前者（避免假陽性個案）不成比例的權重；同時又並未對其他類型案件的虛假指控與錯誤定罪表現出同等程度的恐慌——這樣的心態根本上是對父權社會「濾鏡後的男性中心視角」的內化。在「異性戀規範」的傳統性別角色話語的潛移默化下，

這一視角使得觀察者下意識地過濾和屏蔽了男性（尤其異性戀男性）遭到性侵擾的可能性、以及女性施加性侵擾的可能性，再加上對女性證言的「可信度打折」，便導致了對「女性誣告男性對其性侵擾」這一極小概率事件的過分關注，以及對整體圖景（包括現實與合理平衡之間偏離程度）的忽略。一旦跳出這一視角的桎梏，即可發現，儘管虛假性侵擾指控的情況確實存在，但對此不成比例的恐慌，其實只是父權社會文化一手締造的庸人自擾。

五、性別偏見：以「自我受害者化論」為例

　　上節對各類性別偏見的考察，也有助於我們辨析質疑者對MeToo運動提出的「弱女子批判」（見第1節），亦即「自我受害者化論」。根據這種論調，一方面，MeToo運動以「不容置疑的『邪惡有權男人＋無辜柔弱女人』的統一故事結構……把女性描述成任人擺布的木偶」，剝奪了女性在「受害者」之外的其他身分，否定了「女人的力量、自主性、勇氣」（L.10），強化了傳統的性別刻板印象，與女權主義的賦能（empowerment）使命相違；同時這種「只強調權利、否認責任的女權主義」（L.15），又讓那些「視性為一種『交易機制』去換取自身利益」的女性得以在事成之後轉身扮演受害者角色（victim playing），「一邊順從、參與[性別]權力結構，一邊反抗它」（L.10），通吃兩頭好處。另一方面，質疑者聲稱，MeToo運動出於受害者心態（victim mentality）而把所有合理的「自我保護」建議不分青紅皂白一概斥為「蕩婦羞辱」，最終只會事與願違，導致懵懂無知的女孩們不明白「穿得袒胸露背去單獨和一個男人約會、並且微醺之中靠住一個男人的肩膀」會給自己招來性侵擾的「人類常識」（L.14），主動送羊入虎口。本節先後辨析

這兩方面批評意見。

5.1 權力結構與受害者能動性

（1）首先需要指出的是，上述「自我受害者化論」帶有強烈的「濾鏡後的（異性戀）男性中心視角」色彩。不論是此處聲稱MeToo運動鼓吹「不容置疑的『邪惡有權男人+無辜柔弱女人』的統一故事結構」（L.10），還是前引「對男人而言，教育他們節制與尊重，對女人（以及某些男同）而言，教育她們（他們）自我保護」的說法（L.2，楷體後加），顯然都無視了性侵擾受害者與作案者的身分多元性、以及MeToo運動對這方面公眾意識覺醒的促進。比如當有男學生指控紐約大學女教授阿維塔爾・羅內爾（Avital Ronell）對他進行性騷擾時，包括裘蒂斯・巴特勒（Judith Butler）在內的少數學者曾試圖為羅內爾辯護，卻遭到了MeToo輿論的猛烈批評，認為辯護者採取的恰恰是傳統上對性侵擾輕描淡寫轉嫁責任的「譴責受害者（victim blaming）」策略，巴特勒也隨後表示了道歉[58]。將MeToo的「故事結構」表述成邪惡有權男性與無辜柔弱女性（或不懂「自我保護」的「某些」同性戀男性）之間的對立，其實是一種攻擊稻草人的論證策略。

有些MeToo質疑者或許會覺得委屈：難道MeToo運動中，不是常常出現「相信女性（#BelieveWomen）」、「我們相信她

58　參見Zoe Greenberg, "What Happens to #MeToo When a Feminist Is the Accused?," *New York Times*，2018年8月13日（https://www.nytimes.com/2018/08/13/nyregion/sexual-harassment-nyu-female-professor.html）；Colleen Flaherty, "MLA Statement on Judith Butler," *Inside Higher Ed*，2018年8月31日（https://www.insidehighered.com/quicktakes/2018/08/31/mla-statement-judith-butler）。

（#WeBelieveHer）」之類高度性別化的口號嗎？這些口號難道不是在暗示，性侵擾的受害者都是女性、凡是女性的證言都是真的嗎？從這個角度說，難道MeToo運動不是在強化性別二元對立的敘事套路、鼓吹女性的自我受害者化嗎？

前面提過，父權社會的性別偏見與性別權力結構存在多種表現形態，性侵擾的男女性受害者分別遭受著不同形態性別偏見與權力結構的壓迫和傷害。性侵擾受害者的女性比例遠高於男性，作案者的男性比例遠高於女性；女性一生中遭到性侵擾的概率遠高於男性；與男性證言相比，女性證言面臨特殊的「可信度打折」問題；與男性（至少異性戀男性）相比，女性（有時加上男性同性戀）面臨特殊的「蕩婦羞辱」問題；但與女性相比，男性則面臨特殊的「男子氣概羞辱」問題；等等。

（1a）可以注意到，MeToo運動中出現的「相信女性」、「我們相信她」等等口號，基本上都是針對父權社會文化中女性證言遭到的「可信度打折」而做出的呼籲。這一問題確實具有極其強烈的性別特殊性，因此強調女性受害者的身分並無不妥。同時，恐怕沒有人會真的以為，「相信女性」之類口號的用意，是叫人不分舉證階段、不看具體證據、不分青紅皂白地接受（並且僅僅接受）來自女性的證言；相反，這類口號顯然是呼籲人們反思自身無意識的「可信度打折」偏見，在評估性侵擾證據的過程中對女性的指控證言賦予應有的信任（絕大多數證言本身已經達到滿足「引議責任」所需的「表觀證據」門檻；對於「說服責任」而言，「可信度折扣」的去除同樣有助於其達成）。

（1b）此外，女性遭受性侵擾的比例與風險遠高於男性，同樣意味著女性受害者的經驗在MeToo運動中占據核心（儘管並非全部）位置，是極其自然且合理的。絕大多數MeToo證言也因此並不僅僅

關於性侵擾,而是關於女性在整個父權社會中普遍遭受的方方面面或隱或顯的歧視與威脅。MeToo運動的集體證言與賦能,因此具有了兩重面相:性侵擾受害者之間的「我也遭受過性侵擾」,與女性之間的「我也遭受過性別歧視」,並分別以二者為基礎,聯結成兩個大部分交叉卻又並不完全重疊的、各自為其成員提供支援與團結的心理共同體。

(2)包括MeToo在內的反性侵擾運動,經常強調權力結構與當事人權力不對等在性侵擾問題上扮演的重要角色。這不僅包括性別權力結構,也包括學術(尤其師生)權力結構、宗教權力結構、長幼輩權力結構、上下級權力結構等等,以及相應情境下的權力不對等。一方面,男女性在人體解剖學層面的生理差異,以及父權社會將男性視為「征服者」、女性視為「戰利品」的文化,的確是性侵擾問題上最重要的權力結構,也導致性侵擾的受害者大部分是女性、作案者大部分是男性、女性一生中遭遇性侵擾的概率遠大於男性等現象,以及女性受害者證言在MeToo運動中的核心位置。

另一方面,其他類型的權力結構,在具體情境中也可能對性別權力結構起到加劇、抵消、甚至扭轉等種種效果。由於父權社會中,男女性在各行各業領導職位或權威身分上所占的比例往往高度失衡,因此在大多數性侵擾案件下,其他類型的權力結構恰與性別權力結構相重疊,比如男導師性侵擾女學生、男領導性侵擾女下屬等。但在少數案例(比如前述的羅內爾事件)中,性別之外其他方面的權力不對等占據了主導地位。甚至還有一些案例,性侵擾根本不是為了滿足作案者的「性欲」,純粹只是其展示或確認與受害者之間權力關係的手段(比如在不少男男性侵擾的案例中,作案男性是異性戀、對受害男性並沒有產生情欲,性侵擾的目的僅僅是展示:在二者之間,自己是擁有「男子氣概」的「征服者」,對方則是喪失

「男子氣概」的「被征服者」）。

　　強調權力結構以及當事人之間的權力不對等，是否真如質疑者所說，等同於否定女性（或者其他性別的性侵擾受害者）具有力量、自主性、勇氣以及在「（潛在）受害者」之外的其他身分，或者等同於「只強調[受害者的]權利、否認[受害者的]責任」？

　　（2a）這是一種很奇怪的邏輯跳躍；而且有趣的是，我們在面對其他類型的案件時，往往並不會冒出類似的想法。比如假設有人走夜路時遭到持刀搶劫，被搶走了身上所有現金；當其害怕地訴說此次經歷時，我們絕不會認為其在「自我受害者化」、讓自己的人生被「搶劫受害者這一個身分」所「定義」；也不會認為一旦承認了劫匪與被搶者之間的權力不對等（此處體現為體力或武器上的差距、以及人身傷害對各自生活的不同影響），就等於否定了被搶者的力量、自主性、勇氣等品質（這些品質完全可以在生活中其他方面體現出來）。同樣，能夠「智鬥劫匪」、「勇鬥歹徒」自然值得敬佩，但我們絕不認為如果被劫者不敢空手入白刃去奪對方的武器、或者沒能想辦法向遠處的路人求救，就是未能盡到自己「反抗劫匪的責任」，從而沒有資格抱怨搶劫，甚至還應該受到責備。

　　（2a-1）有人或許會說：面對持刀劫匪，生命受到威脅，乃是「極端情況」，而性侵擾的情境往往遠遠沒有這麼極端，受害者「在大多數情況下都是有選擇餘地的」（L.10），不能與「要錢還是要命」的極端情況相類比。那麼我們不妨換一種假設：某個國家政府無能，地方幫派橫行，向各自勢力範圍內的普通商販索要保護費；這些幫派做事還算講「規矩」，從來不對拒絕繳費的商販打打殺殺，只是成天派些嘍囉大搖大擺地堵住商鋪門面，令其生意慘澹，舉家食粥。在這種情況下，我們會因為商販們面臨的情況並不「極端」、完全可以「選擇」忍饑挨餓清貧度日，而去責備那些無奈繳納保護

費的商販、認為他們「視[保護費]為一種『交易機制』去換取自身利益」、沒有盡到拒絕服從的責任嗎？或者當忍無可忍的商販們公開發聲，呼籲政府與全社會正視幫派問題、攜手打擊其欺行霸市的行為時，我們會因為他們之前各自都曾多多少少繳納過保護費，而認為他們是自相矛盾地「一邊順從、參與[幫派與商販之間的]權力結構，一邊反抗它」，因此失去了抱怨幫派欺凌的資格嗎？很難想這會是我們的態度。

然而當發生性侵擾時，人們卻往往下意識地在受害者身上找原因：你衣著舉止過於「輕佻」，向對方發送了錯誤的「信號」；你缺乏力量與勇氣，所以才沒有及時反抗；你把問題推給無所不在的「權力結構」，正是你「自我受害者化」、否定自身能動性的表現；你明明可以通過放棄學術／工作／晉升等等機會來化解對方的性要脅，卻捨不得放棄而「選擇」就範，事後卻又聲稱自己是受害者，這不叫「只強調權利、否定責任」叫什麼；諸如此類。顯然，對性侵擾受害者的額外求全責備，本身就是父權社會（濾鏡後的）性別偏見的產物。

（2a-2）有些時候，質疑者乍看似乎並沒有對性侵擾受害者額外求全責備，而是認為後者「推卸責任」的邏輯與其他某些案件如出一轍，比如：「那種『如果她不讓他侵犯，她就得不到這個角色／無法提職／得不到這個機會』的邏輯，和那種『如果我不行賄，我就得不到這個工程』的腐敗邏輯有什麼區別呢？」（L.10，楷體後加）──但這似是而非的類比，忽略了兩個至關重要的道德區分。

其一，是「未能進行（有可能阻止事件完成的）反抗」與「進行（作為完成事件所須的必要環節的）主動配合」之間的區別。作為一個完整的事件，賄賂由至少兩方面的必要「環節」構成，缺一不可：當事一方的「索賄（或受賄）」，與當事另一方的「行賄」。

索賄者提出財物方面的要求或暗示之後，財物不可能因此自動到帳，而是不得不等待行賄者領會意圖之後主動將財物奉上；只要行賄者不主動採取任何行動，「賄賂事件」就無從發生，發生的僅僅是「索賄事件」。倘若索賄者等不及行賄者的領會與配合，直接動手取走後者的財物，這就不再是「賄賂」，而是「搶劫」了。

相反，無論在搶劫還是性侵擾中，受害者的「配合」都並非事件發生所需的「環節」。儘管受害者的反抗有時也可能成功地及時阻止搶劫或性侵擾企圖的實施、導致其「未遂」，但反過來，搶劫或性侵擾的得逞，卻並不以受害者的忍氣吞聲甚至主動配合為前提條件（比如搶劫犯完全可能從極力反抗的受害者那裡搶走財物；再比如領導對下屬施以鹹豬手，即便下屬覺察後出言呵斥，此次騷擾也已發生）。把「被性侵擾」類比於「行賄」而非「被搶劫」，錯誤地刻劃了性侵擾的事件結構，將其混同於須由雙方配合完成、各盡所能各取所需、缺一「主動供給」環節不可的「[性]交易機制」（L.10，楷體後加），從而偷換了性侵擾受害者在事件中的行為性質與責任。

其二，即便在以「主動配合」為必要環節的「交易」類事件中，我們往往仍會根據配合者身處的情境，做出更加細緻謹慎的道德區分，尤其是「通過犧牲自己的某項正當利益而換回另一項遭到挾持的正當利益」與「通過對主事者的利益輸送而換得其對輸送者自身攫取不當獲利的首肯」之間的區分。比如前述的保護費案例，商販「主動配合」繳納，固然是這類事件的必要環節（否則幫派便須直接從商鋪搶劫財物），但我們一般認為其行為情有可原，因為本該歸其所有的正當利益（不受威脅地經營並從中獲利）遭到了挾持，使其不得不在兩項本歸自己所有的正當利益（正常經營獲利與免繳保護費）之間做出非此即彼的選擇，而非有意藉此打擊同行業的競

爭者。類似地,對於行賄,我們也往往區分「某地的政治已經腐敗
到倘不行賄便寸步難行,為了保住按照正常招標程序本該屬於自己
的項目而不得不屈從於索賄者的無理要求」與「通過主動賄賂並未
索賄的主事者,拿下某個以自家實力本來到不了手的項目,擠走更
有資格的競爭對手」等不同情境,做出不同的道德判斷。

　　然而與前述「未能反抗」與「主動配合」之間的區分一樣,在
MeToo質疑者對性侵擾受害者處境的刻劃中,「為換回正當利益而
做出犧牲」與「為攫取不當獲利而主動交易」之間的區分也遭到了
抹殺,所有「不讓他侵犯……就得不到這個角色/無法提職/得不
到這個機會」的情況被預設歸入「為攫取不當獲利而主動利益輸送」
的範疇(儘管「為換回正當利益而被迫做出犧牲」恐怕才是現實中
的基本情況)。這樣的默認歸類,顯然是對性侵擾問題的另眼相待,
無疑仍舊受到內化了的性別偏見的影響。

　　(2b)對性侵擾受害者的求全責備,除了反映出MeToo質疑者
對性別偏見的內化之外,或許還反映出其在道德現象(moral
phenomenological)維度上的狹隘個體主義觀念[59]。誠然,正如一
些質疑者所言,「大聲、清晰、及時地說不,哪怕付出一定的代價,
是逆轉[任何權力結構的]遊戲規則的根本機制」(L.10);但MeToo
運動不恰恰是這樣一種集體性的「大聲、清晰、及時地說不」的反
抗嗎?正如在前面關於幫派保護費的思想實驗中,我們並不會覺得
商販們公開發聲呼籲大家正視幫派欺凌問題的做法是「只強調[自己

---

59 關於道德本體(moral ontological)與道德現象(moral
　　phenomenological)兩個不同維度上的「個體主義/集體主義」之
　　分,參見拙文:林垚,〈半吊子自由主義樣本分析(一)〉,新浪
　　微博,2018年3月10日(https://www.weibo.com/ttarticle/show?id=
　　2309404215874742523013)。

的]權利、否定[自己的]責任」；恰恰相反，我們會認為，參與發聲、公開訴說自己遭受幫派欺凌的經歷，正是商販們在運用自己的力量、勇氣與能動性，挑戰既有權力結構的壓迫，踐行身為公民的責任。MeToo運動對過往遭到社會無視的不計其數的性侵擾事件的曝光、對默許與縱容性侵擾的制度、文化、權力結構的批判，不同樣是性侵擾受害者們的力量、勇氣、能動性與責任感的體現嗎？為什麼到了質疑者這裡，卻反而成了對這些品質的否定呢？

　　MeToo質疑者也許會說，集體性的反抗，最終還不是要落實到個體層面，由每個個體在具體情境中的抗爭所構成？這話固然不錯，但MeToo質疑者所想像（或心儀）的對性侵擾及其背後權力結構的反抗，是個案中散兵游勇式的「面臨侵犯堅決清晰說不」（L.10），並且一旦未能做到，便歸咎於受害者本人缺乏「力量、自主性、勇氣」。期望以這種散兵游勇式的反抗從根本上打破強大牢固的權力結構，顯然並不現實；以此標準去對孤立無援的個體求全責備，恐怕也難稱道德。

　　與此相對，正如本文引言部分所說，MeToo運動一方面通過同聲共氣的集體證言相互賦能，令受害者不再陷入孤立與自我否定，另一方面通過促成公眾意識的覺醒，消除旁觀者在性侵擾問題上的偏見與冷漠（而不僅僅是「教育[潛在作案者]節制與尊重」）並推動反性侵擾制度的完善，進而逐步改變潛在受害者與滋養性侵擾的權力結構之間的力量對比；唯其如此，個案中的反抗才有可能彙聚成集體行動的洪流，真正地「逆轉這個遊戲規則的根本機制」。只有對集體行動本身深懷懼意（譬如受第3節所述「群氓恐慌」影響）者，才會認識不到MeToo運動在這方面的重大意義，反而視其為對性侵擾受害者個體品質與能動性的否定。

5.2 女性「容止」貼士：「自我保護」還是「蕩婦羞辱」？

「自我受害者化論」對MeToo運動（以及「我可以騷、你不能擾」等過往的反性侵擾社會宣導）的另一層批評，是認為其基於「受害者心態」，不顧現實地將諸如「女性要留心自己的穿著打扮言行舉止、切勿讓別人想入非非」之類正常的「自我保護」建議一併斥為「蕩婦羞辱」，結果反而導致更多女性因為釋放出錯誤的「信號」而遭到性侵擾：「我不同意一種說法，無論女人怎麼說怎麼做怎麼穿，男人沒有權利誤解她的意圖。現實一點吧，人是信號的動物。⋯⋯你怎麼穿、怎麼說、怎麼做，構成一個信號系統。女孩出於自我保護，或許應該思考如何向一個男人準確地傳達自己所想傳達的信號。如果你穿得袒胸露背去單獨和一個男人約會、並且微醺之中靠住一個男人的肩膀，固然，男人這時候依然沒有權利對你進行身體冒犯，但是如果對方誤解你的意圖，或許只是愚蠢而非邪惡。這不是『蕩婦羞辱』理論，這是人類常識。至少，如果我女兒單獨和一個她不感興趣的男人見面，並且穿得袒胸露背，我不會說：真棒！去吧！他敢動你一根手指頭，我跟他拼命！我會說：親愛的，這樣穿可能不合適，換一件衣服吧。」（L.14）

諸如此類「女性容止應當端重」的建議，究竟是能夠保護女性免遭性侵擾的「人類常識」，還是改頭換面譴責性侵擾受害者的「蕩婦羞辱」？這一問題較為複雜，以下逐層剖析。

（1）首先們需要知道：針對女性的性侵擾，其實際發生的概率究竟在多大程度上取決於女性自身「儀容行止不夠端重」、向潛在侵擾者傳達出了「錯誤信號」？注意在回答這個問題時，我們必須避免混淆兩件性質截然不同的事情：一是人們（無論正確還是錯誤地）認為性侵擾的發生與「受害女性容止不端重」有多大關係，二

是實際上性侵擾的發生與後者有多大關係。

（1a）對於前者，學界已有極其充分的研究，並且結論高度一致：人們確實普遍認為性侵擾的發生與受害女性的容止有關。比如許多研究都發現，研究對象普遍認為：相比於裙子長過膝蓋的女性，裙子短過膝蓋的女性更容易遭到性侵擾；相比於不化妝的女性，化了妝的女性更容易遭到性侵擾。同時，在這些研究中，人們也更傾向於責怪裙子較短或者化了妝的女性受害者，以及更傾向於開脫她們的施害者。而且無論在普通民眾中間，還是在大學生、心理專家等「高知識群體」內部，這些把性侵擾與女性容止相聯繫的觀念都非常有市場[60]。

（1b）與此相反，對於性侵擾與女性容止之間的實際關係，既有研究卻仍處在較為初步的狀態，數量十分有限；不過既有的少量相關研究，總體上並不支持「二者實際有關」的結論。比如一項對以色列近兩百名女大學生的調查發現，其遭遇強姦、性侵、身體接觸騷擾、口頭騷擾的經歷，與其事發當時的穿著打扮均不存在任何相關性；在曾經遭到性侵擾與從未遭到性侵擾的兩類女生之間，「平時穿著打扮較為『開放』」的比例也不存在任何差別[61]。類似地，

---

60 以上結論參見Sharron J. Lennon, Alyssa Dana Adomaitis, Jayoung Koo & Kim K. P. Johnson （2017），"Dress and Sex: A Review of Empirical Research Involving Human Participants and Published in Refereed Journals," *Fashion and Textiles* 4（1），14: 1-21, pp. 8-12對這方面研究的綜述。這篇論文pp. 11-12也指出，迄今為止絕大多數研究回答的都是「人們是否認為性侵擾與女性容止有關」的問題，真正關於「性侵擾是否實際上與女性容止有關」的研究寥寥無幾。

61 Avigail Moor （2010），"She Dresses to Attract, He Perceives Seduction: A Gender Gap in Attribution of Intent to Women's Revealing Style of Dress and its Relation to Blaming the Victims of Sexual

在美國性騷擾訴訟的卷宗裡，罕有被告提及事發時原告穿著打扮言行舉止所傳遞的「信號」（或被告對其「信號」的誤解），儘管美國的性騷擾訴訟允許考慮此類證據（強姦訴訟則不允許）；卷宗裡凡有提及女性容止之處，基本上都因為訴訟事由本身就是被告對原告的穿著打扮評頭論足，亦即口頭騷擾[62]。

（1b-1）為什麼性侵擾與女性容止之間的實際關係，似乎與人們對此的想像截然不同？一種較合理的解釋是，與其他類型的犯罪一樣，性侵擾作案者在挑選目標時，首先考慮（或潛意識裡最關心）的是，是否容易得逞及脫身。在陌生人犯罪（比如搶劫、陌生人強姦、陌生人性騷擾等類型的案件）中，作案者往往會有意無意地通過肢體動作（比如步頻、步幅、手臂擺幅）和面部表情（比如自信、悲傷、緊張、恐懼）等各種線索，推斷潛在作案對象的被動性（passivity）、脆弱性（vulnerability）與屈從性（submissiveness）高低，進而決定是否下手；性侵擾作案者確實也有可能把陌生女性的穿著當作一個（不太重要的）額外線索，但此時他們往往是將「著裝暴露」當作這名女性自信大膽「不好惹」的線索，因此放棄對她的侵擾企圖[63]。反過來，在熟人性侵擾中，作案者的相關線索或者

（續）————————————

Violence," *Journal of International Women's Studies* 11（4）: 115-127, p. 122.

62 Theresa M. Beiner （2007）, "Sexy Dressing Revisited: Does Target Dress Play a Part in Sexual Harassment Cases," *Duke Journal of Gender Law and Policy* 14（1）: 125-152，尤其p. 142。

63 比如參見Lynne Richards （1991）, "A Theoretical Analysis of Nonverbal Communication and Victim Selection for Sexual Assault," *Clothing and Textiles Research Journal* 9（4）: 55-64; Jennifer Murzynski & Douglas Degelman （1996）, "Body Language of Women and Judgments of Vulnerability to Sexual Assault," *Journal of Applied*

來自於其對受害對象性格的了解，或者來自於雙方之間的權力關係
（相信對方不敢不忍氣吞聲）；對方「衣著暴露與否」對作案者來
說也就變得無關緊要。當然，無論陌生人還是熟人性侵擾，潛在作
案者對執法力度（員警及法院究竟會打馬虎眼還是會嚴肅處理）與
社會反應（其餘在場者究竟會出面呵斥制止還是會假裝沒看見）的
預期，同樣是其評估得逞與脫身難度的重要考量，而且往往是比對
受害者本人反應的預期更重要的考量。

　　（1b-2）值得注意的是，還有一些研究確實在性侵擾與女性容
止之間發現了某種關聯，但這種關聯背後的心理機制與一般人想像
中的「受害女性穿著太過性感挑逗、令旁人想入非非忍不住上下其
手」並不相同。更具體而言，女性因為穿著打扮較為「開放」而導
致性侵擾的情況，多發於傳統性別規範極其強大的保守社會、或者
新舊觀念劇烈衝突的轉型社會，並且因此導致的性侵擾多為口頭騷
擾；這些騷擾背後的一大重要動機，是對人們眼中試圖挑戰傳統社
會文化規範的女性加以懲罰和規訓，令其不敢再越雷池。

　　比如一項對20世紀末中國性侵擾狀況的調查顯示，城市女性因
為「衣著開放」而遭到騷擾的情況多發於較為保守的北方與內陸地
區，且基本上是口頭騷擾（包括來自同性的敵意評論）[64]。再以伊
斯蘭革命之後的伊朗為例，其法律規定女性出門時必須穿罩袍
（chador）；在此背景下，與穿罩袍出門時相比，伊朗女性倘若不
穿罩袍、以較「西化」的打扮出門，在公共場合遭到性騷擾（其中

（續）────────────

　　　Social Psychology 26（18）：1617-1626等。

64 William L. Parish, Aniruddha Das & Edward O. Laumann （2006），
　　"Sexual Harassment of Women in Urban China," *Archive of Sexual
　　Behavior* 35（4）：411-425, pp. 412, 422.

絶大多數是口頭騷擾或眼神騷擾)的比例明顯提高[65]。維多利亞時代的英國倫敦,身邊沒有男人陪同便獨自出門的女性普遍在街上遭到口頭騷擾,也是出於同樣的社會心理機制(對女性的「出格」行為施以懲罰和規訓),而不是騷擾者真的認為女性單身出門是在向他們發出「性邀約」的信號[66]。

(1b-3)以上並不是說,性侵擾作案者絶無可能「誤讀」受害女性儀容行止所傳遞的「信號」。事實上,男性對女性的「性信號誤讀」的確相當普遍。比如在前引對以色列大學生的調查中,絶大多數(82.1%)女生選擇一件「袒胸露背」的衣服是因為自己喜歡這身打扮,只有3.2%有意以此喚起男性的性欲、5.3%試圖借機「勾引」男性(亦即發出「性邀約」信號)、2.1%希望被人觸摸、2.3%希望被人注視;然而男生的理解卻截然相反,83.8%認為女性這樣打扮是為了喚起男性的性欲、75.8%認為女性試圖通過這種打扮向男性發出「性邀約」信號、94.5%認為女性這樣打扮時很享受被人注視的感覺[67]。

但是正如前面所說,至少根據目前既有的研究,這種普遍的「性信號誤讀」並沒有導致(除口頭或眼神騷擾之外)性侵擾概率與女性穿著的實際相關。這大概是因為,絶大多數場合中的絶大多數男性,即便一開始誤讀了性信號,也仍然會先通過口頭試探等方式,

---

65 Abdolali Lahsaeizadeh & Elham Yousefinejad(2012), "Social Aspects of Women's Experiences of Sexual Harassment in Public Places in Iran," *Sexuality & Culture* 16(1):17-37.

66 參見Judith R. Walkowitz(1998), "Going Public: Shopping, Street Harassment, and Streetwalking in Late Victorian London," *Representations* 62: 1-30。

67 前引Moor, "She Dresses to Attract, He Perceives Seduction," pp. 120-121。

確認自己對信號的解讀無誤，然後才採取進一步的身體接觸，而非未經初步確認對方意願，便直接對「穿著暴露」的女性上下其手。

　　當然，說「絕大多數」，意味著存在例外情況以及個體差異。比如，男性體內酒精濃度越高時，越容易自欺欺人地忽視女性的明確拒絕，對其進行身體接觸騷擾甚至性侵；並且這種效應在面對「穿著暴露」的女性時尤其顯著[68]。此外，儘管總體而言，男性對女性情緒（比如悲傷、拒絕、友好等）的敏感度，會隨女性穿著性感程度的提高而有所下降，但不同男性的下降幅度大不相同；有性暴力前科的男性、以及對「性侵擾的發生與受害女性容止不端重有關」一說接受度較高的男性，遠比沒有性暴力前科或對上述說法接受度較低的男性，更容易誤讀女性的情緒信號與穿著信號，把後者正常的友好與關心當成性暗示，無視後者的反感與拒絕，強行發生性接觸[69]。換句話說，「性侵擾的發生與受害女性容止不端重有關」的說法，在很大程度上是一種「自我實現的預言（self-fulfilling prophecy）」，男性越是相信這種說法，越容易誤讀女性的「信號」、無視女性的意願，做出性侵擾的舉動。

68　Heather Flowe, Jade Stewart, Emma Sleath & Francesca Palmer（2011），"Public House Patrons' Engagement in Hypothetical Sexual Assault: A Test of Alcohol Myopia Theory in a Field Setting," *Aggressive Behavior* 37（6）: 547-558.

69　參見Coreen Farris, Richard J. Viken & Teresa A. Treat （2006），"Heterosocial Perceptual Organization: Application of the Choice Model to Sexual Coercion," *Psychological Science* 17（10）: 869-875; Coreen Farris, Richard J. Viken & Teresa A. Treat （2010），"Perceived Association between Diagnostic and Non-diagnostic Cues of Women's Sexual Interest: General Recognition Theory Predictors of Risk for Sexual Coercion," *Journal of Mathematical Psychology* 54 （1）: 137-149。

（2）從以上對既有研究的總結，我們可以得出兩方面結論：一方面，總體而言，女性的衣著打扮與性侵擾的發生之間並無相關性；另一方面，在某些特定的情境中（比如文化極其保守或正處於文化轉型階段的社會、酒精消費量較大的場合、與某些觀念類型的男性單獨約會等），女性衣著打扮「保守程度」的降低確實有可能增加其遭到性侵擾的概率。這是否意味著，至少在後面這些特定的情境中，類似於「女性容止應當端重」之類的說法，確實是有效的「自我保護」貼士，而非「蕩婦羞辱」？

也不盡然。如前所述，上述特定情境中二者的相關性，本身就是相應社會文化觀念的產物，而非一成不變的常量。因此，即便在上述特定情境中，「女性容止貼士」就個體層面而言可能是出於好意的、偶爾有效的「自我保護」策略，但就社會層面而言，卻令全體女性陷入了一種類似於「囚徒悖論」的困境：這類「女性容止貼士」越是流行，人們對「性侵擾之所以發生是因為受害女性容止不端重」這一迷思的接受度便越高，進而導致如下三重集體性的後果。首先，性侵擾者因此越容易得到開脫、越不需要擔心執法力度及社會反應問題、在作案時越發肆無忌憚；同時，男性對這一迷思接受度的提高，又導致其在相處時更加容易無視女性的明確拒絕、自以為是地解讀其穿著與表情中的「信號」並做出性侵擾舉動；最後，在保守或轉型社會中，以公共場合性侵擾的方式來懲罰和規訓「膽敢挑戰社會規範」的女性的情況也將更加頻繁，女性公共活動的空間因此進一步收縮。

集體行動是打破「囚徒悖論」的唯一可行之計。正因如此，反性侵擾倡議者（包括MeToo運動）對「女性容止貼士」的公共輿論批判，顯得尤為重要。只有通過這種公共性的批判，才能改造整個社會文化規範，一則打破人們對「女性容止與性侵擾之間關係」的

普遍迷思，促進執法系統與民間社會對性侵擾的干預意識，二則同時糾正男性對女性「性信號」的普遍誤讀，防止前述迷思在特定情境中成為「自我實現的預言」。倘若缺少這種集體行動，個體層面一次次出於好意的「自我保護」建議，只會在社會層面彙集成系統性的「蕩婦羞辱」，不斷抬高「自我保護」的閾值，一併傷害到所有女性的正當權益。

那麼在進行這種公共輿論批判的同時，究竟應當如何建設反性侵擾的具體制度與文化？或者說，「破」過之後，當「立」什麼？本文續篇將對此詳加討論。

林垚，美國哥倫比亞大學政治學博士，現為耶魯大學職業法律博士候選人，研究領域包括心智哲學、道德哲學、政治哲學、政治思想史、法理學、中國政治、美國政治等。

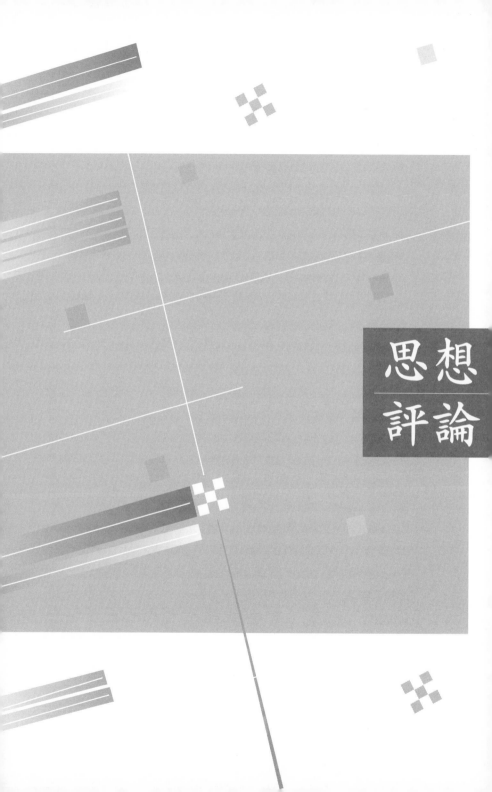

思想
評論

東亞作為主體：

進入白永瑞的思考

劉世鼎

> 中國人的歷史經驗裡幾乎缺乏對亞洲的橫向性思考。
>
> ——白永瑞

> 如果當下脈絡不必然是這樣的，如果它不是被預先保證的，那麼它可能是其他的〔走向〕，在未來也可以是不一樣的。
>
> ——Lawrence Grossberg

當這個世界還在被形形色色的緊張衝突所籠罩時，東亞秩序正在悄悄地發生重大變化。2018年9月間南北韓首腦簽署的《平壤共同宣言》，試圖和緩長期以來的軍事敵對狀態，給朝鮮半島及東亞內部未來的良性互動打開了一個契機。長期以來，東亞這個地理範疇是在美國強勢干預、內戰以及相互之間敵對的民族主義所構成的。南北韓的大和解，不僅僅是在政治上形成了一種超越軍事對峙和政治衝突和國家分裂的氛圍，在文化上，也提供了一個重新思考這個長期武裝化的地區內的民族、國家、美國霸權與集體情緒結構的可能性。也正是在這個重大的歷史瞬間，長期致力於歷史地理解東亞內部成員和解、和平共處的白永瑞先生的思考結晶，值得我們關注。

以下我將圍繞著他幾個代表著作提出一些看法[1]。

如果說「東亞」這個概念對於大多數人來說是一個有固定範圍的地理實體概念，既陌生（在各自的歷史文化和自我認識方面）、又熟悉（在日常生活的遭遇、媒體和消費方面），白永瑞指向的則是一個過去、現在及未來的，一個被現代性的歷史時間框架所形塑的東亞。他向我們展示了東亞內部在不同時期的關係。他非常強調歷史經驗的重要性，並且指出「在東亞人的相互認識中，歷史經驗依然發揮著很大的作用。」（白永瑞2009，viii）。他的歷史學取向從一個更宏觀深邃的歷史視野來理解東亞內部主體自我認識和彼此關係的演變，同時他對於區域內處於弱勢國家和地區的關注，也讓我們對於這個區域內交錯的權力關係，有了更深刻的認識。他的歷史分析還融合了文化視野，看到的不僅僅是對於歷史經驗的描述，也看到特定歷史狀態下的主體自我認識是如何掙扎、如何形塑出來的。在這個意義上，白永瑞的東亞論是有高度原創性的，也是希望在認識論上有所突破的嘗試。

白永瑞的東亞論述需要放在一個晚近全球化的背景下來理解。他自己也承認，東亞理念是一個為了要回應、解決冷戰（及殖民主義帝國主義）遺留下來的問題的嘗試（白永瑞2009，III）。20世紀末冷戰結構鬆動之際，原本以歐美為中心的世界體系，也面臨新一

1　白永瑞，〈思想東亞〉，《讀書》11（北京：生活・讀書・新知三聯書店，2009）；白永瑞，《橫觀東亞》（台北：聯經出版公司，2016）；白永瑞，〈中華帝國論在東亞的意義：探索批判性的中國研究〉，《開放時代》1（廣州：廣州市社會科學院，2014），頁003；白永瑞，〈從核心現場重思「新的普遍」：評論「新天下主義」〉，《開放時代》1（廣州：廣州市社會科學院，2016a），頁81-94。

輪的挑戰。在認識論方面，歐美內部出現了去中心化、自我解構、瓦解大敘事的後現代主義思潮，在外部則面臨各種文化及文明論述的衝擊。在地緣政治領域，除了權力中心在分化，原本在冷戰時期被壓抑、敵對的主體，也紛紛打破疆界，進行溝通、交流，從而緩解了原本的敵我關係。在文化領域，各國、族群對於自身文化主體性和自主性的強調也越來越明顯，包括自身現代的強調。正是在這個世界體系的轉變過程中，白永瑞提出了他的東亞論。

　　在歐洲的自我文化想像中，亞洲是「缺乏歷史的主體」；如果說晚近東亞論述是全球化過程中產生的一種文化想像，這個想像是在一個非常特定、卻又具有某種普遍性的歷史狀態下浮現的。白永瑞強調不只是從南韓，而是從分斷的半島來看待世界體系的結構性問題：「韓半島是世界層次的霸權支配體制的重要現場，所以這裡的變革也將是對世界層次的壓迫體制的一種衝擊，希望能成為促進資本主義世界體制變革的催化劑。」在他看來，韓半島的分斷是全球資本主義的有機組成部分，是需要歷史地理解，而這個歷史觀並不是以一種線性的、目的論式的方式來對複雜的過去和當下進行描述，而是帶有一種主體性的意味。透過對報紙、小說、學者論述和教科書等歷史資源的分析，白永瑞帶出了東亞內部複雜的關係，特別是以民族或國家為單位的主體如何形塑自我和他者的認識，部分思想家如何超越民族國家的限制，如何反思民族自我中心和狹隘性。他對於中國很少關心周圍鄰邦的觀察，也值得我們反思。

　　白永瑞的東亞論對我們理解自身有什麼幫助？首先，他指出了慣常以東方vs.西方的二分法，忽略了東亞內部的多樣性和複雜性。這也意味著，東亞內部不同主體的歷史經驗和權力關係需要被問題化，而不是當作理所當然的一個整體。一旦東亞內在的差異被承認，就意味著不同主體之間的文化關係和互動，是理解東亞的主要途

徑，這也是為什麼他強調亞洲或東方這些地域概念「在地理上並不
是固定不變的，而是隨著主體的經驗而不斷變化的一種『創意』
（invention）。……不將[東亞]這一概念看成地理上的固定實體，而
是文化和歷史的產物。」按這樣理解，東亞不只是地理實體，也是
一個動態的「主體形成的過程。」這個過程涉及到東亞人如何形成
自我的認識，以及如何認識彼此、如何交往，如何看待處於弱勢或
邊緣的主體，以及如何面對共同的問題。如果說歐盟是建立在一整
套制度上形成的，他所提倡的東亞意識和東亞共同體，則強調是主
體認識的改變 。他認為，要從（地理和文化意義上的）周邊而不是
中心來思考，溝通才可能，並主張要關注、尊重周邊的主體性：

> 在以西方為中心的世界史展開過程中，被迫走上非主體化道路
> 的東亞這一周邊的視角……在東亞內部的位階秩序中，處於周
> 邊地位的周邊的視角……我所說的中心和周邊的關係並不單就
> 地理位置而言，而是價值層次上的無限連鎖和壓迫轉嫁關係。
> 這裡所說的「周邊」的存在並不單純以周邊國家為主體。透過
> 探討在東亞現代史中沒有形成國家單位的地域或集團的歷史經
> 驗和現在，希望不要將東亞的問題簡單化為國家、國民一元化
> 問題。[2]

　　白永瑞之所以強調周邊視角的重要性，主要是看到了東亞民族
國家發展過程中排斥了許多不同的聲音和經驗，因此他主張要「超
越以國民國家為中心的時間觀，還有可能確立一種能夠重新發現在
國民國家形成過程中，哪些因處於周邊地位而被忽視的主體的空間

2　白永瑞，前揭書，2009，頁v。

觀念。」如何超越民族主義、超越民族國家的框架，是他主要的思考動力。他洞察到了當代民族國家和民族主義在面對外部壓迫時起到重要的作用，但也曝露出局限性，特別是當民族國家惡性擴張所造成的後果。但這並不意味著要放棄民族國家，而是要看到它所產生的多層次效應，並克服「以國民國家為中心的思維方式」。

與白永瑞先生商榷：現代性的問題空間

我大致同意白永瑞對於當代東亞內在矛盾的診斷，特別是民族國家無法面對、解決許多問題這一課題。然而我們也應該注意到，以民族國家為中心的思維方式正在面臨全球化的挑戰，變得更為分化、不穩定。如果白永瑞的東亞論述可以被看作是這一國族認同危機的產物及對它的回應的話，我認為需要對這一危機的根源及其回應有更深刻的理解，需要把東亞看做是一個「現代性的問題空間」[3]。

當代民族國家的發展本來就是現代性的一大特徵。從一開始，這個危機就與歐洲現代性的擴散聯繫在一起了。白永瑞或有觸及到、但沒有明確指出的是，當中華世界一開始面臨歐洲帝國主義的挑戰時，也意味著進入了一個爭奪現代性和進步意義的場域之中。歐洲資本主義式的「現代」意味著晚近、更新、與傳統的決裂[4]。當既有的文化秩序和體制面臨「現代」的衝擊時，東亞主體性不外乎是被迫遵循新的規則、或尋求自主性。究竟是拒絕、還是要找出自己的現代性方式，基本上為19世紀以來的亞洲文化想像及主體構成

3　Grossberg, Lawrence, *Cultural Studies in the Future Tense*（Durham: Duke University Press, 2010）, p. 4.

4　Hall, Stuart et al. （eds.）, *Modernity: An Introduction to Modern Societies* （Hoboken: Wiley-Blackwell, 1996）.

奠定了基調。20世紀的亞洲論述就是在這一個競逐現代性意義的過程中出現的。自從歐洲在18世紀末開始支配全世界，處於弱勢挨打的主體就被迫要適應、回應現代性的挑戰。白永瑞所說的19世紀以來進化論的文明史觀[5]，就是一種典型的、將帝國主義內化的主體回應方式，而他觀察到歷史上的東亞橫向聯合對抗帝國主義的嘗試，則是另一種主體表現形式。當兩者混在一起，結果就是20世紀日本的大東亞共榮圈。在我看來，歐洲殖民主義最強大的影響還不在於對亞非拉資源的掠奪，而是在於啟動了一個由資本主義現代化所主宰的世界想像。這個想像的內在動力就是模仿、競爭、改變、征服、掠奪、淘汰，以及對於「現代」的不斷追求。至今，對現代化無法滿足的渴望仍是我們這個時代的主宰力量[6]；如何學習歐美、拉近距離，如何獲得西方讚揚認可、或與西方抗衡，如何在經濟發展和物質層次上、以及文化和文明層次上變得更「現代」、「先進」、「文明」，到現在還是東亞自我認識以及對他者想像的主要思維方式。結果是「進步總是用西化的程度去衡量，結果就是西方永遠都占據人類發展階段的頂端……政治與文化上的差異被視為落伍」[7]。這種渴望的確有時會促成正面的改革（例如擺脫貧窮、物質條件的改善、制度化建設，以及對保守文化的挑戰），但也常常伴隨著災難式的後果，像是以西方的思維方式和標準來發展自己的社會與文化。歷史地說，中華帝國瓦解就伴隨著一連串「非主體化」及「再主體化」的痛苦和壓抑的掙扎。

5   白永瑞，前揭書，2009。

6   Jacques, Martin（賈克）著，李隆生譯，《當中國統治世界》（*When China Rules the World: The Rise of the Middle Kingdom and the End of the Western World*）（台北：聯經出版公司，2010），頁55。

7   賈克，前揭書，頁48。

　　從這個意義上來理解，當代東亞的歷史經驗大體上是由一連串
不確定的、彷徨的、痛苦的，夾雜對富強和美好生活追求慾望的**現
代性掙扎**所構成的。這也是為什麼我覺得白永瑞的東亞論述如果可
以將現代性的問題納進來，會更有解釋力，也更能夠觸及到他所寄
望的東亞共同意識及共同體所面臨的障礙，或可能性在哪裡。我認
為歐洲（或更確切地說，歐美）資本主義現代性仍舊是理解東亞一
個重要的參照系，一個已經深入到東亞骨髓的東西。東亞主體的形
成、如何自我認知、如何與他者交往、如何看待弱小者，也應該放
在這個脈絡下來理解。我更感興趣的是東亞人現代性的掙扎在文化
和心理層面造成了什麼影響和限制。我認為需要認識到這個影響和
限制，才能比較適切地理解東亞主體性的內在矛盾與錯位，以及在
全球支配結構中的從屬地位。

　　現代性的掙扎會以不同方式表現出來，並且在特定歷史情境下
產生不同的主體化形式。我曾指出，台灣及中國大陸的主體性構造
中，歐美中心主義是一個組成部分，儘管其表現形式有所不同。例
如，我透過對於電影的分析，指出台灣對美國的依賴、屈從，以及
從上至下親美、崇美，凡事唯美國馬首是瞻的心態。如果台灣代表
自主性的喪失，而中國大陸的自我認識則是被成為美國、取代美國
的慾望所形塑[8]。也正是如此，兩岸關係乃至亞洲內部矛盾，與歐美

8　劉世鼎，〈殖民主義已經結束了嗎？〉，《讀書》4（北京：生活·
　　讀書·新知三聯書店，2005），頁155。在前陣子非常熱門的電影
　　《戰狼2》中，主角冷鋒繼承了李小龍、成龍、李連杰和甄子丹，
　　成為新的中國／華人英雄象徵。然而不同於前人，這個英雄已經不
　　再是捍衛被挨打的民族、國家和尊嚴，而是被扣連到保護中國海外
　　利益，填補了一個在國際事務上長期缺位的中國形象。轉化成為對
　　於中國新的地位的期待、投射和渴望。這部片所傳遞的狂熱、以及
　　破紀錄的票房，說明瞭這部電影觸及到了某些深層的情緒。

中心主義脫不了關係。雖然彼此看似衝突對立，但共同點是對美國
現代性（包含了經濟發展、軍事、文化、技術、知識）的高度認可
及依賴，以及圍繞著歐美現代性的掙扎所造成的矛盾。隱含的是一
種帶有目的論的歷史觀，預設了單一的、普世皆然的社會發展方式
和判定進步的標準。這種歷史觀不只鞏固了歐美中心的優越感及
「非」歐美主體的自卑感，也直接或間接造成了各種情緒糾結、隔
閡、衝突[9]。這是東亞、也是第三世界普遍的歷史經驗。

分斷體制的溝通如何可能？

　　在這種情況下，東亞的身分認同是矛盾斷裂的，東亞主體彼此
之間的溝通和理解極為困難。白永瑞一直想找到能讓不同主體相互
對話的空間，但他的東亞理念需要面對的最大挑戰是，主體如何能
夠傾聽和尊重對方的主張？如何感同身受？主體間的溝通如何成為
「可能的普遍要素」？如何能夠「分享彼此的苦惱和痛苦」[10]？以
下這段話值得注意：

> 即被不同國家和語言所限制的人們果真能建立真正意義上的溝
> 通嗎？東亞論述是否希望超越東亞中心主義，建立地域間的溝
> 通呢？對於這些問題，我正從「溝通的普遍性」這一概念出發…
> 我們已經習慣於將普遍性設定為超越時間和空間的有效的真

9　Liu, Shih-Diing, 'Undomesticated Hostilities: "The Affective Space in
　　Chinese Cyberspace",' *Positions: East Asia Cultures Critique*, Vol.16
　　No. 2, 2008, pp. 435-455. 這裡所指的情緒是歷史化的、對抗性的，
　　包括了：無奈；猜疑；屈辱；嫌惡；鄙視；敵意；憤怒；和恐懼。
10　白永瑞，前揭書，2016a，頁90。

理、價值或文化，可是我希望在認識論上徹底擺脫這種思維方式。我將普遍性（不僅僅是真理）看作被廣泛認定的、協議的結果。為了達到協議，需要多數的認同和承認，這就必然要以認識主體間的溝通為前提。可是現實中我們經常會遇到非溝通的（而是壓制的、霸權的）普遍性或溝通的個別性的例子。如何能夠克服這些，實現溝通的普遍性呢？與其輕率地追求認識的共有，不如先認識這樣一種普遍性，即是彼此間存有差異和距離，經由相互交流和溝通，在原有的脈絡上認識到自己與他者在不同的個別性中亦有某種普遍性，我們從中也得以發現相互理解的可能性。總之，我要強調的是，能夠使溝通成為可能的普遍性要素存在於個體之內，因此在個體間溝通過程中所產生的共感和想像力的彈性作用下，普遍性能夠得以確立。[11]

他強調主體感受、理解他者的能力[12]，然而，東亞內部包含了各種異質文化、身分認同和情緒結構，光是在國內不同文化主體間能夠彼此理解、溝通都不容易了，更何況跨國？如果白永瑞所設想

11　白永瑞，前揭書，2009，頁xi。

12　白永瑞，前揭書，2016a，頁81-94；賀照田也有類似的呼籲和期待：「能不能意識、體會、進入、理解乃至共有對方的深層困惑與苦惱，是決定亞洲討論能否建設性深入的關鍵之一；能不能意識、體會、進入、理解其他被討論對象的深層困惑與苦惱，是決定亞洲討論能否把其他被討論對象真正成功納入亞洲討論的關鍵之一。……只有在認知的基礎上努力共有對方的困惑和苦惱，自我主體的形成本身才會包含對他者主體狀況的真實連帶——也就是對他者的連帶本身即為主體一有機部分。而只有在自我主體形成中已連帶了他者的主體基礎上，東亞共同體的期待所不可或缺的那部分共有認同也才有了一個主體的基礎。」見：《當代中國的知識感覺與觀念感覺》（南寧：廣西師大出版社，2006）。

的主體間溝通無法繞開國家框架進行，殖民主義和冷戰形塑的分斷體制所造就的國族認同，不但沒有隨著全球化和經濟整合消解，反而更為強烈，成為防止東亞意識形成及橫向連帶的最大阻礙。當代東亞想像往往以民族國家為中心，以國家間的關係為主要基礎，即便是亞洲想像，也經常是民族國家想像的一部分，兩者很難完全區分[13]。換言之，超越國家和民族主義的交流溝通似乎缺乏現實基礎。而東亞的合作或結盟，往往不是因為國家主體處於理解、傾聽對方的動機，反而是外部力量介入引發一連串連鎖效應所致。

想像不一樣的未來？

如果歐美中心主義預設了一個唯一的、必然的現代化想像，白永瑞所呈現的東亞歷史經驗則表明，現代性是各種矛盾過程和力量相互競逐的產物，因此存在不同的、混雜的現代性形式。歷史從來就不是按照單一、預設的邏輯發展的。先不論現實障礙能否克服，他的思考至少為我們打開了想像不一樣的現代性的可能——一個更人性、更平等、更有自主性的現代東亞。如果「現代」這個時間概念本身指向的就是未來、*更好的未來*，白永瑞所期待的是透過知識的實踐來*改變想像未來的方式*。他是思想先行者，但他選擇的不是高高在上、啟蒙指導的姿態告訴我們未來應該是什麼，而是耐心地帶我們走進被國家形塑的歷史時間，從邊緣主體的歷史經驗中找尋改變現狀、改變未來的可能性。他試圖建構一個可以重塑東亞秩序的世界觀。或許他的理念充滿了烏托邦理想色彩，但他的嘗試是具有普遍的現實意義。我們不一定要按照他所設想的方式來想像東

13　汪暉，前揭書，頁1563。

亞，但他的努力讓我們重新思考複雜的歷史所形塑的世界、區域、
國家和自我。在一個想像未來的能力不斷萎縮的時代，他的論述極
富啟發，也提供了一個反思東亞文化的角度。

劉世鼎，澳門大學傳播系教授，目前研究興趣是情感的文化政治
意涵。著有《人民的政治：中國的抗議文化》（*The politics of people:
Protest cultures in China*, State University of New York Press）。

「樞紐」何以恰當打開？：

《樞紐：3000年的中國》再解讀

姚新勇

　　《樞紐》無疑是成功的，甚至可以說是現象級的成功。一部厚達七百頁的學術著作，僅僅出版一個月就發行十萬冊，上市一年後正版共二十萬冊出頭，加上各種盜版應該達幾十萬冊之巨。通過豆瓣等網站，也不難感受讀者閱讀的熱烈。另外其繁體字版也在臺灣出版。

　　然而學術界對《樞紐》的反響卻比較冷淡，甚至可用「慘澹」來形容。除了策劃性的討論外，真正認真閱讀後自發且用心的討論有限，全面肯定者很少，批評較多，而且最嚴厲的批評，恰多來自思想譜系偏「右」的學者。比如任劍濤就認為《樞紐》具有明顯的民族主義傾向[1]。程映虹也認為，《樞紐》「就是把『中國』建構成一個超越歷史和世界的邏各斯，這個邏各斯在今天的體制下最終找到了自己完全轉化成現實的條件和途徑。」「看過《我的奮鬥》裡面那些宏觀的歷史哲學、抽象思辨和史實的生搬硬套和一個德意志歷史民族的說法，《樞紐》還真不算啥。」[2]更有人認為《樞紐》之

1　學界對《樞紐》的反應，以姚大力等對《樞紐》的筆談最為集中，可參見〈重述中國：從過去看見未來〉，《探索與爭鳴》2018年第6期。

2　此據2018年12月26日微信朋友圈的留言。

所以大受一般讀者熱捧，正是應了「大國崛起的民族主義和國家主義」之當下的背景[3]。這些都與《樞紐》試圖指引中國更好地融入海洋文明秩序、實現普遍自由憲政的意圖，形成了鮮明的反差。

　　一本書自有其接受命運，愛棄自處，本無需奇怪，但是《樞紐》並非一本普通之書，而是一本嚴肅、厚重、負有重大關懷且讀者頗巨的學術著作，所以有必要對其認真解讀，發現它的價值和意義，指出問題與缺陷，從而盡可能寬廣地敞開它所包含的問題視域和闡釋空間，為認識與闡釋複雜、多樣、矛盾的中國問題，尋找答案，謀求共識。為此首先需要對《樞紐》的整體問題視域與論證邏輯做一概要性的把握。

一、整體的問題視域

　　《樞紐》是一部有關中國的書，它所討論的核心問題就是「什麼是中國」，要回答「我們」或中國「是誰」，「從哪裡來」，「到哪裡去」，「該幹什麼」，「怎麼幹」等重要的問題[4]？而在這一總體問題下，《樞紐》所打量、所欲整合的觀點之多、問題之雜、矛盾之廣，可謂空前。大致可做如下歸類。

　　第一類是執政黨的理念或國家意識形態。作為國家的領導者、國家機器的掌控者，他們天然具有引領、指導、統帥國家思想意識形態的要求與責任，因此解釋中國的過去，定位當下，給出中國未來發展的道路，也就責無旁貸。其實施的基本前提是，必須堅持自

3　羅成，〈給施展《樞紐》道歉，以及「歷史」的危險〉，https://book.douban.com/review/9103972/

4　李筠，〈中國政治學的問題意識與問題域〉，《探索與爭鳴》2018年第6期。

己統治的合法性，絕對不能否定中國共產主義革命的歷史。這種不能否定，在1980-90年代，突出地表現為「改革」與「穩定」相互平衡的「兩手抓，兩手都要硬」[5]的基本方針；而隨著中國經濟的高速發展，中國世界地位的大幅度提升，以及所面臨的內外壓力的強化，執政黨的自我肯定，則轉變為更具主導性的「三個自信」的理論[6]。

第二類是更加廣大的社會輿論群，用學術術語可稱之為「民族主義」或「國家主義」的擁護者們。它大致在1990年代中後期開始顯性化，早期的代表性著述有《全球化陰影下的中國之路》、《中國可以說不——冷戰後時代的政治與情感抉擇》等；後來軍方鷹派、毛氏左派「烏有之鄉」、青年「四月網」等各方力量相繼匯入；晚近則有甘陽、劉小楓、韓毓海、摩羅等早期的啟蒙知識分子加入，陣容不斷擴大，已然成為一個龐大的「民族主義」、「愛國者陣營」。其構成包括各種年齡、職業、身分者。譬如社會主義革命乃至文革的支持者、軍事兵器愛好者、體育愛好者、網路時尚追尋者[7]、皇漢民族主義者、國家主義學者等等。他們是中共領導權當下重要的民意支援所在。

第三類主要以學術界的「新左派」為表徵。這一派並不籠統地反對西方，也不簡單地強調中共的國家核心領導作用，而是試圖通過給中國共產主義革命以更為合理、自洽性的解釋，來論證中共之

5　這是對鄧小平社會主義建設新時期理論的總結，對此的表述不盡相同，但最基本的內涵是「一手抓改革開放，一手抓堅持『四項基本原則』」。

6　即「道路自信、理論自信、制度自信」。

7　他們中年齡較大者，起初不乏全面擁抱西方價值的青年，但卻從西藏、新疆、臺灣等問題上，感受到了西文世界的排斥，情感受挫，轉而成為國家民族主義。當初「四月網」或「青年四月社區」的轉向就很有代表性。

國家領導權及政體的合法性。此派早期的言說，主要是為中國改革開放的成功尋找內部性因素的解釋，而近些年來則更為注重於闡釋中國社會主義革命的合法性，整體性地聯結被激進的革命話語和啟蒙話語所割斷的中國歷史，因此，其與國家主義或民族主義力量的關係日趨緊密。

　　在上述三類人看來，只有中國共產黨才能救中國，中國過去，尤其是近四十年來所取得的成就，就是堅持走獨特的中國社會主義路線的結果，而文革等過去時代所出現的問題，只是前進路上所付出的代價，更何況換個角度看，或許還是社會主義實踐的特殊表現。

　　第四類觀點一般可以稱之為「自由派」。其特點一般是否定或懷疑中國社會主義革命的合法性，同時也否定中國傳統文化的價值。在他們看來，中國社會主義革命的歷史，是中國現代化進程的不幸中斷，其間所出現的反右、三年饑荒、文革等，更是國家和民族的災難。而中國近四十年來持續的經濟增長，並非社會主義制度的優越，而是以往控制過死的極權統治一定程度的鬆動，釋放了社會的創造力，並借助了世界經濟轉型所帶來的機遇。雖然過去四十年的經濟發展無法否定，但付出了巨大的人權代價，廣大農民工長期被剝奪，公民權利得不到有效的保障，自然與社會環境資源也被過分消耗，財產分配嚴重不公，國家壟斷性所有制畸形擴大，民營企業發展受限，而且這種不平等甚至延伸到對外經濟貿易關係上。秦暉先生前些年所提出的「昂納克寓言」即為此種觀點的代表[8]。所以自由派認為，中國只有走自由民主憲政的道路，真正融入到西方所代表的文明社會的體系中去，落實公民權利、人民主權，當下所

8　秦暉，〈秦暉：為什麼這兩年來有很多異乎尋常的事情發生？〉，
　　http://www.chinavalue.net/General/Blog/2018-4-23/1524507.aspx

面臨的政治、經濟、文化、道德、環境、外交等一系列的問題，才有可能得到真正的解決。當然，這一譜系的人當中，有一些較為激進，主張立即改制，幻想以外部壓力或內部革命的方式改憲易幟；另外一些則較為務實，承認中國共產黨執政的合法性，但卻希望它逐漸走向自我改造、自我變革的道路。在經濟上建設以私有制為基礎並與世界接軌的市場經濟，政治上逐步實現憲政民主制度。

當然，真正屬於僵硬的國家意識形態與激進自由主義兩極的人並不會很多，大多數人介於兩者之間，但現實輿論的表現，則越來越勢不兩立，勢若水火。你說我是「五毛」、「趙家奴才」，我說你是「美分黨」、「帶路黨」。不要說事關制度定性、道路取向之大是大非，哪怕就是一般國人在境外的行為舉止，都可以成為相互攻擊的由頭。

第五類較有代表性的派別是大陸「新儒家」或「新儒學」，也可以叫做「新傳統主義」。其主要觀點是想通過挖掘中國傳統的文化資源，重建失落了的中國文化，用儒學來重新安頓國家權力、政治制度、道德倫理與社會價值，將中國引向一種既非共產主義、也非資本主義的發展道路。1990年代初中期新儒學剛亮相意識形態前場時，主要表現為一種文化民族主義，而且似乎還受到了體制的某種防範與抑制，但現在卻被國家權力所青睞，大力扶持。文化民族主義向度的新儒學，逐漸向政治儒學方向挺進，康曉光所宣導的儒家文化民族主義、蔣慶所代表的傳統「王道儒家政治學」，秋風、陳明所主張的「自由憲政儒學」等，也逐漸合流；民間的各種讀經班甚囂塵上；哲學、政治學、歷史學等學科的研究也日益向儒學方面靠近，以漢文化、中原文化觀為中心的「新天下觀」的提出與日益流行，就是一個顯著的例證。

除上述五類外，中國內部還面臨著多種族裔民族主義或種族主

義的紛爭，其矛盾衝突同樣嚴重，只是長時間內被主流社會所忽視。隨著零八奧運藏獨風波、零九新疆七五事件的暴發，國內民族問題日益激化、顯性化，相關問題也逐漸引起更多的關注。

從思想意識形態來說，有關族裔民族主義的矛盾主要集中在對中國多民族歷史的闡釋以及國家民族政策的分歧上。前者早在1980年代起就開始萌芽，不過在1980-90年代間主要表現為越來越多的少數民族對國家歷史敘事的修改，逐漸強化本民族的歷史特殊性甚至獨立性，使得以中原漢文化為核心的三千年中華文明歷史敘事，遭遇到了日益嚴重的挑戰[9]。而隨著互聯網的普及，各種族裔民族主義，如漢、滿、維、藏等各式民族主義在社會公開層面發酵，各民族平等的理念，也逐漸被漢民族主義與各種少數族裔民族主義之間的矛盾與衝突所替代[10]。雖然由於國家的強力控制、互聯網的大力整頓，2015年前網路民族主義的互毆局面不再，但相關的問題並未減弱，並且在相當程度上變形為對於所謂少數民族優惠政策的聲討，「第二代民族政策」的鼓吹[11]，網路空間「反穆聯盟」對伊斯蘭、穆斯林的仇恨和追討，以及學術界的「天下觀」與「內亞」、

9　像新疆地區的「大維吾爾民族主義」的歷史敘事，民族學、人類學界所發生的情況等，都很能說明問題。可參見姚新勇，〈「大維吾爾文明」的穿越抑或建構：吐爾貢‧阿勒瑪斯的「三本書」及其批判〉，《二十一世紀》（香港），2014年10月號；吳曉東，〈神話研究中的歷史附屬性與文化壓力〉，《民間文化講壇》，2005年第2輯；吳曉東，〈蝴蝶與蚩尤：苗族神話的新建構及反思〉，《興大中文學報》（台灣），2010年27期增刊等。

10　參見姚新勇，〈當代中國「種族民族主義思潮」觀察〉，《原道》第17輯（北京：首都師範大學出版社，2012）。

11　參見姚新勇，〈中國大陸民族問題的「反思潮」〉，《二十一世紀》（香港），2014年二月號。

「新清史」、「蒙元史」等西方「新史學」觀念之間的爭拗。

　　上面有關中國思想意識形態分化性構成的簡述，主要是就大陸內部而言，當然還存在海峽兩岸的統獨矛盾、香港問題等，至於國際壓力也日益增強。特朗普上任以來給予中國迅猛的經濟壓力，中興、華為公司所遭遇到的一系列衝擊，不過是最近具有戲劇化的表現而已。這些，不僅給中國帶來了巨大的壓力，同時也進一步加劇著中國內部思想觀念、國家認同的矛盾與撕裂。

　　巨大的思想觀念、認同的矛盾衝突，在經濟發展、社會矛盾、體制彈性、國際壓力都接近臨界點時，無法再以「不爭論」、「摸著石頭過河」等說法來迴避，也無法再以高速增長的經濟發展來緩衝；而試圖通過強制性地壓制來克服，是否會加劇危機姑且不論，就是日益「無限化」增長的財政負擔，恐怕也難以支撐；而彼此相互嘲笑、妖魔化地想像對方也於事無補。何為中國，中國的正當性根基究竟何在，究竟應該走什麼路，朝著什麼方向發展等一系列相關的重大問題，前所未有地矛盾而分裂性地突出在我們面前。而《樞紐》的「野心」就是想系統性回應各種衝突的觀念，為撕裂的中國提供一種具有高度包容性和解釋力的總體認識論框架，彌合衝突，給出方向，重建認同。

　　為此，施展首先「放下所有的價值好惡」，「從力量的結構性關係分析出發」去分析問題，解決衝突。他以黑格爾的歷史精神現象學為基本認識論框架或認識論基礎，以中國的「軸心文明」特質和「超大規模性」為核心概念或基本變數，以「普遍帝國」和「特殊帝國」雙重變奏為歷史演變節律，給三千年的中國歷史的過去、現在、未來以整體性的解釋，從而把各種矛盾衝突性的觀點、價值訴求互合性地各安其位，並通過全球貿易的「雙迴圈結構」之世界大勢的分析，給中國指出了一種必然且必須的發展道路——

認同現代文明，將自身的歷史與文明導入一種憲制秩序
當中，更好地肩負起聯繫、溝通世界「雙迴圈」結構仲介
位置的使命。

中國只有對自己的這一歷史使命有清醒而自覺的意識，才有可
能渡過當下所面臨的各種內外困境，迎來真正的健康而持續的發展。

二、打開《樞紐》的恰當方式

《樞紐》被視為「歷史哲學之著」，以別於一般的歷史學著作，
其突出的特點是通過整合多種史觀及多種學科的認識論方法，「嘗
試重構中國的歷史哲學」，「重構史觀」，以給予矛盾、撕裂的中
國以意義的共識，精神的安頓[12]。不過筆者以為借用庫恩的科學革
命的「範式」概念來定位它可能更為恰當。庫恩認為，科學革命並
非漸進的積累或量變到質變的飛躍，而是一種新的科學共同體範式
對舊有的科學共同體範式的替代。新範式取代舊範式不是什麼「前
後相繼的理論」「逐漸逼近真理」的結果，也不是某種「理論植入
自然界中的實體，與自然界中『真實在那兒』的東西之間」所達至
的更高「契合程度」的結果，而是當科學領域所積累的問題越來越
多，既有研究範式的解釋力已不足以應對所面臨的諸種新的挑戰
時，一種對問題解釋性效度更高的科學範式就會應運而產生，從而
取代舊有的解釋範式。」[13]這正是為什麼筆者要用一節的篇幅，似

12　〈施展談「新遭遇論」視野下的中國歷史〉，澎湃新聞，https://
　　baijiahao.baidu.com/s?id=1588895400188538607&wfr=spider&for=pc
13　湯瑪斯・庫恩，《科學革命的結構》，金吾倫、胡新和譯（北京：
　　北京大學出版社，2003），頁185。

乎不無繁瑣地介紹《樞紐》所涉及的整體問題視域的原因。

　　當然，整合中國矛盾的動機與努力並非施展首創，更非其獨有。遠的不說，近十幾年來，不少學者都在以不同的方式嘗試給撕裂的中國提供整體性的解釋，而且越到晚近，各不同方向的努力，也表現出相互融合或整合的趨勢。我們從趙汀陽的《天下體系》、《惠此中國》，汪暉的《東西之間的「西藏問題」》、《亞洲視野：中國歷史的敘述》，葛兆光的《宅茲中國：重建有關「中國」的歷史論述》、《歷史中國的內與外》，許紀霖的《家國天下》等著述，都不難發現這種趨勢。但是平心而論，只有《樞紐》才達到或接近了範式性的高度：它體量龐大，跨學科多樣性空前，視野多向度融匯，問題覆蓋面寬廣、複雜而整體闡釋性強勁，構成了一種或可命名為「作為世界仲介的中國」之理論範式[14]。所以，這也決定了，對於《樞紐》無論是一般性閱讀，還是質疑性商榷，都應該從範式性的高度與整體性層面進行，才有可能不迷失於「戰狼2」式的閱讀或簡單的國家主義、民族主義學術包裝的否定，與此書進行真正嚴肅認真、有的放矢的對話，盡可能寬廣地敞開它所包含的巨大的問題視域和闡釋空間，敞開《樞紐》之於中國問題所包含的相容性、批判性、超越性。下面，筆者將選取對《樞紐》的一些質疑，來加以具體說明。當然不少施展自己已經做了回應，筆者的所言可視為

14　《樞紐》這一書名，遭到了質疑，施展解釋他所說的「樞紐」，「並非世界的中心，而是指在最新一輪創新經濟帶來全球產業大分工的時代，中國的一種特殊」的仲介性位置（《探索與爭鳴》2018年第6期，第140頁）。需要注意的是，在「作為世界仲介的中國」這一總體性的命名下，《樞紐》中還存在一些相關的不同層面的理論假說，比如「天下—內亞綜合說」，「新遭遇論」，「雙迴圈結構」論等等。它們都從不同層面，表現著「中國」的「仲介性」。

進一步的補充。

 《樞紐》所遭遇的一個較為普遍性的質疑是「基礎方法論層面的批評」，施展對此從「歷史哲學」兼「政治哲學」的角度做了回應，其回應應該說是比較有說服力的，但也不免陷入糾纏。例如其所援引的黑格爾歷史哲學的理論基礎，本來就已經遭到過諸多質疑，而且以後現代主義的觀點來看，甚至用一句「宏大敘事的狂謬」就可將之打發。但若以「作為世界仲介的中國」範式來定位《樞紐》，有關「基礎方法論層面」的正誤就不是那麼重要了。重要的是《樞紐》是否為中國當下所面臨的各種矛盾性的觀念衝突，提出了一種可包容、協調的總體性的闡釋框架，或說是否「為應對」中國所面臨的「精神內戰的困境」探索出了一種出路[15]，是否提供了打開多向度自我反省、批判與建設性的張力。

 例如孫歌在評論《樞紐》時，首先肯定了《樞紐》的黑格爾歷史哲學的敘述方法，但旋即又以竹內好的問題加以了質疑：「宏大的歷史敘述是否能夠解釋歷史？」並進而舉例說「儘管施展也說遊牧與農耕民族間的互相牽制關係是中國歷史的結構，但是卻並沒有讓它承擔有效的論述功能，在某種意義上，它基本上止步於一個抽象的說法」[16]。然而問題是，《樞紐》所提供的是宏觀思路和闡釋性的功能方法，對於「接著讀」來說，並不是直接從其中去尋找具體的闡釋案例，而是沿著它所提供的認識論方法去進一步思考。也就是說，所謂農耕文明與草原遊牧文明之間的衝撞、互動互補的歷史視角，雖非施展提出，但它在「作為世界仲介的中國」理論範式

---

15 劉擎，〈「文化內戰」的困境與重返宏大敘事的可能〉，《探索與爭鳴》2018年第6期。

16 孫歌，〈超越宏觀與微觀：歷史敘述的第三條道路〉，《探索與爭鳴》2018年第6期。

下，被改造成為了一種富於彈性和闡釋力的「天下—內亞綜合」假說，可以更為有力地解釋「農耕」與「遊牧」板塊的互動之於作為超大規模的「東亞帝國」形成與歷史沿革的重要關係。它具有同時批判性地整合多種歷史觀的功能，諸如中華本位的天下觀，周邊本位的內亞蒙元清史觀，乃至內部的大西藏、大維吾爾本位的族裔民族主義的歷史觀等。正如姚大力所言：《樞紐》要解決的一個主要問題是，「在今日中國的歷史空間範圍裡面，眾多不同的人群、不同文明或文化，是如何在數千年間相互遭遇與反復碰撞的過程中，造就出一個規模遠超於漢文明的中國」。不過姚大力也認為《樞紐》犯了以「應然」去猜測、解釋「實然」的問題，並且用大而化之的籠統性解釋，替代了整個大中國歷史文化板塊的複雜多樣性[17]。

就具體歷史現象層面來看，姚氏的說法很有道理，但以理論「範式」觀，恐怕又是無效的。固然，藏區「雪域」、新疆綠洲社會、大漠蒙古社會等區域是很不一樣的，自有其「不盡相同的時空變遷節奏」，《樞紐》也的確沒有具體考察更遑論展示「它們在互相間的遭遇和碰撞中被逐漸『團攏』為一個共同體的歷時性過程」，而且作者也的確「寫著寫著，就把基本上是聚焦於漢地社會所經歷的歷史形態變遷，誤當作展演在今日中國全境範圍內的一個整齊劃一的故事來講述了」[18]。但是這樣的質疑實質只是在要求我們繼續按照《樞紐》的多元區域互動共同構成今日大中國、中華文明的邏輯去研究、闡釋「中國」歷史，而並不能構成對《樞紐》的實質性否定；不構成對《樞紐》之「作為世界仲介的中國」理論範式的真正

---

17 姚大力，〈樞紐：更全面地呈現中國歷史的新嘗試〉，《探索與爭鳴》2018年第6期。

18 姚大力，上引頁111。

質疑。因為範式不僅規定現有問題的解釋，而且還可以推測應然性的可能。一如廣義相對論推測到了光曲線傳播的現象，並進而引導了黑洞的發現，無論《樞紐》的某些具體論證有怎樣的缺陷或不足，但只要已然存在或未來發現的歷史材料或其相關的假說，不能夠「證偽」或超過「天下—內亞綜合說」的闡釋力，《樞紐》的範式就是有效的。

《樞紐》所遭遇的最普遍的嚴厲批評，是「民族主義」和「國家主義」，這包含兩大方面的質疑：一是質疑《樞紐》是否放棄了對傳統中國專制的批判，放棄了對中國革命歷史中所發生的諸多災難乃至制度性的反思，甚至給予了美化？二是《樞紐》之中國三千年歷史的宏大敘事，是不是進一步在強化著當下的民族主義情緒，為中國走向軍國主義、帝國主義提供理論依據？無需細讀，只要翻閱《樞紐》的「下篇」就應該很容易發現，施展歷史敘述的目的恰與此截然相反。在施展看來，思考中國問題，首先要擱置價值判斷，要從結構、利益格局、權力關係等事實出發。所謂「大一統」、「民族主義」、乃至「國家強力」等，首先不是你喜歡與否的問題，而是存在與否、可否擺脫與否的問題。如果我們既無法否認也不可能擺脫它們，那麼所能做的只能是首先正視它們的存在，然後再去尋找改造、馴化它們的辦法。而達此目的最大的可能，不是做無用的道德批判，或做更不切合實際的「顏色革命」的幻想，而是通過對歷史與現實的結構性分析，讓國家清醒地認識到中國的歷史與現狀——

中國現代史的展開，一方面，是與西來的海洋文明相互碰撞而展開的歷史，而在此歷史進程中，西來的海洋文明無疑是代表普遍性、主導性的一方，中國則是被動的、適應的一方；但另一方面，傳統中國又是陷入內捲化人口發展瓶頸與國人自相殘殺悲慘境遇而

無法自拔的帝國，海洋文明的到來，又是中國得以克服發展瓶頸、擺脫悲慘境遇的機遇。因此，中國現代史也就是作為「軸心文明」之特質的帝國，新一輪的尋找普遍性、超越特殊性之歷史精神現象學自身展開的歷史。只有同時具有這雙重視野，才有可能跳出「或者無條件融入西方，或者無條件拒斥西方」的認識論困境，才有可能使中國擺脫被這種認識論困境所規定的「僵死的、無生命的客體」性命運。

施展將此歷史觀命名為「新遭遇論」[19]，它實際上還暗含著批判地超越多種雙重或多重「認識論困境」的內在要求，對「『傳統中國專制論』或『獨特文明論』雙重認識論困境」的超越，就是其中之意。也就是說，認為中國自古以來就是一個專制國家的看法，即便是真實的，它也是中國歷史不可迴避的一部分。如果你僅僅執著於對於所謂「專制中國」的批判，既是一種簡單的單向度的歷史認知，無助於對中國的全面認識，也不可能擺脫這樣一種現實：我們作為中國人，無論是喜歡還是厭棄它，我們都存在於中國，不可能不以中國為身分、為基本框架去思考問題，我們不可能真正通過徹底否定中國而尋找到我們或中國的位置以及未來。

反過來說，單方面強調中國的特殊性，把中國的歷史當作一種單純的特殊的文明來看待，與世界歷史的大勢相隔絕、相對抗，不僅違背中國自己的那種作為軸心文明的普遍性的內在歷史精神，同時在高度強調中國的特殊性、主體性時，也不可能看清自己的位置，把自己排除在世界之外，與世界乃至自己的人民為敵。這同樣是沒

---

19 〈施展談「新遭遇論」視野下的中國歷史〉，https://baijiahao.baidu.com/s?id=1588895400188538607&wfr=spider&for=pc據施展所告，「新遭遇論」是由華東師大的劉擎最早提出。

有出路的。只有從既批判又認同、既接受又超越的雙重視野上去看
待中國、看待自我，才有可能既為中國的主體性建構歷史與現實的
合法性，肯定國家認同與民族主義訴求的合法性，同時又幫助中國
擺脫一味自大、盲目的天朝心態，引領中國順應世界歷史發展的潮
流，將非理性、封閉、排斥性的國家民族主義，轉化為理性、健康、
開放的民族精神，努力共促中國的健康發展。

　　例如從憲法學的角度，就可以從《樞紐》「廣義的中國革命史
觀」[20]進一步地展開歷史的整合性與現實的批判性，將中華民國與
中華人民共和國差異甚大的憲法實踐，解釋為整體性的由「約法」
向「憲法」推進的憲制實踐過程[21]。如果我們將視野由大陸再擴展
到台港澳，也有著共時性的意義，有著從憲法學、制憲史的角度將
陸台港澳四地，理解為共同為中國保留、延續、多樣性探尋憲政或
憲法典政治的「中國空間」的意義，從而為突破現有各方觀念的矛
盾，提供搭建「中國共識」的平臺。

　　另外再如對「民族文明本位認識論困境」的超越。現有中國所
存在的各種歷史敘述，基本都建立在「民族本位論」的前提上，都
是由現代的民族意識、民族劃分去反觀歷史的結果。現階段「民族
文明本位認識論困境」主要表現為所謂「華夏文明中心論」與「少
數民族文明中心論」之「新華夷之辨」的衝突。其實除此之外，還
內含著多種民族本位歷史觀之間的衝突。雖然主流學界想通過將中

20　「中國革命」一般都指中共所領導的革命，但是《樞紐》則重新定
　　義了「中國革命」的概念，將近代以來「中國追求自我實現」的整
　　個「艱難歷程」都視作為「革命」。這當然不是施展的發明，「人
　　民英雄紀念碑」的碑文已經如此，只是類似的歷史追溯的制度指向
　　不同而已。
21　參見《探索爭鳴》2018年第6期，頁133-137。

華多民族融合的歷史，解讀為非種族、非民族的華夏文明的文化核心吸引與周邊主動學習的結果，但實際上仍然難以擺脫中原文明或漢文明中心論的質疑。反過來，那些來自「少數民族」或「非漢世界」的質疑，也沒有擺脫狹隘的「民族文明本位認識論」。而多重民族文明本位認識論困境的超越，既不可能通過具體歷史的研究來克服，甚至也不可能通過單方面的自我反省、自我批判來克服。首先，說到底，中國、中華文明乃至各民族的歷史的具體構成，究竟是由哪種、哪幾種文明或文化構成的，它們彼此之間的關係究竟如何，不是歷史事實的問題，而是歷史判斷的問題，它取決於持論者預先的價值判斷。一個人或一個民族，如果不能排除民族本位認識論，即便是面對非常強有力的反面歷史材料的證偽，也仍然會堅持本民族歷史悠久、自在獨特的觀點。其次，單方面的自我反省、自我批判的出發點，仍然是現代的民族身分[22]。在這個問題上，自我反省，尤其是主流民族的自我反省是可貴的，但同時也應該堅持雙向或多向性的民族本位文明史的警惕與批判，努力跳出民族身分的制約，站在更為寬廣、包容的中國視野乃至人類一體的視野看問題。

三、矛盾與斷裂

上面，筆者從範式性的角度對《樞紐》所遭遇的質疑作了一些辨析，然而人文科學的思考，不管作者如何努力懸置價值判斷，都不可能像自然科學那樣具有普遍的超價值性。《樞紐》所試圖整合

---

22 任劍濤對《樞紐》的批評就包含著這方面的問題。他說：「不要忘了，即使漢人創造了宋代文人統治的輝煌，其中也充滿著蠻性。漢人或中國人的征服史，是理解內陸與邊疆關係一個不能忽視的要點」（《探索與爭鳴》2018年第6期，頁122）。

的多種觀念，本身就充滿矛盾，而且它本身所廣泛借用的各種觀點與方法，也都帶有其特定的價值指向，所以《樞紐》不可能總是討巧又討好。我們姑且不論《樞紐》的基本歷史哲學框架——黑格爾歷史哲學——與德意志帝國的曖昧關係，它所主要借用的「天下觀」、「帝國視角」，本身就相當強調以實力征服世界、統轄世界，帶有相當強的國家或帝國民族主義的色彩，與「悲情」兼「大國崛起」的民族主義之背景密切相關，而《樞紐》的問世恰與此背景相應，所以它遭到國家民族主義之書的批判在所難免，更何況《樞紐》自身結構所存在的矛盾與斷裂，似乎又恰好可以印證這種批判。

　　《樞紐》的結構性矛盾或斷裂，集中地體現在上篇「作為『中國』的世界」的歷史敘述與下篇「內在於世界的『中國』」的現代敘述之間的內在矛盾上[23]。在上篇，《樞紐》給予了中國歷史演變以一種大開大合、波瀾壯闊的敘述，儘管這是一個「有限的世界」，但無疑中國是這個世界的主角，甚至中原文明實質上也被視為了真正的主角，不僅作為軸心文明的普遍性的中國精神，或具有信仰意義的歷史哲學、儒家思想，產生於中原地區，而且即便是當有限的中原帝國處於停滯狀態，陷入特殊性帝國的危機時，外來的草原力量也只是啟動、重振了它所內涵的歷史精神，草原力量說到底，只是一種物質性的力量，而非精神性的存在。但是到了下篇「內在於世界的『中國』」時我們則發現，中國則被實際性地放逐了，邊緣化了。施展一方面「把自由理想的自我實現看成是中國歷史的內在目的，反對把中國歷史看成是單純的治亂迴圈。但是另一方面，他

23　可參見〈重述中國：從過去看見未來〉之筆談，《探索與爭鳴》2018年第6期。另也可參見蕭三匝，〈評現象級暢銷書《樞紐》：抽象的「中國」是否可欲，何以可能？〉http://www.360doc.cn/mip/738162928.html

又認為『抽象法權』這類觀念在傳統的普遍理想中完全沒有基礎，所以中國歷史的內在需求沒有辦法靠內在的運動來滿足。在中國歷史上，『普遍理想因為不斷現實化、建制化而不斷遭遇異化』，這樣的命運，只有引入西方的抽象法權觀念和技術『才獲得最終突破』。」[24] 於是一部通過回溯歷史來為中國重建普遍主體性的著作，卻最終放逐了中國的主體性。

當然，施展或許會這樣回答，主體性並非抽象、空洞的自我肯定，主體應該是對自己的命運、處境有充分自覺的主體，他所要遭遇或他必須清醒意識到的命運的具體內容，或許有許多來自他處，決定於由他者所主導的結構中，但只要這個主體充分意識到了自己的境遇，自己的命運，從而自覺地把握它，力求在結構性條件所規定、所允許、所決定的範圍內去行動，去實現自我，就有可能真正獲得自己的主體性。

這樣的解釋當然是有力的，但問題是，所謂國家與民族的主體性感知，不可能沒有文化的支撐。這是現代民族國家普遍的精神性需求。儘管作為一個理性主義者，我們可以說這種需求是一種「蒙昧」，但當你為一個國家和民族尋找、呈現她的主體性時，你就必須正視這種民族精神性的需要；可是如果你又從政治、經濟、法律乃至文化上都實質性抽空了「傳統中國」、「歷史中國」的未來文化主體性，那你為中國、中國人建構普遍性的認同，建構超越性、現代性的精神動力的努力，豈不是注定要落空嗎？

最為重要的是，作為一部歷史哲學性的著作，《樞紐》一直都是從「天下」、「帝國」、「世界」這類宏大的視角來看問題的。

---

24 梁治平，〈《樞紐》與「重述中國」（上）——嘗試、探索與精神貢獻〉，https://www.thepaper.cn/newsDetail_forward_2727600

儘管它並不排斥從具體的歷史細節進入歷史，而且還包含著應該怎樣更為恰當地進入歷史細部的方向性參考，但無法否認的是，在《樞紐》中我們看到的只是國家意志、精英思想、地區或世界格局等power性質的東西，卻很難看到一般人的命運，他們在歷史中的遭遇，看不到具體人的力量，具體的民間社會的能動性作用，人們所知道的歷史進程中的普通人的悲劇。所有的苦難都「從單純的死亡轉化為偉大的犧牲」[25]。於是這樣宏大的歷史敘事，根本上只是歷史精神現象學自身的展開，權力、國家、帝國博弈的輝煌。所以，我們閱讀《樞紐》時，倘若不能夠真正整體性、貫通性地把握、理解這本書，不能對書中所包含的那些關鍵性的含而未論或引而未發的批判性內容足夠敏感，那麼我們就很容易將《樞紐》誤讀為類似於下面這樣赤裸裸的軍國主義的宏大中國敘述：

> 對這一憲制問題的回答是，一個核心政治精英集團利用天時地利人和，通過其強有力的政治組織力，以軍事實力戰勝與之競爭的其他政治軍事集團，在廣闊疆域內完成政治軍事統一，為所有民眾提供最基本的和平和秩序並贏得他們的接受或「歸順」，將遍布了無數農業村落以及其他族群的這片廣闊土地組構成（constitute）一個以中原地區為中心的有政治治理的中國。進而採取各種措施，努力吸納全國的政治文化精英參與全國政治，以各種政治、經濟、文化措施促使不同地區的、互不相知，沒有而且本來也不需要什麼相互聯繫的高度離散的民眾，展開各種形式的經濟政治社會文化交往，逐漸形成廣泛和基本的文

---

25 〈施展談「新遭遇論」視野下的中國歷史〉，https://baijiahao.baidu.com/s?id=1588895400188538607&wfr=spider&for=pc

化和政治認同，分享基本的社會規則，最終構成了一個有廣泛
的基本政治和文化認同的共同體，這就是「中國」。[26]

這是羅崗對蘇力《大國憲政》之「中國」表述的概括，而只要
將「過去式」換為「現在式」，這段宏論就成了「崛起中國」的恢
弘願景：

中國乃至世界未來的道路就是：「一個核心政治精英集團利用
天時地利人和，通過其強有力的政治組織力，以軍事實力戰勝
與之競爭的其他政治軍事集團，在廣闊疆域內完成政治軍事統
一，以成（constitute）中國，繼而凸顯中國特色，拓展中國道
路，為解決人類問題貢獻中國智慧和中國方案。」[27]

為什麼我們從一本想指引中國走向海洋文明秩序、走向現代憲
政秩序的著作中，卻聽到了一種與其訴求根本相異的聲音呢？這不
僅是因為他們享有共同的大國崛起的書寫背景，也不只是因為具體
方法論上的接近或相互交叉，更深層的原因可能還在於他們共用著
「中國『國家』特殊論」的判斷。

施展認為大陸型國家的轉型不同於海洋型國家；海洋型國家的
歷史發展是「物質引導精神」，而大陸帝國則是「精神引導物質」。
因為中國國家擁有對於個體和民間社會巨大的碾壓性優勢，它過去
的普遍帝國與特殊帝國之雙重變奏的不斷地擴大性展開，雖然需要

26　〈羅崗：當「中華民族」的概念受到挑戰，我們該如何回應？〉
　　https://www.guancha.cn/LuoGang/2019_01_21_487591.shtml
27　此為一位學術界朋友的仿寫。

不斷的「外部」刺激，但在根本上卻依賴於國家或帝國的精神自覺。
同樣，如果它現在想真正走向世界，融入海洋秩序，建立憲政文明
制度，根本上也只能寄希望於它清醒地認識自己的過去，理解現在
所處的位置，放棄傳統的大陸帝國的征服、融合性天下觀，以現實
所在的新的海洋文明的秩序來理解自身，真正明白自己的力量與長
遠利益所在。

　　兩相對照不難發現，施展與羅崗等都承認國家或國家權力之於
個體和社會的強大、壓倒性的能量，只是對國家在當今世界格局中
所存在的位置與實際所能發揮的能力判斷不同，所以提出的問題解
決路徑不同；但是給人的感覺是，兩者都沒有溢出傳統策論的套路
或結構性關係，在此結構中，公民、社會本質上無足輕重，被淹沒
於宏大的歷史敘述中也就不難理解了。不過對於那些國家主義的「新
天下論」者來說，忽視公民、民間社會至少在邏輯上是自洽的，他
們從古代那裡尋找來的「中國性」、「中國精神」、「中國特質」，
被「連續性」地移植到了對現代與未來的闡釋中。但對於施展來說，
則存在致命的斷裂，缺失了公民、民間社會的力量，公民主權本位
的憲政制度能夠成立嗎？當然對於筆者的質疑，施展如此回答說：

　　　　強大的國家與弱小的社會，就是中國的命，我們只能在接受這
　　　一命運的前提下，才能有效地討論問題，而不至於淪為抽象的
　　　觀念爭論。「沒有任何人應該成為代價，如果這個目的是某個
　　　『偉大人物』所構想出來的。實際上，包括這個『偉大人物』
　　　在內，所有人都是歷史大潮當中的涓流。我的論證是想要從『上
　　　帝視角』找到涓流的意義。涓流不是作為代價，而是作為一個
　　　共同促成的歷史過程當中的一個環節，具體環節的命運不同，
　　　但是欠缺了其中某個環節，則整體大潮就不完整。我們需要為

> 每個涓流找到它的意義所在，從而讓他們全都獲得安頓，民族
> 的自我和解才成為可能。」[28]

　　然而，由具體的執政者所主導的國家，憑什麼相信你的這套看法並接受你的「安排」呢？如果宏大帝國國家視野的歷史敘述，在其展開之前就已然實質性地宣布了個體、民間與社會力量有效性的虛妄，那麼以他們為基礎、為目的、為本位的現代公民憲政制度何以建成？你所憧憬的「政治的歸政治、經濟的歸經濟」、「文化的歸文化」之願景又何以達成？

　　施展可能會這樣回答，天下大勢非個人或黨派之願所能扭轉，歷史潮流浩浩蕩蕩，順之者昌，逆之者亡。然而，正是在對天下大勢、人類前景的判斷上，《樞紐》可能存在著嚴重的矛盾和缺陷。

四、結語：「雙迴圈」結構與人類危機意識的缺失

　　《樞紐》對中國未來根本發展路徑的闡釋，建立在對世界國際經貿結構由「中心-邊緣結構」轉化為「雙迴圈」結構的判斷上，「即中國與西方國家之間的經貿關係構成一個迴圈（第一迴圈），中國向西方國家出口製成品，從西方進口技術、資金以及各種高端服務業貿易；中國與其他非西方國家之間的經貿關係構成另一個迴圈（第二迴圈），中國向發展中的亞非拉國家出口製成品，從後者進口原材料等，兩個迴圈通過中國而聯繫起來」。這既決定了中國所必須也應該承擔的世界發展的「樞紐性」使命，也根本性地決定了中國必須更為自覺而深刻地融入海洋文明秩序，轉型為真正符合世界秩

28　此為2019年1月10日施展與筆者的微信聊天紀錄。

序的憲制國家，這是真正符合中國根本利益的必由之路。中國「究竟該選擇何種憲制形式，不當以理論決，而當以事實決」[29]

　　然而，這種「雙迴圈」結構敘述則嚴重缺乏對人類危機的思考。

　　眾所周知，以製造業為龍頭的中國經濟所付出的環境代價可謂巨大，已難以承受。但是《樞紐》既沒有提到中國經濟騰飛的環境成本，更沒有考慮到未來世界「雙迴圈」結構的繼續推進所會付出的更大的生態代價，所可能進一步加劇的生態危機。根本上，《樞紐》完全缺乏生態危機視野。所以，即便我們假定「雙迴圈」結構是實然，假定中國也會按照施展所勾勒的方向發展，恐怕僅僅是生態、環境代價，也決定了這條路走不通。即便施展會說，可以通過生態理念與環保技術的提高，來降低環境代價，減輕生態壓力，這充其量也只能是治標不治本。因為以消費促發展的路徑，在根本上是建立在資本對人的欲望的無限刺激和對資源的掠奪性基礎上的，所謂「雙迴圈」經濟結構就是它的產物。生態危機真正有效緩解的根本，不是環保，而是人類生產、消費、生活方式的改變，徹底改變人對生態的掠奪性關係。

　　除生態意識的缺失外，《樞紐》也完全沒有思考人工智慧的迅猛發展所可能帶來的人類危機問題。《樞紐》的副標題是「3000年的中國」，其所標示的時間向度是回溯性的，而它對「雙迴圈」結構的判斷，也基本是從近代以來世界經濟發展的歷史推導出來的，帝國、海洋貿易、大陸海洋關係、海洋法、憲法典憲政等，是施展觀察歷史、推斷未來的主要變數，而近些年來飛速發展的人工智能，則被根本忽視了。「人工智能」一詞，只在《樞紐》的正文中出現

29　施展，《樞紐：3000年的中國》（南寧：廣西師大出版社，2008），頁547-548、388。

過一次，有限幾次關於網路資訊技術的提及，也只是與資料處理與資訊傳遞有關，完全與人工智慧所可能帶來的「超人類」或對人類的根本性取代無關。面對飛速發展的人工智慧，我們是否有充分理由追問，世界經濟的「雙迴圈」結構狀態究竟可以維持多久？更不要說可能並不遙遠的人類被人工智慧異化、取代的危機。

有讀者說，閱讀《樞紐》聯想到了《三體》，筆者也有同感。如果說我們從《三體》驚心動魄、扣人心弦的地球危機的故事中，更深刻地感受到人類、民族國家的自私，體會到「中國拯救」世界的虛妄想像，那麼《樞紐》激情澎湃的三千年中國歷史的敘事，所展開的中國和人類的地平線將會延伸到何處？

姚新勇，暨南大學文學院教授，主要研究中國現當代文學，中國多民族文學與文化關係，中國當代民族問題，當代文化批評。主要著作有《主體的塑造與變遷：中國知青文學新論》，《文化民族主義視野下的中國少數民族文學》等，另有論文多篇發表於各類期刊。

致讀者

　　從2017年底開始，#MeToo 在美國引發風潮，由於捲入一些星級名人，受到大量注意，也逐漸蔓延到其他地區，性騷擾問題成為備受重視的公共議題，迫使大家面對「性」與「權力」的曖昧關係。

　　這一期的《思想》以「米兔在中國」做為專輯，焦點集中在中國大陸。一方面，這個運動在台灣比較沈寂。台灣的女權運動雖然強大，對性騷擾的問題也一向注意，可是「米兔」在台灣並沒有引起波濤仍然耐人尋味，或許來日會有人願意繼續討論。

　　另一方面，米兔運動在中國大陸的異軍突起，的確有其特殊性。近年來女權意識在中國大陸有可觀的成長，特別是在年輕世代之間。不過女權不能只是鋪陳原則性的權利平等，更需要追問權利如何在權力結構、文化習慣、法律的體系之內詮釋、落實。這次米兔運動在網路上引了激烈爭論，並且爭論是在廣義的「非官方」陣營內部爆發，說明了在大陸上性騷擾問題所牽涉到的面向相當複雜，米兔運動在中國的特色其實在此。本期米兔專輯的幾篇文章，探討米兔運動在中國脈絡中的特殊經驗，希望對中國社會中的性與權力問題多一些了解。林垚先生廣泛援引美國法學界的相關討論，針對大陸內部的爭論釐清一些糾結，也值得對比參考。

　　張倫先生的文章談「現代主體」，看起來似乎在處理哲學概念，但是他絕對不是在重複一般所談的「現代性」老話題。這篇文章強調將主體「實體化」，也就是從社會生活、社會關係中的各項具體「權利」去檢討主體在近代中國的出現、退隱、再生，以及成長的

歷程。這中間涉及了農村、市場、勞動者的身分、情感、身體、性別、思想啟蒙，以及公民身分等多個面向，這個角度之下的主體乃是以肉身活在具體生活中的「主體」，是幾十年來中國發展付出高昂代價後的產物，並且這個主體的成長是不是順遂、健康，將影響中國的進一步走向。這是一篇內容豐富、觀點深刻的文章，請讀者注意。

張倫教授滯留西方三十年，在法國大學任教，學術上卓然有成，也常在中文或西方媒體上針對中國以及港台現實發表觀察與評論，文章結集後已在台灣出版，本刊讀者或有興趣一讀。

施展教授的《樞紐：3000年的中國》一書於2018年在中國大陸出版，轟動一時，引發許多正反參差互見的評論。今年初這本書也在台灣出版（台北：聯經），卻不容易見到書評。兩岸知識界的視野、學風、企圖心，以及對現實的感受差異之大，於此可見一斑。無論如何，這是一本值得注意的力作，我們發表姚新勇教授的評論，供讀者參考。

林毓生先生的思想史研究融合嚴謹的學術與艱困的思想摸索，他所提出、闡述的一些基本問題影響了幾代讀者。本刊一直有意對他做專訪，可惜至今未能實現。范廣欣教授多年前曾就方法論的問題訪談林先生，並將訪談稿送請林先生校訂。但林先生一本他的認真、慎重態度，修訂過程拖延了數年，直到2017年才同意將訪談定稿發表。讀者若將這篇訪談與本期丘慧芬教授〈傳統的創造性轉化〉一文對照閱讀，對於林先生的方法論會有更為具體的了解。

編　者
2019年中秋

思想38
「米兔」在中國

2019年9月初版　　　　　　　　　　　　　　定價：新臺幣360元
有著作權‧翻印必究
Printed in Taiwan.

編　　　著	思　想　編　委　會		
叢書主編	沙　　淑　　芬		
校　　對	劉　　佳　　奇		
封面設計	蔡　　婕　　岑		
編輯主任	陳　　逸　　華		

出　版　者	聯經出版事業股份有限公司	總編輯	胡　金　倫
地　　　址	新北市汐止區大同路一段369號1樓	總經理	陳　芝　宇
編輯部地址	新北市汐止區大同路一段369號1樓	社　長	羅　國　俊
叢書主編電話	(02)86925588轉5310	發行人	林　載　爵
台北聯經書房	台北市新生南路三段94號		
電　　　話	(02)23620308		
台中分公司	台中市北區崇德路一段198號		
暨門市電話	(04)22312023		
台中電子信箱	e-mail：linking2@ms42.hinet.net		
郵政劃撥帳戶	第0100559-3號		
郵撥電話	(02)23620308		
印　刷　者	世和印製企業有限公司		
總　經　銷	聯合發行股份有限公司		
發　行　所	新北市新店區寶橋路235巷6弄6號2樓		
電　　　話	(02)29178022		

行政院新聞局出版事業登記證局版臺業字第0130號

本書如有缺頁，破損，倒裝請寄回台北聯經書房更換。　ISBN　978-957-08-5392-6 (平裝)
聯經網址：www.linkingbooks.com.tw
電子信箱：linking@udngroup.com

國家圖書館出版品預行編目資料

「米兔」在中國/思想編委會編著 . 初版 .
新北市 . 聯經 . 2019年9月 . 372面 .
14.8×21公分（思想：38）
ISBN　978-957-08-5392-6（平裝）

1.學術思想　2.文集

110.7　　　　　　　　　　　　　108015106